Über dieses Buch

Die Autorinnen berichten in diesem Buch darüber, wie Frauen und Männer die Chance der Trennungskrise nutzen lernen, welche Erfahrungen sie machen, welchen Erschütterungen sie ausgesetzt sind und was sie dabei für sich gewinnen. Die meisten ihrer Gesprächspartner sind zwischen 30 und 45 Jahre alt. Das ist ein Zeitpunkt, wo Lieben gefunden wurden, das Zusammenleben beschlossen ist, und einige Jahre ins Land gegangen sind. Doch was geschieht danach? Die Ablenkungen durch äußere Zwänge entfallen: Alles ist eingekauft; die Wohnungen sind vollgestellt, die Häuser gebaut; die Kinder gehen zur Schule. Die Selbstverständlichkeit des Zusammenlebens wird von der Frage bedroht: Und was kommt nun? Die Frage löst Krisen aus: Fortlaufen und Gewohntes endlos zu wiederholen suchen? Das gleiche mit neuen Partnern?

Wir haben nicht gelernt, mit den Anlässen für Trennung umzugehen, aber dieser schmerzhafte Prozeß ist ein wichtiger Teil unseres Lebens. Denn er kann die Chance sein, Kräfte freizusetzen, die in der Partnerschaft aus Rücksichtnahme, aus Bequemlichkeit, aus Zuneigung nicht genutzt worden sind. Wenn aus dem einschränkenden »Wir« ein mutiges, bejahendes »Ich« geworden ist, wird die Trennungsfrage zweitrangig.

Die Autorinnen

Marianne Meinhold, geboren 1941, Professorin für Psychologie in Berlin. Zahlreiche Buchpublikationen.

Andrea Kunsemüller, geboren 1947, studierte Publizistik in Dänemark, arbeitete für eine deutschsprachige Zeitung in Kanada und ist für verschiedene Rundfunkanstalten tätig.

Im Fischer Taschenbuch Verlag erschien das Buch der beiden Autorinnen »Von der Lust am Älterwerden« (Band 3702).

Marianne Meinhold
Andrea Kunsemüller

Es muß nicht immer
Trennung sein

Über das Leben allein, zu zweit
und anderswo

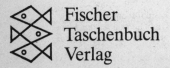

Fischer
Taschenbuch
Verlag

Lektorat: Ingeborg Mues

Originalausgabe

Fischer Taschenbuch Verlag
  1.–12. Tausend: März 1982
13.–19. Tausend: Dezember 1982

Umschlaggestaltung: Max Bartholl
Umschlagillustration: Magda Hoffmann-Taroni

Fischer Taschenbuch Verlag GmbH, Frankfurt am Main
© 1982 Fischer Taschenbuch Verlag GmbH, Frankfurt am Main
Gesamtherstellung: Hanseatische Druckanstalt GmbH, Hamburg
Printed in Germany
980-ISBN-3-596-23824-2

Inhalt

(Die Kapitel 1–5, 7, 9–12, 15–17 hat Marianne Meinhold
geschrieben, die Kapitel 6, 8, 13, 14 Andrea Kunsemüller.)

1
Es muß nicht immer Trennung sein

Das Reden und Schreiben über die Trennung nimmt zu. Berichte über Trennungserfahrungen weisen Trennung als einen bedrohlichen Schicksalsschlag aus. Überall um uns herum trennen sich Menschen und fragen, ob die herkömmlichen Trennungsgründe nicht erneut in bekannte Sackgassen führen. Oder wie die Trennungsschmerzen zu ertragen sind, ohne die eigenen Fähigkeiten zum Lieben und Leben zu zerstören.

Die äußeren Zwänge, eine dauerhafte Bindung einzugehen und aufrechtzuerhalten, entfallen heute weitgehend. Freiwillig und aus Neigung zueinander findet man sich und begründet das Zusammenleben, einen Ort für Wärme und Geborgenheit, für Liebe und Einigkeit, einen Schutzwall gegen die Härten des Lebens »da draußen«. Die Glückserwartungen, die das Leben »draußen« anreizt und ungestillt läßt, soll das Leben »drinnen« erfüllen. Kein Wunder, wenn sich irgendwann die Fehlschläge von »draußen« und die Enttäuschungen von »drinnen« unentwirrbar miteinander vermischen: Hinter dem Wunsch nach einem neuen Partner steht dann der Wunsch nach einem anderen Leben. Und dieses andere Leben beschert der neue Partner ebensowenig wie der verlassene alte.

Wir berichten in diesem Buch darüber, wie Frauen und Männer[1] die Chance der Trennungskrise nutzen lernen, welche Erfahrungen sie machen, welchen Erschütterungen sie ausgesetzt sind und was sie dabei für sich gewinnen. Die meisten unserer Gesprächspartner sind zwischen 30 und 45 Jahren alt. Das ist ein Zeitpunkt, wo Lieben gefunden, das Zusammenleben beschlossen und einige Jahre ins Land gegangen sind.
Doch was geschieht danach? Die Ablenkungen durch äußere Zwänge entfallen: Alles ist eingekauft; die Wohnungen sind vollgestellt, die Häuser gebaut, die Keller renoviert; die Kinder gehen zur Schule.
Die Selbstverständlichkeit des Zusammenlebens wird von der Frage bedroht: Und was kommt nun? Die Frage löst Krisen

aus: Fortlaufen und Gewohntes endlos zu wiederholen suchen; das gleiche mit neuen Partnern? Oder Kräfte freisetzen, die in der Partnerschaft aus Rücksichtnahme und Bequemlichkeit nicht genutzt worden sind?

Wer sich der Krise stellt, wird auf sich selbst zurückgeworfen sein – und das im guten Sinne. Denn Erlösung findet er weder beim Partner noch beim Therapeuten. Und auch nicht bei Ratgebern, Helfern und Freunden.

Das Nachdenken über Beziehungen findet erst seit wenigen Jahren Beachtung. Über sich selbst und den anderen zu reden, über das, was man sich gegenseitig versprochen und vorenthalten hat, sich selbst zu befragen, scheint endlich auch Männern lohnenswert zu sein.

Ich habe einige alte Männer aufgesucht, die waren beweglich und lernbereit, 50 Jahre und länger verheiratet, ein Leben voller aufregender Ereignisse. Da wird mir erzählt über Kriege und Inflation, über den Kampf gegen Hitler und die Hoffnungen beim Aufbau, über die Trauer um den verstorbenen Sohn. Ich erfahre, wie der Tabak in Ungarn angebaut und verlesen wurde und welche Abfälle heutzutage hinter den Filter gestopft werden. Wie die Margarine in Ostpreußen eingeführt und der Kaffee in Elbing geröstet wurde. Wie die Frau erkrankt und gepflegt und der Arzt nicht bezahlt werden konnte.

Hierbei fällt mir der Grund meines Kommens wieder ein; ich unterbreche den spannenden Fluß der Geschichten; frage danach, wie es gewesen sei miteinander, was geschehen und sich verändert habe, zwischen ihm und ihr. Und die Antwort: »Da müssen Sie meine Frau fragen.«

Die Lebensbereiche sind sauber aufgeteilt. Der Mann bleibt ausgeschlossen; der Weg zu den unbestimmbaren, vieldeutigen Gefühlslandschaften ist ihm versperrt. Ganz langsam beginnt er sich vorzuwagen; verläßt den festen Boden der Fakten; läßt sich verunsichern. Je weiter er eindringt ins rätselhafte Territorium, desto unkontrollierbarer verzweigt sich das Feld. Geschichten über die eigenen Beziehungen sind langweilig oder bedrohlich. Das Berichtenswerte verkürzt sich auf wenige Worte: »Dann wurden wir getrennt. Dann mußte ich sie suchen. Dann habe ich sie wiedergefunden. Dann wollte sie gehen. Dann ist sie geblieben.« Er kann die Tatsachen zusammentragen; was sie gefragt und er gesagt hat. Er sichert Ergebnisse. Das Unscharfe dazwischen, die Schattierungen, das Vielschichtige, die Stimmungen nimmt er nicht wahr. In der Krise bricht das Verwundbare auf. Er kann sich verschließen, ins Machbare flüchten. Er könnte sich hinauswagen.

Wir haben nach Mustern für später gesucht. Doch was ist neu an den neuen Lebensentwürfen? Das Neue wird nicht immer sichtbar. Ein Leben allein, zu zweit, mit oder ohne Partnerwechsel? Eine langjährige Ehe kann ebenso erstarrt oder lebendig sein wie ein Leben zu dritt. Die äußere Form verrät nicht sofort, was sich darinnen verbirgt.

Äußerlich übereinstimmende Lebensformen lassen sich nicht nach Kapiteln ordnen: Getrennte – Zusammengebliebene – andere. Ähnliche Erkenntnisse werden unterschiedlich gelebt.

Einige unserer Gesprächspartner wurden zur Trennung gezwungen, an der sie zu zerbrechen drohten. Andere haben die Trennung gesucht und erschraken vor dem, was sie fanden. Immer haben sie sich bemüht, die Chance der Krise zu nutzen, sich selbst im Bestehenden zu verändern. Was dabei herausgekommen ist? Ob ihr erweitertes Leben auch den Gefährten berühren konnte, ob sie zusammenblieben oder auseinandergingen? Keine Ergebnisse. Immer nur Annäherungen. Lebendiges bleibt unvollendet.

Sie lassen sich nicht einschüchtern von all den Ratschlägen zur Lebensverbesserung, die täglich auf sie niederprasseln. Sie horchen in sich hinein, lassen sich Zeit, um auszuloten, was schon zu wachsen begonnen hat. Sie fangen bei sich selbst an. Wenn der Kampf gegen die alltäglichen Nöte nicht mehr die ganzen Kräfte beansprucht, wird im Fehlen von schwierigen Aufgaben nicht nur die Befreiung erlebt, sondern auch Mangel und Leere. Das Kreisen um sich selbst füllt keine Leere aus; es verarmt und lähmt. Bei sich selbst beginnen heißt: Selbstverantwortung übernehmen. In der engen Zweisamkeit wurde es leichtgemacht, Verantwortung abzuschieben; nirgendwo sonst gibt es so viele Aufforderungen, sich selbst zu täuschen. Der Vorwurf: »Du schränkst mich ein« schützt davor zu sehen, wieweit wir selbst es sind, die uns beschränken. Wo die Schutzbehauptungen fallen und die Vorwürfe vergessen werden, kann aus dem einschränkenden »Wir« ein mutiges »Ich« entstehen. Das ist ein Anfang, an dem die Trennungsfrage zweitrangig wird.

Sie nehmen die Wirklichkeit an, nicht um zu resignieren,

sondern um dort einen Ausgangspunkt für Veränderungen finden zu können. Sie fürchten nicht die Taube auf dem Dach, aber aus dem Spatzen in der Hand lassen sie einen Fasanen wachsen.

Sie erheben keinen Anspruch auf ungetrübtes Vergnügen, das längst zu Langweile und Leblosigkeit erstarrt ist. Sie lassen sich stören, wollen nicht fertig werden, mißtrauen den Lösungen. Sie öffnen sich risikofreudig dem Leben – die Schmerzen miteingeschlossen. Sie verbannen nicht die dunklen Seiten des Lebens; denn das hieße, sich selbst von den Wurzeln des Lebendigen zu trennen.

Bei alledem geht es auch um Liebe. Liebe in jeder Form. Vergeblich bemühen wir uns, Liebe zu bestimmen, einzuteilen und abzumessen. Meßbar ist nur das Triviale. Unermüdlich suchen wir danach, uns Liebe zu sichern, Liebe greifbar zu machen, festzuhalten. Und dabei verlassen wir uns ausgerechnet auf jene Gesetze und Prinzipien, die unser Leben sonst regeln und lieblos machen: »Wie ich dir, so du mir« (meine Liebe verpflichtet dich zu Gegenliebe); »preisbewußt investieren« (je hübscher der Mann, desto reicher die Frau); »kaufen und verbrauchen« (öfter mal was Neues); »Leistung und Lohn« (pflegeleichte Orgasmen).

Bei Trennung erkennen wir hilflos und voller Panik: Diese Gesetze, mit denen wir unser Leben abzusichern hoffen, berühren das Wesentliche nur am Rande. Da läßt sich kein Recht auf Liebe einklagen; kein Vertrag bindet die Liebe. Die Bürokraten sind ratlos und auch die Berechner, die Trainer und Sammler. Wer auf Verdienst pocht, geht leer aus. Die Trennungskrise wirft uns an die Grenzen gesetzlicher Garantien und kaufbaren Glücks. Wir könnten es wagen, jenseits dieser Grenzen weiterzusuchen.

2
Lernen ist schmerzhaft

Das Naheliegende wird häufig übersehen. Das Naheliegende ist:
Zwei Menschen sind zwei Menschen. Zwei Menschen ver-
schmelzen niemals zu einer Einheit. Auch wenn sie zusammenle-
ben, folgt ihre persönliche Entwicklung je eigenen Gesetzen. Ihre
Wünsche und Ängste sind ihre eigenen Wünsche und Ängste und
nicht die des anderen.
»Solange du in den Handlungen des anderen nur gegen dich
gerichtete Handlungen siehst, bleibst du drin im Dreck, in diesem
Kreislauf aus Wut und Verbitterung und Rechtfertigungsversu-
chen, in dieser Sackgasse, in der du dich als verlassener Mann
befindest.« Der verlassene Mann bleibt so lange ein verlassener
Mann, wie er die Handlungen seiner Frau ausschließlich auf sich
bezogen versteht, meint der 38jährige Rainer P. Er konnte sich
aus dem Teufelskreis befreien, als es ihm gelang, die Handlungen
seiner Frau Rike (32) zu deuten als deren Versuche, mit den
Anforderungen ihres Studiums fertig zu werden. Von diesem
Augenblick an lernte er, seine Rolle zu verstehen als die eines
Freundes, der seiner Freundin beim Lösen einer schwierigen
Aufgabe hilft. Das Gefühl, ein verlassener Mann zu sein, ging
damit nicht von einem zum anderen Tag verloren. Aber es wurde
überlagert von einem Wissen um andere Möglichkeiten, aus
denen sich etwas gewinnen läßt.

Gespräch mit Rainer:

Nachdem meine Frau Rike ihre Arbeit als Krankengymnastin
aufgegeben hatte – vor etwa fünf Jahren war das, ziemlich zur
gleichen Zeit, als es mit meiner Steuerberatungspraxis auf-
wärtsging –, also damals hat sie sich erst mal erholen müssen
wegen eines Wirbelsäulenschadens. Ihr gefiel das Hausfrauen-
dasein nicht besonders gut; sie wollte dann studieren, Französisch, um Dolmetscherin zu werden. Und ich war durchaus auch
dafür, warum sollte sie nicht ein bißchen studieren?

Ein »bißchen«?
Ja, genau das hat sie mir auch vorgeworfen. Ich nähme sie nicht
ernst genug. Dieser Vorwurf war aber auch ein Zeichen ihrer

eigenen Unsicherheit. Sie wußte selbst nicht genau, wie schnell sie das durchziehen sollte. Und all diese Dinge hier im Haushalt, dann die Geschäftsessen, das hat sie auch als willkommene Ablenkungen genutzt. Wenn sie irgendwann einmal etwas dagegen gesagt hätte – hat sie aber nicht –, ich habe das nie ausdrücklich verlangt.

Jedenfalls wurde sie nervöser in der letzten Zeit. Das steigerte sich, als sie merkte, sie schafft die Sprachprüfung nicht. Ich habe diese Andeutungen, die sie machte, vielleicht nicht richtig wahrgenommen; nicht verstanden, was sie meinte. Weil ich mich immer klar ausdrücke. Ich sage, was ich will. Du mußt wissen, ich habe vor meinem Studium als Elektriker gearbeitet, dann Abendschule und nebenbei Arbeit, dann das Studium durchgezogen und die Praxis aufgebaut. Ich bin immer auf vollen Touren gelaufen, konnte mir keine Halbheiten leisten. Das ging immer flott, flott bei mir. Also Rike brauchte vielleicht auch länger, um sich klarzuwerden, was sie wollte, um das dann auch richtig auszudrücken; sie war zu vorsichtig dabei, blieb auf halbem Wege stehen, wenn sie vermutete oder befürchtete, der andere könnte vielleicht anderer Meinung sein. Ich dagegen, wenn ich einen Wunsch äußere, und der andere will das nicht so, dann erwarte ich auch, daß der andere das klipp und klar sagt. Ich mache es umgekehrt auch so. Ich bin nicht schon durch einen Wunsch, den ich nicht erfüllen kann, beleidigt oder verunsichert, wie man so sagt.

Andererseits war es auch ihre Zurückhaltung, ihre Zartheit – sie spielte sich nie in den Vordergrund –, das alles mochte ich an ihr. Und ich wußte nicht: Dies alles hat auch seinen Preis.

Es passierte vor knapp drei Jahren, kurz nach unserem fünften Hochzeitstag: Da ist Rike ohne sichtbare Vorwarnung für mich von einem zum anderen Tag verschwunden. Ich war in einer wichtigen Angelegenheit in Frankfurt. Rike wollte zur gleichen Zeit ihre Schwester in Braunschweig besuchen. Dort ist sie überhaupt nicht angekommen. Ich hab' erst gar nicht begriffen. Sie sei zu ihrer Mutter in die Nähe von Hannover gefahren, hieß es. Na, immer diese Launen, dachte ich noch. Ich rief dann ihre Mutter an. Die war richtig merkwürdig am Telefon; Rike sei nicht zu sprechen, sie sei auch gar nicht da. »Entweder sie ist da, oder sie ist nicht da, verdammt«, brüllte ich. Sie sei krank, im Krankenhaus, Magengeschwüre, sagte ihre Mutter. Durch dieses undurchsichtige Herumgerede bin ich doch in Panik geraten. Fest steht, daß Rike mich nicht sehen wollte, daß sie regelrecht geflohen ist.

Ich habe auch überhaupt nicht verstanden, warum sie sich vor mir versteckte, warum ich partout nicht wissen durfte, wo sie sich aufhielt. Man kann sich doch auseinandersetzen und alles klären. Aber genau davor fürchtete sie sich, daß ich meinen klaren Standpunkt vortrage und sie dem nichts entgegensetzen kann. Das hatte sie nicht gelernt.

Es ging erst mal alles durcheinander in mir. Das hätte ich mir nicht träumen lassen. Ich bin immer sehr diszipliniert und zuverlässig gewesen. Und jetzt wachte ich früh auf und fürchtete mich, das Bett zu verlassen. Ich lag da und hatte Angst, aufzustehen. Zum Glück hatte sich beruflich alles so weit eingespielt, daß manches von allein lief.

Der Wunsch zu beweisen: Mich trifft keine Schuld

Es war auch gar nicht Liebe, daß ich dann so aktiv wurde und am liebsten das Krankenhaus gestürmt hätte; ich wußte ja nicht mal, welches. Es war der Wunsch zu beweisen: Ich habe recht. Mich trifft keine Schuld. Dieses Schuldgefühl gar nicht erst aufkommen lassen. Alles, was ich ihr hätte sagen können – Gott sei Dank kam es nicht dazu –, war: Mich trifft keine Schuld, ich kann mich rechtfertigen. Es war schon ein Glück, daß ich sie nicht gleich überfallen konnte; das wäre keine Auseinandersetzung im wirklichen Sinne gewesen, sondern ich hätte ihr nur unterbreiten können: Ich habe recht. Das wäre kein Verstehen auf meiner Seite gewesen. Nur Beweise wie in einem Krimi: Ich bin nicht der Bösewicht.

Der Wunsch, sich rechtfertigen zu müssen, ist sicher weit verbreitet und verhindert gegenseitiges Verstehen, wenn es dabei bleibt. Wie bist du denn da überhaupt rausgekommen?

Es waren zwei Dinge, glaube ich. Das Wichtigste: Ich versuchte ja um jeden Preis, mit ihr Kontakt aufzunehmen. Ich bin einmal nachts losgefahren, nach Hannover. Ich weiß kaum, wie, plötzlich stand ich im Morgengrauen bei ihrer Mutter und brüllte die richtig an: »Ich will jetzt zu Rike. Jetzt sofort gehen wir dahin.« Meine Schwiegermutter war irgendwie ratlos, murmelte etwas vor sich hin und sagte: »Das geht jetzt nicht. Rike bekommt doch heute ihre Magenspiegelung. Kannst du dir nicht denken, wie groß ihre Angst davor ist?« – In all dem Durcheinander war das wie eine Erleuchtung für mich: Eine Magenspiegelung bei ihr. Nicht bei mir. Ich werde davon nichts merken. Das ist ein anderer Körper. Sie liegt da mit den Schläuchen. Und ich spüre davon nichts. Ich glaube, es war das erste Mal, daß ich fühlte: Mit ihr geschieht etwas, und mit mir geschieht etwas, aber das sind zwei völlig verschiedene Dinge. Das eine hat mit dem anderen wenig zu tun. Ich habe das nicht so klar gesehen, wie ich das jetzt ausspreche, aber irgend etwas in dieser Richtung erkannt. Ich selbst bin noch nie ernstlich krank gewesen, habe fürchterliche Angst vor allem, was damit zusammenhängt, vor Spritzen z. B., das ist so ziemlich der einzige Bereich, wo ein Mann sagen kann: »Hier habe ich Angst.« Nun stelle ich mir vor, wie Rike mit den Schläuchen daliegt. Ich kann mir aber die Schmerzen und das Würgen nicht so weit vorstellen, daß es mich gleichzeitig schmerzt und würgt. Du wirst das vielleicht albern finden, aber erst seit diesem Erlebnis habe ich das Gefühl: Wir sind nicht ein und dieselbe Person. Was ich fühle, ist eine Sache, was sie fühlt, ist eine andere Sache.

Das, was sie macht, beziehe ich nicht länger mehr auf mich

Das zweite war meine Freundin Anna. Das ist noch so eine Freundschaft aus der Abendschulzeit; so ein Kumpel-Verhältnis. Ich habe mit ihr nie etwas gehabt, sexuell, meine ich. Sie ist in dieser Hinsicht nicht besonders attraktiv. Aber sie ist seit dieser Zeit so etwas wie meine beste Freundin oder mein bester Freund, ein Vertrauter. Das ist übrigens auch ein Beweis, wie ich mich verändert habe. Früher war ich auf den Typ »toll aussehende Frau« fixiert; da hätte ich mich fast geniert, mit jemandem wie Anna auszugehen. Völliger Schwachsinn, weiß ich jetzt selbst. Aber ich denke heute eben anders. Also in dieser schlimmen Anfangszeit, als ich immer vor Anna jammerte: »Rike macht dieses und jenes«, da fragte sie einfach: »Was hat denn das mit dir zu tun?« Das war wie bei der Geschichte mit der Magenspiegelung. Ich bemerkte, wir sind zwei Personen. Dadurch konnte ich die Dinge, die geschahen, irgendwie getrennt sehen und beurteilen. Daß ich das, was Rike macht, nicht mehr ausschließlich auf mich beziehe. Daß ich nicht mehr denke, alles was sie tut, geht nur gegen mich, da war ich richtig verrannt. Ich habe in jeder von Rikes Handlungen nur einen gezielten Schlag gegen mich gesehen. Was anderes konnte mir gar nicht einfallen.

Die Gespräche mit Anna waren eigentlich das Entscheidende. Sie hat hauptsächlich nur zugehört oder gute Fragen gestellt. Vielleicht habe ich ihr auch deshalb vertraut, weil sie das alles schon Jahre hinter sich hat, eine Scheidung, zwei Kinder. – Die anderen Freunde haben meistens nur Ratschläge gegeben, mit denen sie mich oberflächlich trösten wollten, gut gemeint, aber gar nicht passend zu meiner Situation. Ratschläge wie: »Möglichst schnell vergessen« oder: »So einer wie du hat spätestens in einem Jahr wieder eine, jünger und schöner.«

Warum klappte das von dir aus nicht, das Vergessen und eine Neue finden?

Du lernst schnell Frauen kennen. Ich bin auch furchtbar rumgeflippt, anfangs. Aber entweder lernt man ganz junge Mädchen kennen. Die haben Probleme und Fragen, da bin ich drüber weg. Ich wollte auch nicht den allwissenden Macker spielen, das liegt mir nicht, schon gar nicht in dieser Situation. Ich brauchte selbst Hilfe. Deshalb fühlte ich mich mehr zu gleichaltrigen Frauen hingezogen; die waren meistens selbst in irgendeinem ähnlichen Problem befangen. Da merkte ich einmal richtig: Ich bin nicht bei der Sache. Sie ist nicht bei der Sache. Wir meinen beide einen anderen.

Da war es auch wieder Anna, die meinte, ich solle mir Zeit zum Ausruhen gönnen. Das war dann auch wieder eine merkwürdige Erfahrung. Ich habe immer geglaubt, ich könne nicht allein sein. Ich habe, damit ich meine Arbeit, den Aufbau der Praxis schaffe, immer alles gut geplant, durchorganisiert. Auch die ganze Freizeit, damit kein Leerlauf entsteht, Tennisspielen, Geschäftsfreunde zum Essen einladen, Windsurfen. Ich wollte nicht, daß kostbare Zeit vertan wird. Dadurch war ich auch in meiner Freizeit richtig im Streß, keine Minute zum Luftschöpfen. – Nun also in dieser Zeit zum Ausruhen habe ich erstmals am Samstag allein gefrühstückt. Ohne zu wissen, wann ich fertig sein muß, was nachher kommt. Ich konnte mich richtig auf das Frühstück konzentrieren, ohne daß es langweilig war, ohne daß ich in Panik geriet, weil ich doch für nachher keinen Plan hatte.

In dieser Zeit habe ich auch begonnen, Briefe zu schreiben. Nachdem zwei Monate absolute Funkstille war, in der ich wohl hundertmal versucht war, bei ihrer Mutter anzurufen, einfach hinzufahren, alle Krankenhäuser im Raum Hannover abzuklappern. Eine gewisse Sturheit meinerseits kam mir vielleicht zu Hilfe, so daß ich meine Frau tatsächlich zwei Monate in Ruhe lassen konnte. Ich hatte nur einmal – auf Annas Rat – ihrer Mutter geschrieben, daß, wenn Rike mich brauche, sie auf mich zählen könne. Nach diesen zwei Monaten lief der ganze Briefwechsel zwischen uns über ihre Mutter. Ich fand das überflüssig. Ich war soweit, sie zu respektieren. Aber später sagte sie mir, sie selbst sei vielleicht nicht soweit gewesen, mich nicht um Hilfe zu rufen. Ich wußte damals nur, daß sie für ein halbes Jahr nach Frankreich ging, um die fehlenden Sprachkenntnisse nachzuholen. Diese Zeit muß ihr ungeheuer gut getan haben; zum ersten Mal in ihrem Leben war sie ganz auf sich gestellt; kein Geld von mir, keins von ihren Eltern. Sie hat in einem Krankenhaus in ihrem alten Beruf gearbeitet, halbtags, und ist den Rest des Tages auf eine Sprachenschule gegangen.

Als sie aus Frankreich zurückkam, suchte sie sich gleich eine Wohnung hier; klein, ziemlich primitiv, aber billig. Auch da haben wir zuerst nur brieflich über ihre Mutter miteinander verkehrt. Ich fand das ziemlich grotesk, aber ich hatte ungeheure Angst, das empfindliche Gleichgewicht zu zerstören. Meine Briefe waren unsicher, aber liebevoll, nicht fordernd. Vorher habe ich nie geschrieben – wozu gibt es Telefon. Irgendwie war Rike mir in diesem Briefe-Schreiben nicht unterlegen, anders als in Gesprächen. Rikes Neuanfang hier in unserer Stadt, aber ohne meine Hilfe, war schwer für sie. Ihre Wirbelsäule war durch die Arbeit in Frankreich wieder ruiniert. Und wenn dir der Rücken furchtbar wehtut, dann vergißt du alles Sonstige. Jedenfalls war sie drauf und dran, alles hinzuschmeißen. In dieser Zeit rief sie mich zum ersten Mal an. Es gehe ihr jämmerlich, sagte sie. Ich war einerseits irrsinnig froh, sie wiederzusehen. Andererseits hatte ich gräßliche Angst davor, alles zu zerstören, und davor, daß wieder alles von vorn anfängt. Obwohl ich nichts sehnlicher wünschte als das.

Wie hast du das gelöst?
Ich war schon so weit, daß ich ihre momentane schlimme Situation nicht als Beweis für ihre Schuld und mein Recht zu nehmen brauchte. Deshalb konnte ich sie sehen, ohne mich immer gleichzeitig mit zu sehen. Ich konnte mit ihr über Möglichkeiten sprechen, ohne immer gleich zu denken: »Geht das gegen mich?« oder »Was habe ich davon?«. Rike selbst war in der Zwischenzeit auch selbstbewußter geworden, weil sie ein Stück geschafft hatte, die Arbeit im Ausland, die Fremdspra-

chenprüfung, alles ohne fremde Unterstützung. Es war klar, daß sie kein Geld von mir annehmen würde. Das hatte ich zu akzeptieren. Aber ich konnte ihr eine Übersetzertätigkeit vermitteln, die ihr genügend einbrachte, um das Studium zu finanzieren.

Es begann das, was ich unsere »Wochenendehe« nenne. Rike war Gast in unserer Wohnung. Erst mal war es toll. Auch weil ich jedesmal in eine große Traurigkeit fiel, wenn ich dachte: »Es ist das letzte Mal.« Das vertiefte das Empfinden, auch wenn es merkwürdig klingt. Früher haben wir uns gegenseitig gar nicht wahrgenommen. Da wurde ein Programm abgespult, fertig. Jetzt sind wir uns unserer bewußt.

Rike macht demnächst ihr Abschlußexamen. Allerdings fürchtet sie immer noch, ich könne sie erdrücken, weil ich so schnell entscheide. Für sie ist dieser Zustand mit der Wochenendehe eigentlich ideal. Für mich weniger – nicht nur wegen der bleibenden Unsicherheit auf meiner Seite. Auch, weil ich jetzt 38 Jahre alt bin, und wenn ich Kinder haben möchte, wird es allmählich Zeit. Früher waren mir Kinder nicht so wichtig. Jetzt, wenn ich manchmal Anna mit ihren Kindern sehe, beneide ich sie. Ich fühle mich jetzt auch reifer für Kinder. Eben wegen all meiner Erfahrungen. Aber das ist ein Punkt, den ich noch nicht anzusprechen wage. Sie denkt dann, ich wolle sie damit binden. Und das ist es wohl auch.

Für solche Situationen sind Frauen besser gewappnet

Wenn du heute Männer und Frauen in gleichen Situationen miteinander vergleichst, gibt es da Unterschiede zwischen Männern und Frauen?

Hättest du mir früher diese Frage gestellt, hätte ich ziemlich verständnislos geguckt oder ein paar dumme Sprüche gemacht. Heute kann ich natürlich nicht verallgemeinern. Aber mir sind einige Unterschiede aufgefallen:

Die Männer sind mehr auf ihre beruflichen Probleme konzentriert. Wenn sie einmal eine Ehe begründet haben, denken sie, das bleibt alles so, wie es ist. Sie denken, das ist der unveränderliche Teil in ihrem Leben; das ist starr, sie sind weniger bereit, darüber zu sprechen, nachzudenken, sich auseinanderzusetzen. Wenn überhaupt, sprechen Männer über Sexualität, nicht über eine Beziehung. Das ist für sie eher abgeschlossen. Frauen tauschen sich darüber aus, teilen sich mit. Für sie ist eine Beziehung, eine Ehe viel zentraler. Sie machen sich mehr Gedanken, was es bringt, wie es sich verändert. Der Mann läßt für sich diese Möglichkeit gar nicht zu. Er erwartet nicht, daß sich da mal irgend etwas ändert, positiv oder negativ. Die Frau rechnet eher damit. Sie ist dafür besser gewappnet: für eine Auseinandersetzung mit ihren Gefühlen. Männer haben es weniger gelernt, über sich selbst und ihre Gefühle nachzudenken. Ich habe damit so vorsichtig angefangen, immer mit einem verschämten Blick nach hinten, ob mir auch keiner dabei zusieht. Das ist manchmal schwierig, weil Frauen ihre Überlegenheit auf diesem Gebiet gegen dich ausspielen, unfair werden, wenn sie dich dabei ertappen, daß es dir nicht so gelingt.

Ich scheue selbst heute noch solche Gespräche, weil ich wie viele Männer klare, eindeutige Verhältnisse brauche. Und jeder Ausflug in den Gefühlsbereich beginnt damit, daß alles unsicher wird, mehrdeutig ist. Dieses Vielfältige, Schillernde kann ich noch nicht gut ertragen. Ich kann noch nicht mal sagen: Hier eröffnen sich tolle neue Welten für mich. Ich bin noch nicht soweit. Manchmal beneide ich die Männer, die ganz unversehrt solche Situationen überstehen. Die ein halbes oder ein ganzes Jahr lang saufen. Spätestens dann wieder mit einer neuen Frau zusammen sind und ohne großes Nachdenken klarkommen. Gut, du wirst sagen: »Die haben nichts gelernt.« Aber wenn das Lernen schmerzhaft ist und ohne Erfolgsgarantie, ist die Versuchung groß, sich da rauszumogeln.

Ein Grund, warum ich dir das alles erzähle, ist auch: Ich will, daß du das gutheißt. Daß ich eine Garantie erhalte: Es wird gut und bleibt auch so. Ich suche immer noch Sicherheit. Ich will es schwarz auf weiß haben: Hier ist etwas kaputtgegangen; es ist exzellent repariert worden, und jetzt hält es für immer. Ich weiß, das ist absurd, völlig absurd, solche Garantien kannst du mir nicht geben. Trotzdem wünsche ich mir das, nichts sehnlicher als das.

Du möchtest, daß es wieder abgeschlossen wird. Aber dann kann es auch wieder erstarren.

Es ist so schwer, diesen Schwebezustand zu ertragen. Alles ist immer wie im Fluß. Das geht mir gegen die Natur. Vielleicht muß ich es auch noch lernen, daß man nicht an einem Punkt erwachsen ist und dann fertig. Frauen haben es da leichter. Für die ist es geradezu ein Programm geworden: Wachsen, sich wandeln. Die sind in diesem Punkt risikofreudiger. Ich kann es mir auch gar nicht leisten, soviel Energie da reinzustecken. Es kostet eben Energie, wenn man Unsicherheit ertragen muß. Und ich weiß nicht, ob das auch Energien bringt.

Was hast du denn gewonnen gegenüber früher?
Ganz banal: Ich habe kochen gelernt, bin ein richtiger Feinschmecker geworden. Und auch die Haushaltsorganisation klappt. Anna meint, ich mache das mit der gleichen Perfektion wie anderes im Beruf auch. Auffällig war dabei, daß Rike sich anfangs da einmischen wollte, mir die Dinge aus der Hand nahm. Dann merkte sie, was da ablief. Das war nun wiederum für sie eine wichtige Erkenntnis. Was ich noch gewonnen hab': Früher war ich überzeugt davon, ich könne partout nicht allein schlafen. Ich brauche den Atem, das Leben eines anderen Menschen neben mir. Aus diesem Grund hatte ich in meiner Ehe immer noch ein oder zwei lockere »Verhältnisse« nebenbei. Ich habe das richtig systematisch aufrechterhalten, als Absicherung, wenn Rike mal verreist war. Eine fixe Idee, die ich zum Glück verloren habe.
Du triffst mich in einer guten Phase. Da kann ich sagen: »Ich habe intensiv zu leben gelernt.« Ich habe mehr Möglichkeiten entdeckt, mich zu freuen, zu genießen. Dieses Nachdenken über mich, über meine Gefühle, meine Frau, so etwas habe ich früher von mir weggeschoben. Ich weiß jetzt mehr über mich. Der Preis dafür: Die Unbefangenheit ist verlorengegangen. Statt Unbefangenheit könntest du auch sagen: dieses trügerische Sicherheitsgefühl, trügerisch zwar, aber auch sicher.

3
Wenn aus dem »Wir« ein »Ich« wird

»Fünfzehn Jahre Ehe. Vier Kinder, hinter denen er gestanden hat. In kritischen Situationen hat er zu mir gehalten. Nie eine andere Beziehung gehabt. Und das ist mit einem Schlag alles anders geworden.« Eine Erfahrung, in der das Vertrauen zur Welt zerbricht. Und während sich Franziska L. noch darum müht, das eigene Überleben zu sichern, fühlt sie, wie das Vertrauen zu sich selber wächst. Mit dem Wissen, allein leben zu können, wird der Weg frei für ein Zusammenleben ohne Selbsttäuschungen.

Gespräch mit Franziska:

Nach der ersten Information: »So ist es. Dein Mann will sich scheiden lassen« bin ich durch die Stadt gerannt. Nach diesem ersten Abend hatte ich das Gefühl, das Parkett tut sich auf, ich werde verschlungen, ein Gefühl wie in schlechten Romanen. Alles ging in meinem Kopf durcheinander. Und was mir später viele Bekannte angekreidet haben: Ich dachte auch, ich bin im Alter allein und habe keine Altersversorgung. Das fanden viele recht materialistisch. Dabei kamen die Gedanken gar nicht geordnet; alles ging durcheinander. Aber das Grundgefühl war: Du kannst dich auf nichts mehr verlassen. Du mußt endlich sehen, etwas für dich selbst zu tun.
Ich bin tatsächlich gleich am nächsten Tag losgerannt, wie von Furien getrieben bin ich durch die Stadt gerannt. Von Behörde zu Behörde, habe gefragt: »Was kann man mit 38 noch machen?« Auf »Sozialarbeit« bin ich dann aus mehreren Gründen gekommen: Ich dachte, da habe ich die meisten Erfahrungen, durch die Kinder, durch die Ehe. Da könnte ich am schnellsten einsteigen. Obwohl mir Freunde etwas anderes geraten haben. Diese Ausbildung zur Sozialarbeiterin erschien mir am überschaubarsten, drei Jahre Ausbildung und dann die Sicherheit, eine Anstellung zu bekommen. Ich hatte den Wunsch, daß es schnell geht mit der Ausbildung. Ich war wie gehetzt von dem Gedanken: Du bist alt, sehr alt, zu alt. Du mußt sehen, daß du noch irgendwie auf den fahrenden Zug aufspringen kannst.

Dabei verletzen sich ja schon einige, beim Springen auf den fahrenden Zug. Oder sie springen auf den falschen Zug.

Ich kann nur sagen, zu der Zeit war in mir alles chaotisch. Ich hatte zu hohen Blutdruck, und, was für mich sehr ungewöhnlich ist, ich konnte kaum etwas essen. Obwohl alle Leute mir sagten, ich wirke äußerlich ganz ruhig. Dabei ging alles drunter und drüber in mir.

Was ist in dieser Anfangszeit, als du einen Studienplatz suchtest und von heute auf morgen dein Leben neu organisieren wolltest, was ist da zwischen dir und deinem Mann geschehen?

Der war zur gleichen Zeit auf der Suche nach einer Wohnung für sich. Weil ich ihn darum gebeten hatte. Das heißt, »gebeten« ist wohl ein sehr freundlicher Ausdruck. Weil ich dachte, das halt' ich nicht aus. Den Mann noch neben mir zu haben, wo er eigentlich weg will oder innerlich schon weg ist. Ich konnte das auch körperlich nicht ertragen, weil ich immer eine sehr enge Verbindung zu meinem Mann hatte. Er war mir plötzlich sehr fremd. Wir haben nur noch über äußere Dinge geredet. Nur, daß ich »Sozialarbeit« machen wollte, das fand er nicht passend für mich. Das ist schon grotesk. Ich war ihm einerseits völlig gleichgültig, und andererseits mischte er sich da ein. Aber er war völlig wirklichkeitsfremd. Der hat sich überhaupt keine Gedanken gemacht, wie ich ein Studium bewältigen könnte. Mein jüngster Sohn war gerade zweieinhalb, die beiden Mädchen in der Grundschule, und beim Ältesten kriselte es im Gymnasium. Allmählich bin ich zu der Erkenntnis gekommen: Der muß eigentlich verrückt sein, wenn er es noch wagt, Erwartungen an mich zu stellen. Ich hatte mir das mit der Ausbildung schon sehr gründlich überlegt, weil ich wußte, das sind überschaubare Anforderungen. Ich mußte ja auch mit den Kindern sehen, wie es weiterging. Für die Kinder war es eine unvorstellbare Situation, daß der Vater wegging. Für die waren wir eine unteilbare Einheit. Selbst der Ältere wollte das nicht glauben. Die steckten ja zum Teil auch in Problemen mit der Pubertät und der Schule, und dann noch dieses hier. Schließlich hingen die an ihrem Vater.

Mein Mann fand erst nach einem Jahr eine Wohnung. Der zögerte das Fortziehen hinaus. Nach dem ersten halben Jahr verreiste er allein, zum ersten Mal für längere Zeit. Das war für mich eine Situation, mit der ich nicht mehr allein fertig wurde. Deshalb bin ich zur Eheberatung gegangen. Ich hatte das

Gefühl, ich bekomme massive Depressionen. Ich habe einmal nachts am offenen Schlafzimmerfenster gestanden und gedacht: »Fünfter Stock, da brauchst du dich doch bloß ein klein wenig weiter hinauszulehnen.« Aber gleichzeitig war ich erschrocken. So konnte das nicht weitergehen. Allein hätte ich es nicht gepackt. – Nach einem weiteren Vierteljahr – ich sehe diese Szene noch vor mir – war mein Mann auf einer Dienstreise, die dann immer übers Wochenende ausgedehnt wurde. Also ich stand in der Küche und bügelte seine Hemden. Da sagte meine Tochter: »Du bist ja der letzte Idiot, dem auch noch die Hemden zu bügeln.« In diesem Augenblick habe ich das Bügeleisen hingestellt, ausgemacht, weggepackt, und es war klar: »Das lasse ich mir nicht weiter gefallen. Der zieht sofort aus.« Ich hab ihm dann ein Ultimatum gestellt. Darüber war er sehr entsetzt, aber er hat es gemacht. Zu diesem Zeitpunkt war ich schon soweit, das zu fordern. Er hat mich damals wohl als sehr bedrohliche Macht empfunden. Deshalb versuchte er nicht mehr, mit mir zu handeln. Obwohl ihm das Fortziehen sehr schwergefallen ist. Vor allem wegen der Kinder. Denn in dieser Zeit war er auch unsicher geworden, ob er sich überhaupt scheiden lassen wollte.

Bindungen bestehen unabhängig vom Willen der Beteiligten

Zuerst hat er mich förmlich gedrängt, eine Scheidungsklage einzureichen. Was ich grotesk fand, weil ich nichts zu klagen hatte. Er war sehr dankbar, daß ich seinem Wunsch nach Scheidung entsprochen habe. Und dann lief die Klage tatsächlich, und ich merkte schon, wie er anfing, unsicher zu werden. Nach einigen Monaten bat er mich, die Klage zurückzuziehen. Was ihn dazu brachte, das rückgängig zu machen, weiß ich bis heute nicht. Er sprach in dieser Zeit mal von »sozialer Treue«. Damit meinte er, daß er doch nicht so schnell aussteigen könne, wie er das zunächst gedacht hatte. Wobei ich ihm den Entschluß, die Scheidung nicht zu wollen, noch schwergemacht habe. Ich hab' gesagt: »Ich pfeif' auf deine soziale Treue.« Ich hab' ihn nicht geheiratet wegen der Altersversorgung.

Ich glaube, die Kinder haben damals eine ganz große Rolle gespielt. Daß er Angst hatte, er verliere die Kinder. Obwohl von Anfang an klar war, daß ich da keine Schwierigkeiten mache, wenn die ihn besuchen wollen. Ich hab' mich auch zurückgezogen, wenn er die Kinder besuchen kam. Aber er hat es dann so angestellt, daß er hinter uns hergefahren ist, wenn ich den Jüngsten zum Kindergarten brachte. Er fürchtete, wir entziehen uns ihm. Das konnte er nicht verkraften, daß sich die Kinder ihm entfremden.

Als die Scheidung gestoppt wurde, glaubte ich einen Moment lang, jetzt würde wieder alles ganz prima werden. Ich erkannte gar nicht, daß er diese neue Beziehung nicht so schnell abbrechen konnte. Und daß er andererseits hier in der Familie noch so stark verwurzelt war. Dieser Wunsch, sich nun doch nicht scheiden lassen zu wollen, war aber keine Entscheidung für mich und gegen die andere Frau. Es war mehr ein Ausdruck seiner Verwirrung, seines Erschreckens darüber, daß eine Scheidung auch ein Abschneiden seiner Wurzeln bedeutet. Es war seine Angst vor diesem Schnitt.

Ich habe es jetzt gelesen und das auch in Gesprächen festgestellt: In einer lang andauernden Beziehung entsteht so etwas wie eine Bindung, die wie unabhängig vom Willen der Beteiligten existiert. Man hängt aneinander, wie auch immer, aber man hängt nach einer langen Zeit gemeinsamer Geschichte aneinander.

So etwas könnte es gewesen sein. Mein Mann hat ja früh als Kind sein Zuhause verloren. Und er hatte von sich den Eindruck, er könne kein Zuhause schaffen. Das war ich, sein Zuhause. So hat er es einmal gesagt. Er könne das nicht erklären, aber »Zuhause«, das sei mit meiner Person verbunden.

Diese neue Beziehung, so attraktiv sie auch sein mag, konnte in diesem Fall viele der tiefen Bedürfnisse nicht befriedigen. Sie konnte die Geschichte, die mit dir und den Kindern verbunden ist, nicht auslöschen.

Wobei ich immer noch nicht weiß, was für Qualitäten diese andere Beziehung hatte. Diese Beziehung hat sich immer in einem unwirklichen Raum abgespielt. Die sind unheimlich viel verreist. Es war wie der Wunsch: »Weg von der Wirklichkeit«, weg hier aus Köln, weg von seiner Arbeit. Ich glaube, dieser Wunsch war stärker als ein »Weg von der Familie«. Er war damals gerade nach »oben« befördert worden, und das war für ihn mit einer starken Belastung verbunden und mit großer Unzufriedenheit, weil diese neue Aufgabe eigentlich eine Sackgasse war.

Aber es waren mit der Vorstellung »Familie«, »Zuhause« sicher noch andere Vorstellungen verbunden als nur die Kinder. Wenn du vorhin sagtest, sein Wunsch nach Scheidung kam aus heiterem Himmel, dann gab es doch sicher auch viele Gemeinsamkeiten zwischen euch?

Also wir haben uns in der katholischen Jugendbewegung kennengelernt. Und die meisten unserer Freunde meinten, da sei der richtige Topf zum richtigen Deckel gekommen. Wir hatten viele gemeinsame Interessen, für Politik; wir waren beide in der Kommunalpolitik engagiert. Es war auch nicht so, daß wir jeden Tag zusammen sein mußten. Auch in unserer Anfangszeit hatten wir nur etwa zwei gemeinsame Termine in der Woche. Wir freuten uns zwar, wenn wir uns trafen; aber es war für uns beide klar, daß noch andere Dinge wichtig sind außer uns beiden. Das hab' ich auch immer sehr schön gefunden. Wir konnten darüber sehr gut gemeinsam sprechen. Es hat viele Jahre gegeben, an die sich die Kinder noch gern erinnern, wo der Vater trotz nebenberuflicher Aktivitäten immer sehr viel da war und wir gemeinsam etwas gemacht haben. An Gemeinsamkeiten war für uns von Anfang an auch die gemeinsame Religion wichtig. Und daß wir viele Kinder haben wollten, stand auch fest.

Na ja, als er dann ausgezogen war, habe ich mich erst richtig befreit gefühlt, jung und elastisch. Ich hatte mir einen neuen Pullover gekauft und fand mich ganz toll. Dann kam der nächste Tiefschlag, als mein Sohn sagte: »Ich hab' mit Vati ausgemacht, daß ich die neue Frau kennenlerne.« Ich habe das verstandesmäßig ja auch als normal empfunden, aber mein Sohn sagte: »Um Gottes willen, mach doch nicht ein solches Gesicht. Ich möchte meinen Vater verstehen können.« Der ganze Elan bei mir war erst mal weg. Ich fühlte die Angst, der Sohn könnte sagen: »Es ist doch ganz verständlich, daß der Vater umsteigt.« Es gab so viele Unsicherheiten, obwohl mein Sohn sehr lieb zu mir war und auch alles verstand. Aber er liebte seinen Vater auch. Heute weiß ich, daß die meisten Erwachsenen in diesen Situationen so tun, als ginge das Leben der Kinder ziemlich unbeeinflußt von all dem weiter. Obwohl sie vielleicht etwas anderes sagen, aber in ihrem Gefühl ist wenig Platz für das, was in den Kindern vorgehen mag.

In der Krise sich selbst entdecken

Was die ganzen 15 Jahre vorher eigentlich auch Schwierigkeiten brachte, obwohl ich das vorher immer ein bißchen verdrängt habe: Mein Mann fand, ich könne noch mehr als nur Kinder aufziehen, also Kommunalpolitik, Arbeit in der Kirche etc. Aber er hat von sich aus nie etwas dazu getan, um mir das zu ermöglichen. Wenn es in seinen Kram paßte, fand er diese Außenaktivitäten ganz gut, aber ansonsten hat er den Terminkalender bestimmt, und ich hatte mich gefälligst danach zu richten. Darüber habe ich manchmal eine wahnsinnige Wut gehabt, traute mich aber nicht, es ihm zu sagen. Er fuhr z. B., als ich mein letztes Kind erwartete, kurz vor dem Geburtstermin zu einer Tagung ins Ausland, ohne überhaupt daran zu denken, daß ich ihn in der Zeit vielleicht brauchen könnte. Ich habe mir da noch nicht gestattet, Forderungen zu stellen, und dachte ganz naiv, wenn er Freiheiten hat und glücklich ist, fällt das ja auch auf dich zurück. Je älter ich geworden bin, desto mehr konnte ich diese Wut nach außen dringen lassen. Die Idee, Forderungen zu stellen, kam mir vorher nicht in den Sinn, weil ich dachte, ich bin verheiratet, das ist unumstößlich, und damit muß ich mich abfinden. Ich habe mich da immer in einem Teufelskreis befunden.

Dann hat die Krise den Teufelskreis unterbrochen.
Ja, das war eine heilsame Geschichte, für beide. Denn mein Mann hat unter meinen indirekten Anschuldigungen und meiner Angst, Forderungen zu stellen, gelitten. Er hat auch unter seinem eigenen Egoismus gelitten, weil er immer der Überzeugung war, ich käme zu kurz. Er brachte es aber andererseits nicht fertig zu sagen, na dann müssen wir wirklich mal anfangen zu teilen. Insofern ist erst durch seinen Wunsch nach Scheidung eine wirkliche Gleichberechtigung entstanden. Ich wurde plötzlich gezwungen, die Wirklichkeit zu sehen, und meine Phantasien über Harmonie und Unantastbarkeit der Einheit zerbrachen.

Diese Harmoniewünsche forderten eben ihren Preis. Du mußtest bestimmte Wünsche unterdrücken oder durftest sie zumindest nicht aussprechen. Durch die Krise wurdest du gezwungen, eine wahrhaftigere Beziehung zu dir selbst herzustellen, herauszufinden, was du fühlst und wünschst.

Auch wenn das, was ich fühlte, zunächst sehr trostlos und chaotisch war. So hatte ich doch zum ersten Mal in meinem Leben die Chance zu erfahren, ich kann unter extremen Belastungen etwas leisten. Das hat mich unheimlich sicher gemacht. Auch wenn gleichzeitig immer noch diese Angst und Unsicherheit vorhanden war. Durch die Krise allein wird man nicht automatisch stark. Aber es entsteht in all dem fürchterlichen Chaos eine Hoffnung oder eine Ahnung von den eigenen Kräften. Ich bin jetzt in der Lage, zu wissen und zu sagen, was ich will. Ich sage, an dem und dem Wochenende bin ich nicht zu Hause. Nun überlegt euch mal, wie das hier gestaltet werden soll. Den Mut hätte ich vorher nie gehabt. Und was mir ganz neu zugewachsen ist, die Fähigkeit, etwas für mich alleine zu tun. Es macht mir heute nichts aus, allein spazierenzugehen, allein in einem Restaurant zu essen. Während ich früher zwar auch diesen Wunsch hatte, aber immer irgendeinen Begleitschatten brauchte. Und dann war ich unzufrieden, wenn unsere Bedürfnisse nicht gleich waren. Ich fragte z. B.: »Hast du Lust, ins Kino zu gehen?« Und wenn er dann nicht wollte, blieb ich mit meiner Unzufriedenheit sitzen, anstatt etwas zu unternehmen. Da war auch einfach eine unvernünftige Angst, allein in dem Kino zu sitzen.

Hat die Beschäftigung mit Sozialarbeit, mit den Problemen anderer Menschen, hat das die Bewertung der eigenen Schwierigkeiten beeinflußt?
Das Studium vielleicht, das Lesen, das könnte einen Einfluß gehabt haben. Aber die Arbeit? Gut, ich mache die Erfahrung, daß ich nicht der einzige Mensch mit Problemen bin. Und ich kann mich in die Probleme verlassener Frauen quer durch alle Schichten hautnah einfühlen. Aber für meine Persönlichkeit haben die Leiden anderer Menschen keine Bedeutung. Das hilft in der schlimmen Situation überhaupt nicht zu wissen, es gibt viele, denen geht es noch schlechter. Das ist eine Illusion, aus dem Leiden der anderen Tröstung zu erhoffen. Wenn man tief im Dreck steckt, hilft das nicht. Wenn eine längere Zeit vergangen ist, dann kann das Wissen, wie andere in gleichen Situationen empfinden, dir das Gefühl von Verlassenheit nehmen. Ich arbeite in einem Frauenkreis; dort haben wir festgestellt, daß praktisch alle Frauen, die etwa 40 sind und deren Männer 45 Jahre alt sind, ähnliche Probleme haben. Unabhängig davon, ob die Frauen berufstätig sind und wie viele Kinder

da sind. Und dieses Wissen kann stützen. Aber selbst in diesem Arbeitskreis war ich eine der wenigen, die es am gelassensten bringen konnte. Es liegt nicht soviel Trost in diesem Wissen.

Gibt es überhaupt etwas, das hilft, wenn man im Dreck steckt?
Ja, Menschen, die einfach zuhören, ohne Ratschläge zu geben. Einfach zuhören, ohne zu bewerten. Mitgefühl ohne Erklärungen. Die meisten haben bewertet, haben auf meinen Mann geschimpft, die haben alle in mir wachgerufen, den Mann auch noch verteidigen zu müssen. Dieses Verurteilen des Mannes führte bei mir nur dazu zu sagen: »Nee, nee, so ist es ja nicht.« Das war fürchterlich, daß ich mich da noch auf die Position meines Mannes stellen mußte, um Gerechtigkeit walten zu lassen. Ich hatte ja in dieser Situation etwas ganz anderes nötig, als noch Verteidiger zu werden. Und dann habe ich auch bald gemerkt, daß bei den Frauen, die meinen Mann verurteilten, im Beisein ihres Mannes, daß da große eigene Ängste um deren Beziehung aufkamen. Da sollte dann deren Mann gleich wissen, wo es lang geht, falls er auf die gleiche Idee käme. Ich selbst war dabei eigentlich unwichtig. Wirklich geholfen haben wenige durch Zuhören, dadurch, daß ich fühlen konnte, hier konnte ich mich jederzeit fallen lassen, ohne irgend etwas richtigstellen zu müssen.
In dieser ersten Phase, als alles durcheinanderging, waren meine älteren Kinder weitsichtiger, durch Ratschläge in einem anderen Bereich. Indem sie sagten: »Nun sieh mal zu, daß du einen Beruf findest. Du kannst ja auch etwas.« Die Kinder erzählten auch von anderen Klassenkameraden, die im Haushalt helfen müssen, und machten Vorschläge, wie das zu organisieren sei. Aber ich habe damals noch nicht gesehen, was mir das innerlich bringen würde. Ich war zunächst nur davon getrieben, eine wirtschaftliche Basis zu finden. Das war wie eine fixe Idee, ich wollte nie mehr abhängig sein, nie mehr in solch eine Situation kommen. Ich hab' ja meinem Mann keinen Satz mehr glauben können, weil ich dachte, wenn der so etwas fertigbringt, dann geht nichts mehr. Ich konnte mich nur noch auf mich selbst verlassen. Und dieses Gefühl, ich gewinne außer einem Beruf in dieser Situation für mich eine Menge dazu, das kam erst ganz allmählich.

Mit wachsendem Selbstbewußtsein erkennt man die eigenen Grenzen

Hat sich dieses Erkennen der eigenen Wünsche und Kräfte auch auf die Beziehung zu deinem Mann ausgewirkt?
Also in der Anfangszeit, als mein Mann sah, wie ich es packe, da bin ich ihm – glaube ich – eher noch bedrohlich vorgekommen. In der Anfangszeit unserer Ehe habe ich viel Selbstbewußtsein durch meinen Mann erhalten. Der war der Überzeugung, ich könne alles. Wenn eine Aufgabe an mich herangetragen wurde und ich zögerte, sagte er: »Das kannst du.« Aber als das dann wirklich lief und er es auch noch von anderen zu hören bekam, was ich so alles schaffe, da wird es ihm doch etwas bedrohlich vorgekommen sein. Und jetzt in den letzten Jahren kam eine Phase, wenn er so leichtfertig sagte: »Das kannst du doch«, daß ich ihn daran erinnern mußte, auch meine Kräfte haben Grenzen. Das ist auch ein Gewinn dieser ganzen Auseinandersetzungen, daß ich meine Grenzen sehen kann.

Wie hat sich die Beziehung dadurch verändert?
Nachdem ich mit dem Studium fertig war, passierte ja das Wunder, daß er bereit war, mit mir in die Eheberatung zu gehen. Ich war schon lange Zeit nicht mehr dort, weil ich für mich eine gewisse Stabilität gefunden hatte. Und gegen Ende meiner Ausbildung merkte ich, seine Beziehung zu der anderen Frau wird uninteressanter für ihn. Aber er brachte es nicht fertig, das zu beenden. Und ich hatte andererseits meine Grenze erkannt, daß ich es einfach nicht ertragen konnte, wenn er am Wochenende mit ihr verreiste. Dann packte mich eine so unbändige Wut. Er war ja wieder zu uns gezogen, und ich bekam das jetzt immer ganz nahe mit. Es war auch richtiger Neid. Schließlich hab' ich es mir auch in meiner Ehe gewünscht, einfach so mal wegzufahren. Das ging nie. Da hat es an Geld gefehlt, dann war keine Zeit. Und jetzt ist der alle naselang mal eben weg. Ich hab' es richtig genossen, daß er sich mal beim Skifahren eine große Verletzung geholt hat. Also diese Wochenenden waren entsetzlich. Ich platzte fast vor Aggressivität. Ich erkannte, ich schaff' es nicht, das locker zu nehmen, so lange ich auch darüber nachdachte. Und dann habe ich nach Beendigung der Ausbildung meinem Mann geschrieben: »Ich kann so mit Dir nicht weiterleben. Aber ich weiß jetzt, ich kann alleine leben.« Ich habe ihm deutlich zu verstehen gegeben, daß ich ihn

nicht brauche. Zu der Zeit ging er also zu der Eheberatung. So etwas war vorher ein Unding für ihn. Er konnte sich nicht öffnen. All die Jahre hat er mit niemandem darüber sprechen können. Er war viel einsamer als ich. Die Eheberaterin war wohl etwas irritiert, daß ich sagte: »Beraten Sie mit ihm, was Sie wollen, ich kann das nicht mehr einen Tag lang aushalten. Ich weiß jetzt, was ich kann und was ich nicht kann.« Er ging dann alleine zur Beratung. Und hat nach kurzer Zeit die Beziehung zu seiner Freundin abgebrochen. Das hatte nicht direkt etwas mit der Beratung zu tun. Nachträglich bedaure ich es, daß wir nicht noch weiter zusammen zur Beratung gegangen sind, weil wir ja noch lange nicht am Ende sind. Aber damals waren meine Grenzen erreicht. Weil heute, wenn er mal etwas getrunken hat oder sehr viel getrunken hat, dann kann er plötzlich ganz aggressiv gegen mich sein. Und wenn ich ihm das am nächsten Tag sage, ist er fassungslos. Er weiß nicht, weshalb er so ist.

Es gibt vielleicht Reste, die nicht aufzulösen sind. Vorwürfe von ihm gegen dich und von dir gegen ihn, die nicht aufzuheben sind, die auch durch eine »Beratung« nicht aufzuklären sind, weil es manchmal hilfreich ist, die unverstandene Unzufriedenheit dem Partner anzulasten.

Es fällt ihm ungeheuer schwer, über sich zu reden, über das, was ihn innerlich bewegt. In der ersten Phase der Trennung hat er gesagt, er wisse, das sei eine Zumutung, aber ich sei die einzige, mit der er überhaupt über diese Dinge reden könne. Ich befand mich in einer schlimmen Situation, als mein Mann mir in dieser Anfangszeit noch sagte, wie gut er sich fühle. Ich saß da und dachte, das gibt's wohl nicht. Du sitzt hier und läßt dir das auch noch sagen. Die Beziehung zu meinem Mann war ja noch so eng, aber ich dachte schon, was laß' ich mir alles zumuten. Andererseits war so viel an gemeinsamer Basis da, nicht nur Gewöhnung. Auch nicht nur gemeinsame Interessen, die haben wir heute nicht mehr so viel. Sondern gemeinsame Lebensgrundsätze. Etwa, wie er Kinder erlebt. Da empfinden wir gleiches, wenn wir beobachten, was in befreundeten Familien geschieht. Da brauchen wir uns nur anzusehen und wissen, wir erleben das gleiche. Auch, daß er ein sehr zärtlicher Vater war. Das ist die gute Beziehung der Kinder zu ihm, obwohl sie ihn kritisch sehen. Bei aller Auseinanderentwicklung auf politischem Gebiet gibt es eine gemeinsame Basis, da sind wir uns einig.

Bilder für später?

Wir sind hier auch auf der Suche nach Mustern, nach Bildern für die Zeit des längeren Zusammenlebens. Wir werden sicher kein einheitliches, verbindliches Muster finden wollen. Aber in vielen Gesprächen tauchte der Begriff »Freundschaft« auf. Freundschaft zwischen Ehepartnern.

Das ist mir zu flach. Freundschaften habe ich woanders. Ich kann damit wenig anfangen. Es ist zwar vieles anders geworden durch unterschiedliche Erfahrungen, die wir mit uns selbst gemacht haben und mit anderen Menschen. Ich liebe meinen Mann körperlich sehr. Das bedeutet mir viel. Obwohl ich sehe, wie alt er geworden ist, wie erschöpft und vergrämt er aussieht. Und das tut mir weh. Er hat sich trotz Sport und sonstigen Kraftakten nicht gut gehalten. Das tut mir weh, nicht weil ich ihn schöner haben möchte, sondern weil ich sehe, woher das rührt. Aber zu sagen, Zärtlichkeit spiele nicht mehr eine solche Rolle, das stimmt nicht.

Freundschaft schließt ja die Sinnlichkeit nicht aus. Freundschaft mit oder ohne Sexualität?

Sicher, man könnte das auch anders verstehen als ich. Aber ich glaube, wenn jemand in seinen sexuellen Bedürfnissen so sehr an den eigenen Ehemann gebunden ist, wie ich es bin, dann stört das eine Freundschaft.

Jede Form von Abhängigkeit gefährdet eine Freundschaft.

Ich kann da kein Werturteil abgeben. Ich kenne nur für mich diese meine Form der Ehe. Ich kenne meine Grenzen und meine Wünsche. Ich weiß auch nicht, ob das immer so bleiben muß. Ich merke auch jetzt, wo uns die Routine wieder hat, die Tage den einen oder anderen auffressen, daß sich etwas einzuschleifen beginnt. Und dann denke ich: »Holla, so nicht.« Dann müssen wir uns irgend etwas einfallen lassen, und sei es, daß wir essen gehen. Die Gefahr, daß der Alltag die Empfindungen und Erfahrungen zudeckt, ist groß.

In manchen Ehebüchern wird ja empfohlen, in der Ehe aneinander zu arbeiten. Ehe sei Arbeit, wird gesagt. Mir gefällt das Wort »Arbeit« in diesem Zusammenhang nicht. Ehe müsse erarbeitet werden. Nicht, daß ich die Arbeit scheue. Aber »Ehearbeit«, das schmeckt mir nicht.

Also »aneinander arbeiten«: Wenn ich eine Erfahrung habe, dann die, daß so etwas schlimm ist. Da war ich durch meine katholische Erziehung ziemlich fehlgeleitet. Es gibt ja in der katholischen Ehelehre den Begriff »Heiligung des anderen«. Und das sollte man besser sein lassen, solche Versuche zu unternehmen, den anderen wohlmeinend vor den eigenen moralischen oder sittlichen Karren zu spannen. Dabei kommen schlimme Sachen heraus. Ich habe lange gebraucht, bis ich meinen Mann so akzeptieren konnte, wie er ist. Das ist auch so ein Teil Arbeit, an dem anderen herumzukratzen. Und das gilt sicher auch für andere Bereiche. Wenn überhaupt Arbeit, dann die: zu akzeptieren, daß der andere so ist, wie er ist. Und damit habe ich mich ganz schwer getan zu akzeptieren, daß es beim anderen auch Bereiche gibt, die ich nie erreichen werde. Es gibt keine Deckungsgleichheit.

Wenn ich ein Wichtiges aus diesem Gespräch heraushole, und das ist auch in anderen Gesprächen aufgetaucht, dann dieses: In dem Augenblick, in dem ich feststelle, ich kann auch allein leben, bin ich fähig zu einer Partnerschaft. Das ist geradezu eine Voraussetzung für ein Zusammenleben, das Wissen, auch allein leben zu können.

Das sehe ich auch so. Und diese Erfahrung habe ich niemals vorher machen können. Diese Chance hat man oft erst mit 40. Andererseits war bei uns nun wieder folgende Gefahr: Nachdem ich gelernt hatte, mit mir selbst etwas anzufangen, mir meinen Tag einteilen konnte, da fragte ich mich: Wohnen wir nur noch zufällig unter einem Dach? Was ist noch an gemeinsamen Dingen geblieben oder neu hinzugekommen? Etwas müßte schon da sein, sonst wird es solch ein zufälliges Zusammensein.

In dem Augenblick, in dem ich feststelle, ich brauche den anderen nicht, entsteht natürlich nicht gleich ein neuer Grund fürs Zusammenbleiben, der eben nicht zufällig ist. Wir müssen erst langsam lernen, nicht aus einem Mangel zusammenzuleben, sondern zusammenzuleben aus der Fülle.

Es ist ja auch noch nicht zum Abschluß gekommen. Dabei denke ich gar nicht sehr weit in die Zukunft. Ich lebe das Heute, und wenn das befriedigend ist, freue ich mich. Und wenn es nicht gut ist, sage ich: Es muß mal wieder etwas geschehen. Das Wichtigste, was ich gelernt habe, ist: Ich muß etwas für mich tun. Und diese Krise war die letzte Chance zu lernen, etwas für mich zu tun. Etwas für sich zu tun, um in einer solchen Krise nicht kaputtzugehen. Ich bin mir aber nicht sicher, ob nicht einige Leute das ganz gern zum Anlaß nehmen, um sich endlich kaputtmachen zu lassen. Ich habe einige Freundinnen, die in ähnlichen Situationen sind. Und einige, die begreifen es und fangen an, etwas für sich zu tun. Aber bei anderen sieht es so aus, als hätten sie Lust, sich fertigmachen zu lassen. Dann denke ich, nun ist es ihr Ehemann, durch den sie sich kaputtmachen, aber es hätte auch etwas ganz anderes sein können.

Franziska hat sich beim Lesen der Gesprächsaufzeichnung über ihre saloppe Redeweise gewundert, ist schließlich großzügig darüber hinweggegangen und sagt:
Es fällt mir auf – und das stimmt auch: Ich bin monogam. Wie der Clown in Heinrich Bölls Roman sagt: »pathologisch monogam«.

Wieso »pathologisch«?
Ich fühle mich damit auch nicht »krank«. Aber es ist mir in der Zeit damals empfohlen worden: Ich solle etwas mit anderen Männern anfangen. Das haben mehrere Leute gesagt, auch Psychologen. Dazu hatte ich aber überhaupt keine Lust.

Wenn du keine Lust dazu verspürst, warum solltest du es tun? Für mich ist das in deinem Fall mehr ein Zeichen seelischer »Gesundheit«: nicht gegen deine Bedürfnisse zu handeln.
Ich bin durch diese Empfehlungen schon etwas verunsichert worden.

Monogamie ist für mich weder eine »Krankheit« noch hat sie einen besonderen Wert. Sie ist eine von unzähligen Möglichkeiten, Sexualität zu leben.
Ob es damit zusammenhängt, wie man mit der Sexualität begonnen hat?

Es hängt davon ab, welche Wertvorstellungen und Bilder die Sexualität in einer Kultur prägen; Vorstellungen über die Lebenszusammenhänge, mit denen Sexualität verbunden wird; Bilder darüber, wie Sexualität zu benutzen und zu leben sei.

Nicht die Liebe, sondern das Leben
war falsch organisiert

Franziska hat sich gefragt: Warum erschrecken wir, wenn wir erkennen, ich kann allein leben?
Wo doch die alten Liebesbeweise längst ihre Kraft verloren haben. Untaugliche Liebesbeweise wie der Satz: »Ich kann ohne dich nicht leben«, mit denen der andere festgebunden werden sollte. Wir drohen dem anderen nicht länger mit unserer Schwäche und Lebensunfähigkeit. Und doch hat sich das Bild von der besitzergreifenden Liebe so tief in unser Bewußtsein gegraben, daß die Unschärfe der neuen Bilder nur schwer ertragen werden kann.

1. Gespräch mit Horst:

Wenn ich Tag und Nacht auf der Lauer liege und nach Liebesbeweisen suche, dann sehe ich bald gar nichts mehr. Ich sehe den anderen nicht. Und ich verliere das Gefühl zu lieben. Ich habe mehr als zehn Jahre gebraucht, um es ohne Angst zuzulassen und zu sehen: Die Frau, die mir am nächsten steht, kann allein ein Leben herstellen. An diesem Wissen kann sich so etwas wie Liebe entzünden. Für mich ist es das größte Abenteuer, einen Menschen anzutreffen, der nicht mehr auf mich zurückzuführen ist und der sich doch mit mir verbunden fühlt. Dieser andere besteht aus sich selbst heraus und trägt doch etwas zu der Verbindung bei. Es ist, wie ein anderes Land zu entdecken und es lieben zu lernen. Zu sehen: Dieser Mensch ist aus sich selbst heraus; das kann ein Motor zum Leben sein. Ich sehe: Leben ist möglich. Auch wenn es im Alltag nicht zu beweisen ist und im Alltäglichen oft vergessen wird.

Wie konnte ein heute 43jähriger Mann nach 17 Ehejahren zu solchen Einsichten finden?
Es waren keine dramatischen äußeren Ereignisse, die uns plötzlich deutlich sehen ließen: Wir haben unser Leben falsch organisiert. Und unsere kraftlosen Träume enthalten nichts außer vagen Gedanken an Flucht.
Zu Anfang unserer Ehe hatten wir beschlossen, etwa zehn Jahre lang hart zu arbeiten, Geld zu sparen, um uns irgend-

wann »aufs Land« zurückzuziehen. Ich wollte dann schreiben. Heike, meine Frau, hatte vor, »irgend etwas mit Pflanzen« zu machen. Das sind die typischen Illusionen von 20jährigen, die sich mit einer rauhen Berufswirklichkeit abfinden müssen. Unserer romantischen Sehnsucht nach »dem Land« fehlte jede Erfahrung. Wir beide waren in der Stadt aufgewachsen. »Das Land« kannten wir nur von Wochenendausflügen. Irgendwie dämmerte es uns wohl: Von Pflanzen kann man auch auf dem Land nur in harter Arbeit leben. Und meine Fähigkeiten zu schreiben waren durch ein Leben im Chemielabor verschüttet worden. »Das Land« war eine Formel gegen alles, was wir nicht sein wollten; aber wir wußten noch nicht, was wir sind. Nach sechs Ehejahren waren von unseren Plänen nur die Arbeit geblieben und das Sparen. Das hatte sich verselbständigt. Es bestimmte unser Leben und unsere Unzufriedenheiten. Bis Heike mir eines Tages mittcilte: »Heute habe ich gekündigt.«

Wir waren beide erschrocken. Sie, weil sie noch Angst vorm eigenen Mut verspürte. Ich, weil sie mich nicht gefragt hatte. Heike hatte Industriekaufmann gelernt. Sie arbeitete aber schon seit mehreren Jahren bei einem amerikanischen Konzern als Leiterin des zentralen Schreibbüros. Ihrer Kündigung war folgendes vorausgegangen: Die Firma war wohl dabei, amerikanische Methoden der Personalführung zu übernehmen. Jedenfalls sollte Heike jeder Frau, die fünf Minuten zu spät im Schreibbüro erschien, 15 Minuten vom Urlaub abziehen. Das war für Heike der Anlaß zu sagen: »Jetzt nicht mehr.«

Ich erinnere mich noch: Bei all der Unsicherheit und auch dem Ärger über ihren unvorbereiteten Entschluß – ich war wohl schon etwas vergreist mit meinen 32 Jahren –, also bei all diesem Unbehagen fühlte ich auch so etwas wie Stolz und Hochachtung für Heike. Aber wenn ich ehrlich bin, überwog die Verunsicherung über ein Ereignis, das ohne meinen Einfluß geschehen war.

Diese Mischung aus Irritiertheit und Bewunderung hat in dieser Zeit meine Gefühle für Heike bestimmt. Einerseits fürchtete ich, sie könne mir entgleiten. Andererseits sah ich, wie sie etwas zu schaffen versuchte, was ich mir selbst für mich wünschte. Zuerst wollte sie gar nicht mehr arbeiten, entschied sich aber, etwa drei Stunden am Tag Examensarbeiten für Studenten zu tippen. Sie wünschte sich eine Tätigkeit ohne Verantwortung, um zur Ruhe zu kommen. Sie wollte lieber abwarten, als einen

Schritt in die falsche Richtung zu tun. Und sie wollte jeden Schritt unbeeinflußt gehen. Dann erhielt ich den zweiten Schlag: Heike wurde schwanger. Natürlich wollte ich Kinder. Aber sie hätte mich doch vorher fragen können. Wieder hatte sich etwas außerhalb meiner Kontrolle ereignet. Das war bedrohlich für mich. Heike fühlte sich wunderbar, und es wurmte mich, daß dies ganz ohne mein Zutun geschah. Trotzdem: Es muß mich fasziniert haben. So eine Schwangerschaft dauert – Gott sei Dank – neun Monate. Spätestens, als ich die ersten Kindesbewegungen an Heike spüren konnte, fühlte ich mich wieder zuständig und auch zugehörig. Denn soviel stand fest: Unsere Zwei-Zimmer-Wohnung im 14. Stock war für ein Kind ungeeignet. Andererseits waren die Mieten für jene Wohnungen, die wir uns wünschten, zu hoch. Hierher, nach T., in eine 50 Kilometer entfernte Kleinstadt zu ziehen, das war nun wieder ein gemeinsamer Entschluß.

Eigentlich habe ich mir das Kleinstadtleben immer fürchterlich vorgestellt. Aber ich hoffte, durch den Ortswechsel würde sich auch irgend etwas in meinem Leben ändern. Das war natürlich wieder eine falsche Hoffnung: Ein Ortswechsel verändert wenig, wenn du dich nicht selbst veränderst, aktiv veränderst. Nicht abwarten, daß ein anderer das für dich erledigt. Zunächst gab es aber zuviel zu tun, um das zu bemerken. Wir hatten wirklich eine tolle Wohnung mit Garten gefunden. Ich war allerdings durch die langen Anfahrtszeiten zu meiner Arbeit ziemlich gestreßt. Die erste wirkliche Veränderung bei mir war das Umsteigen vom Auto auf die Bahn. Zugfahren wirkt beruhigend auf mich. Ich konnte vor mich hindösen, nachdenken oder lesen. Ich entdeckte meine Liebe zu Büchern und wurde ganz süchtig danach. Heike las auch, und das waren seit langem wieder Gespräche, die nicht die Organisation des Alltags betrafen. Wie gesagt: keine dramatischen Ereignisse. Eher ein langsames Aufwachen. Heike, die früher eher verschlossen war, hat hier recht schnell Freunde gefunden. Sie hat auch bald nach der Geburt unserer Tochter angefangen, für einen kleinen Betrieb hier am Ort die Buchhaltung zu machen. Dort konnte sie sich alles selbständig einteilen. Nach der Geburt unserer zweiten Tochter hat sie das beibehalten. Seitdem beide Kinder in die Schule gehen, ist sie »Mädchen für alles« in einem kleinen Baubüro. Sie arbeitet dort vormittags zwei Stunden lang und am späten Nachmittag. Mal hat sie mehr, mal weniger zu tun. Sie spricht von »ihren« Häusern und

Baustellen. Und wenn sie von ihren Beobachtungen erzählt, wie Menschen arbeiten, zusammen und aneinander vorbei, bis so ein Haus entstanden ist, dann spüre ich: Es geht ihr um mehr als nur das Wachsen eines Hauses. Sie beobachtet langsam und liebevoll, und was sie dabei herausfindet, erstaunt mich.

Ich bin vor sechs Jahren als Chemie-Ingenieur zu einer Behörde in die benachbarte Kreisstadt übergewechselt. Diese Arbeit ist auch nicht sinnvoller oder sinnloser als das, was ich vorher getan habe. Sie ist nur weniger aufreibend. Ich verdiene weniger Geld und habe dafür mehr Zeit. Für mich war es ein wichtiger Schritt nach vorn zu akzeptieren, daß ich in diesem meinem erlernten und nicht besonders geliebten Beruf noch am leichtesten Geld verdienen kann. Erfüllung im Beruf zu finden und gleichzeitig genügend Geld zu verdienen, das ist wohl eher die glückliche Ausnahme. Aber meine jetzige Arbeit ermüdet mich nicht und läßt mir genügend Zeit für andere Dinge. Ein befreundeter Berufsschullehrer hat mich gebeten, mit ihm eine »Technische Arbeitsgemeinschaft« für Jugendliche zu gründen. Ich mache das nicht, um denen zu helfen. Sondern jedesmal, wenn ich das Gesicht eines Jungen sehe, der gerade etwas entdeckt hat, dann freue ich mich. Mehr ist dazu nicht zu sagen. Ich glaube aber, die Organisation unserer Berufswelt verhindert solche Erlebnisse.

2. Gespräch mit Horst:

Horst hält das, was ich aus unserem Gespräch festgehalten habe, für banal:
Ich weiß nicht, ob sich deine Frage damit überhaupt beantworten läßt.

In dem Gespräch mit Franziska habe ich etwas leichtfertig behauptet: Wir müssen es lernen, nicht aus einem Mangel zusammenzuleben, sondern aus der Fülle. Ich fürchte, eine solche Forderung läßt sich nicht so schnell mit Inhalt füllen. Andererseits ist es mir auch in anderen Gesprächen aufgefallen: Viele Menschen scheinen es geradezu für einen Liebesbeweis zu halten, wenn sie sich selbst und dem anderen versichern, ohne ihn nicht leben zu können. Es ist beinahe so, als sei die eigene Lebensuntüchtigkeit der Hauptgrund, beieinander zu bleiben, sich ängstlich aneinander zu klammern. Und wenn dann einer

erkennt: »Ich kann auch allein leben«, bekommt er Schuld-
gefühle.

Bei mir war es eigentlich anders. Ich sah zuerst, sie kann alleine etwas entscheiden, ohne mich zu fragen. Sie ist eine eigenständige Person. Das hat mich ganz schön erschreckt. Aber es war auch das erste Mal, daß ich mich fragte: »Was ist das für ein Mensch?« Das Bemühen um Verstehen begann erst in dem Moment, wo mir die Distanz bewußt wurde. Deshalb braucht man wegen der Distanz nicht zu erschrecken.

Das ist mir bei vielen unserer Gesprächspartner aufgefallen. Sie haben erkannt: Es gibt Unterschiede zwischen »mir« und dem anderen. Es besteht keine Forderung, diese Unterschiede aus Liebe auflösen zu müssen. Nach meinen Erfahrungen ist es sogar eine Voraussetzung für Liebe, diese Unterschiede wahrzunehmen und zu ertragen, daß ich den anderen nicht umfassend verstehen werde.

Das ist eher eine banale Erkenntnis, obwohl ich das verhältnismäßig spät bemerkt habe. Aber Leben aus der »Fülle«, das müßte mehr sein. Ich möchte mein bescheidenes Beispiel nicht mit so einem großen Wort veredeln. Aber auch die anderen Wörter taugen wenig. »Erfüllung«, »Zufriedenheit«, das ist auch schief. Mir gefällt das Wort »Lebensgefühl« besser, das Gefühl, es lohnt sich zu leben. Dieses Gefühl kommt niemals allein aus einer Beziehung oder aus dem Beruf. Es ist auch vermessen zu sagen, es kommt aus mir allein. Obwohl alles in mir zusammenfließt aus den verschiedenen Bereichen und ich es aktiv umsetzen muß. Trotzdem ist es schwer zu beschreiben, ohne jedes Ereignis gleich deuten zu wollen.

Wenn du die Fakten meiner Geschichte nimmst – soweit ich sie dir erzählt habe –, da kann man sich auch fragen: »Was soll das? Der Mann hat resigniert, geht in eine Kleinstadt, zieht sich ins Privatleben zurück.« Im ersten Gespräch habe ich es schon gesagt: Unser Leben war falsch organisiert. Ich habe angefangen, es neu zu organisieren, ohne dramatische Wendepunkte. Diese Anfänge und ihre Ergebnisse sind ungeheuer simpel: Ich habe mehr Zeit gewonnen. Aber gerade durch diese Zeit und das Lesen, Nachdenken, Sprechen mit Heike, durch alles das ist mir klargeworden: Der andere kann sich nicht stellvertretend für mich verändern; diese Erfahrungen versuche ich schon, etwas allgemeiner zu verstehen.

4
Das Paradies kommt nicht
ins Haus geflogen

Eine typische Frauenerfahrung: die plötzliche Angst, nicht gelebt
zu haben. Die schärft den Blick für erlittene Gleichgültigkeiten.
Einen Abend lang nichts sagen, nichts fragen – keiner bemerkt
es. Leben ist nicht rückgängig zu machen. Sie sucht Beweise
dafür, daß sie noch lebt.
Auch die Lösungsmuster sind schon Klischee geworden: Sie
belegt einen Kurs in der Volkshochschule. Sie knüpft Wandbe-
hänge, die niemand kauft. Sie sucht eine Halbtagsbeschäftigung
und findet keine. Sie beginnt mit einer Ganztagsarbeit und
kämpft gegen Tränen und Müdigkeit. Sie arbeitet in einer
Bürgerinitiative, verliebt sich in einen Marokkaner. Sie verläßt
die Familie.
Einige versuchen das alles gleichzeitig.

Gespräch mit Hannelore:

Ich bin nach Berlin gekommen, weil meine Kusine hier wohnt;
die ist frisch geschieden und hatte ein Zimmer für mich. Aber
nicht nur wegen des Zimmers bei der Kusine; bei uns fand ich
keine Arbeit oder konnte das, was ich fand, nicht annehmen,
weil's unter Niveau war; nicht für mich, aber für meinen Mann.
Und dann dachte ich, Berlin ist eine richtige Frauenstadt;
nirgendwo habe ich so viele selbstbewußte Frauen gesehen. Du
kannst hier alleine in eine Kneipe gehen und lernst schnell
Leute kennen.
Meine Kusine, die hatte das alles schon hinter sich, was bei mir
vielleicht gar nicht anfängt. Ich weiß nicht, ob es dasselbe bei
mir ist wie bei meiner Kusine. Alle erwarten, daß ich jetzt tolle
Emanzipation mache. Aber ich brauche jemanden zum Anleh-
nen. Das nimmt sie mir übel. Sie ist mit den Männern fertig; das
glaub' ich ihr sogar. Aber ich doch nicht; eigentlich möchte ich
jetzt erst richtig anfangen mit den Männern.
Meine Töchter bombardieren mich mit allen möglichen Schrif-
ten. Sie wechseln jeden Monat ihre Weltanschauung. Aber ich,
ich habe überhaupt keine. Meine Töchter wollen nicht so
werden wie ich. Die bilden sich vielleicht ein, ich würde jetzt

wie sie. Ich stehe ganz klein da. Alles zerfließt mir. Mit der Arbeit habe ich es mir leichter vorgestellt. Weil ich fließend Französisch spreche, wollte ich irgend etwas damit machen. Aber man braucht immer noch Englisch dabei; das kann ich nicht. Und Schreibmaschine auch nicht besonders. Ich hatte an Kongreßjobs gedacht, aber die gehen alle unterderhand weg. Da braucht man Beziehungen.

Nach drei Wochen Bewerbungen war ich ziemlich mutlos. Ich hab' dann aus lauter Verzweiflung einen Job angenommen; sechs Wochen lang Rechnungen in einem Kellerbüro getippt. Das hältst du nicht aus. Die Leute sprechen überhaupt nicht mit dir; sind muffelig; sitzen da schon seit Jahren grau herum. Das ist ja wie zu Hause. Als Hausfrau habe ich mir 'nen unverstellten Blick auf die Dinge bewahrt. Wenn dir ein Essen versalzen ist, kannst du das auf goldenen Tellern servieren, das nimmt dir keiner ab von der Familie. In der Familie ist vielleicht der einzige Ort, wo Verpackung nichts hergibt. Diese Frauen in dem Kellerbüro, da war nichts von Erfüllung. Die sind genauso erfroren wie ich in meiner Familie. Ich hab' es dann von einem Tag zum andern geschmissen. Für meine Kusine war das wieder ein Beweis für mein Versagen. Mit ihrer überlegenen Art sieht sie immer alles kommen, und das kommt dann auch. Dann war sie noch gegen meinen Freund, weil der ein Mann war und Marokkaner und 20 Jahre jünger als ich. Also bin ich bei ihr ausgezogen. Erst mal provisorisch zu einer Freundin, die für sechs Monate nach Amerika gegangen ist. Ein-Zimmer-Wohnung mit Toilette eine halbe Treppe tiefer. Aber Ali konnte da mit mir wohnen; das war das einzige bißchen Wärme, was ich bekam. Ehrlich, eigentlich habe ich nichts weiter gesucht als das. Um erst mal wieder an Geld zu kommen, habe ich als Küchenhilfe in einem Restaurant angefangen. Na ja, was soll das, von meiner Automatik-Küche hier in diese klebrige Kaschemme. Es fehlten nur noch Kellerasseln. Trotzdem, bis auf den Besitzer waren alle Kollegen so liebevoll menschlich. Ich bin gern dort gewesen. Warum ich gefeuert wurde? Weil ich meinen Mund nicht halten kann. Der Besitzer wollte die beiden Lehrlinge um drei Tage Urlaub betrügen. Das hab' ich denen klargemacht. Ich hab' Talent für Unglücke. Am letzten Arbeitstag bekam ich noch eine Knieentzündung und wußte nicht mal, ob ich krankenversichert bin. Dann ging Ali weg; der war illegal hier; hatte vielleicht darauf gehofft, eine deutsche Frau zu heiraten, um bleiben zu können. Ich stand bis zum Hals im

Wasser. So schlecht ist es mir in meinem ganzen Leben noch nie gegangen.

Was habe ich eigentlich erwartet? Der Einstieg in die »Freiheit« war für mich noch recht günstig im Vergleich zu anderen Frauen. Die Kinder sind erwachsen; mein Mann hat mich ohne Widerstände ziehen lassen; es wurde mir richtig leichtgemacht. Die haben mich fast beglückwünscht, erwarten, ich würde das spielend bewältigen. Das hat mich furchtbar geängstigt, diese Erwartungen. Ich wollte alles auf einmal und wußte gar nicht, was ich wollte. Das muß ich erst mühsam wieder lernen. Du verläßt den Mann, gehst in eine andere Stadt, findest andere Freunde und merkst, du bist doch immer noch dieselbe. In Wirklichkeit suche ich immer noch nach einer Ordnung, an die ich mich halten kann, warte darauf, daß man mir sagt, was ich tun soll, und bin dann auch noch wütend, wenn es einer tut.

In ihrer chaotischen Situation findet Hannelore, 42, seit 22 Jahren verheiratet, 2 Kinder, unerwartet verständnisvolle Hilfe bei ihrem Mann:

Normalerweise ist es das Schlimmste, was einem Mann passieren kann, wenn die Frau von sich aus geht. Nicht wegen eines anderen Mannes, da hätte er nur eine normale Wut; nein, sie geht einfach so, ohne Grund, das ist schlimm. Tauscht ein komfortables Haus gegen Untermiete. Der Durchschnittsmann, der kennt sich in der Berufswelt aus; wie soll der verstehen, daß ausgerechnet ein Beruf »Erfüllung« bringen soll. Das ist für den auch nicht zu begreifen, weil die Frau gar nicht sagen kann, was sie sucht. Sie sagt immer nur »Beruf« und meint etwas anderes und viel mehr. Ich habe hier eine Frau kennengelernt, die war schon fast zwei Jahre am Kämpfen, nur um wegzukommen. Immer hin und her. Die hatte ihre ganze Energie für diesen Trennungsprozeß verbraucht. Die ist schon so erschöpft, daß sie hinterher nur noch weinen kann.

Bei uns war das anders. Wir hatten uns schon so sehr auseinandergelebt. Obwohl mir das nicht aufgefallen ist. Mein Mann ist ein großer Schweiger. In unserem Haus wird gar nicht gesprochen. Ich weiß bis heute nicht, was in ihm vorgeht. Richtig gemerkt habe ich das erst, als die beiden Mädchen ganz schnell hintereinander weggingen. Vorher hab' ich das übersehen. Alles lief wie automatisch. Dann hatte ich auch noch meinen Vater zu pflegen, bis der starb. Die Kinder kamen plötzlich nur noch zur Wäsche und zum Essen. Ich hatte das Gefühl, ich bin gar nicht mehr da. Aber nun kommt das Unglaubliche. Mein Mann hat meinen Fortgang irgendwie anders gedeutet, nicht als Schlag gegen ihn, sondern mehr als eine Art »Berufswechsel«, sagte er jedenfalls. Ihm ist es in gewisser Weise ähnlich ergangen wie mir. Der leidet an seinem Beruf, an seinem Leben; die Kleinstadt, das Amt, die Ereignislosigkeit, in die er sich eingebunden hat; alles ist zäh und grau; der kommt da nicht mehr raus; und das weiß er auch. Ich begreife ihn nicht. Er sieht, was mit ihm geschieht; er beobachtet sich mit Verachtung und macht weiter, verbissen und stur. Jetzt, wo ich ganz unten bin, hat er gesagt, er beneidet mich um meinen Mut. Ich glaube, der hält mein Elend für ein buntes Abenteuer. Ich glaube, aus seiner Sicht, aus seiner furchtbaren Sicht, mag das sogar stimmen. Das ist nicht die Pensionsberechtigung, die ihn da-bleiben läßt. Das geht tiefer bei ihm; das ist er selbst. Seit ich das weiß und er weiß, daß ich weiß, fühle ich etwas wie Wärme für ihn. Obwohl ich ihn nicht erreichen kann, wenn wir uns treffen.

Ich werde am Sonntag wieder die Stellenanzeigen durchgehen; werde wieder etwas ganz Schwaches machen, irgendeinen Job. Oder etwas Falsches sagen. So eine seelische Mittellage habe ich selten. Aber ich muß herausfinden, was ich will. Und was ich versäume, wenn ich es lasse.

Ich weiß nicht, ob ich später wieder bei meinem Mann wohnen werde; vielleicht in zwei oder drei Jahren. Drinnen in meinem Haushalt habe ich mich wie ausgesperrt gefühlt, ausgesperrt von der Welt. Jetzt bin ich draußen und sehe, draußen ist es wie drinnen. Wenn du mich fragst, was ich mir wünsche, dann weiß ich nur: Wärme und Geborgenheit bei einem Mann. Vielleicht habe ich nichts anderes zu wünschen gelernt. Aber der Nach-holbedarf ist ungeheuer. Die Männer, die ich hier kennenlerne, in meinem Alter, die wirken unheimlich beschädigt. Die sind alle in irgendwelche schrecklichen Trennungsgeschichten ver-wickelt, manche schon seit Jahren. Und die Jüngeren, die ganz jungen Männer, wie Ali, die Ausländer, die haben richtige Sorgen. Die brauchen mich wie eine Mutter und Geliebte gleichzeitig.

Allen Unsicherheiten zum Trotz: Hannelores innere Unabhän-gigkeit ist größer, als sie es wahrhaben will. Sie weigert sich, vorgegebene Lebensmuster zu übernehmen, nur weil es Gegen-bilder sind. Sie möchte kennenlernen und wählen können. Dafür

wird sie sich Zeit lassen müssen. Wer das Gewohnte aufgibt, steht
zunächst ärmer da als je zuvor. Zusammenbrüche und Erschöp-
fungen scheinen unvermeidbar. Zwei Jahre und länger dauert es
fast immer, bis sich in den zerfahrenen Versuchen neue Lebens-
formen erkennen lassen. Auch wenn die anfänglichen Ziele
klarer sind, erzeugen verwirrende Angebote und mißliche Le-
bensumstände Ängste und Zweifel daran, das Richtige zu tun.
»Die Härte der Anfangsjahre darf nicht unterschätzt werden«,
meint Sabine, zehn Jahre nach ihrer Trennung. Sie ist eine neue
Bindung eingegangen. Sie hat ihre Grenzen erkannt und akzep-
tiert, weil sie selbst es war, die diese Grenzen setzen durfte.

Gespräch mit Sabine:

Der äußere Eindruck war, daß ich meine Trennung ganz abrupt
vollzogen habe, ich hatte mich aber schon lange damit ausein-
andergesetzt. Es war von vornherein keine Idealbeziehung. Ich
hatte aber gehofft, daß man Kompromisse finden würde, daß
sich das, was mich stört, mit der Zeit geben würde. Man hat in
jüngeren Jahren auch noch die Illusion, man könne den anderen beeinflussen. Ich hab' dann aber doch erkannt, daß es
Unvereinbarkeiten gibt. Gestärkt durch eine andere Begegnung. Das hat es erleichtert, die Konsequenzen zu ziehen.

Wie weit hat denn dein Mann das, was du vorhattest, beeinflußt
oder verhindern wollen?
Ich habe nicht geglaubt, ich könne meine Ich-Findung nur
alleine machen. Das war nicht der Grund, mich unbedingt von
ihm zu trennen.

Aber das, was du Ich-Findung nennst, war der zentrale Grund,
wegzugehen.
Damals noch nicht so bewußt. Das ist erst später gekommen.
Zuerst war es eine gewisse Bevormundung, die mich störte.
Aber jetzt, rückblickend, muß ich sagen, die habe ich auch
gesucht. Ich hatte keinen Vater und habe in ihm den Ersatz-
vater gesucht. Deswegen bin ich auch diese Beziehung eingegangen. Ich hab' aber dann gemerkt, daß ich Schwierigkeiten
mit der Bevormundung habe. Es war einerseits gut, daß man
jemanden hatte, der so väterlich zu einem war, alles sagte, was
zu tun ist, eine Geborgenheit gab, die ich als Kind nicht hatte.

Aber auf der andern Seite wollte man eben auch eigenständig werden und fühlte sich dann gehindert durch den Partner. Wir haben uns praktisch erst in der Ehe kennengelernt. Vorher kannten wir uns erst ein halbes Jahr.

Ich hatte außerdem darunter gelitten, daß ich keine starke emotionale Bindung an ihn hatte. Ich habe ihm das auch gesagt. Ich dachte jedoch, das Erotische ist auch nicht so ausschlaggebend, wenn man sich sonst gut versteht.

Kannst du dich noch an die Auseinandersetzungen in dir erinnern, wie du abgewogen hast, ob du bleiben sollst oder nicht?

Ja; für ein Bleiben sprach diese Vaterrolle, dieses Behütende, diese Sicherheit, weil er sehr zuverlässig gewesen ist. Für eine Trennung sprach seine bevormundende Art, das ist ein Widerspruch, aber ich habe es so erlebt. Wir lebten schon wie so ein Rentnerehepaar. Alles wiederholt sich, es gibt keine Überraschungen. Ich dachte, ich werde jetzt 30, das ganze Leben liegt doch noch vor mir. Ich wollte dann etwas beruflich machen; das hat er unterbunden. Er glaubte, wenn die Frau mitarbeitet, würde sein Ansehen gemindert. Dann wollte ich wieder eine Schule besuchen, als meine Tochter in den Kindergarten kam. Das hat er auch verboten. Er sagte, er wisse nicht, wozu das gut sei, ich hätte doch alles, was ich brauche. Ich durfte auch keine neuen Freunde einladen. Er meinte, wir hätten genug. Er war nur sechs Jahre älter als ich, aber in seinem Denken war das ein Generationsunterschied. Mich beeinflußte damals – das war 1968 – das Denken der Studentenbewegung. Die versuchten, eine neue Form des Zusammenlebens zu finden, diese ersten Wohngemeinschaften. Jedenfalls schrieben die das. Dann habe ich mir Gedanken gemacht: Willst du so weiterleben, wie du jetzt lebst, oder willst du etwas Eigenes aufbauen. Dann kamen Begegnungen mit neuen Freunden hinzu, die nicht so konservativ dachten.

Ich hatte aber wenig Unterstützung von anderen. Bei den alten Freunden stieß ich auf Unverständnis. Auch die Familie meinte, ich hätte einen rührenden, guten Mann. Alle meinten, das sei völlig überflüssig.

Wenn man ziemlich allein einen solchen Entschluß durchfechten muß, kommen einem da nicht Zweifel, ob es richtig ist? Bekommt man da nicht Schuldgefühle?

Auf jeden Fall. In erster Linie dem Kind gegenüber. Da ist

diese moralische Verpflichtung: Da ist ein Kind, das hat ein Recht auf ein Elternhaus, auf ein intaktes Elternhaus, wo sich die Eltern gut verstehen. Ich reiße dieses Kind da jetzt raus. Der Vater war gut zu dem Kind. Ist es auch heute noch. Und das war sehr belastend.

Aber ihr wart keine Eltern, die sich »gut verstanden«.
Das habe ich mir auch gesagt. Trotzdem. Ich kann jetzt nicht zehn Jahre zurückdrehen und voraussagen, welche Entwicklung meine Tochter mit einer unzufriedenen Mutter in einer »heilen« Familie genommen hätte. Ob sie sich besser entwickelt hätte oder schlechter. Das bleibt offen.

Für viele Frauen stellt sich auch die Frage, ob sie das materiell verkraften, ein sicheres Zuhause aufzugeben.
Das war für mich keine Frage. Ich wurde ja mit Geld sehr kurzgehalten in meiner Ehe, so daß ich wußte: Wenn ich als Laborantin halbtags arbeite, bleibt mir mehr, als ich vorher hatte. Ich schaff' das schon alleine. Ich hab' dann über Freunde eine Adresse erhalten von einer Familie, deren Säugling ich halbtags versorgen sollte. Dafür konnte ich bei denen umsonst wohnen. Die andere Hälfte des Tages hab' ich im Labor gearbeitet. Da sah ich für mich erst mal eine Chance, nicht allein zu leben, sondern mit Jüngeren zusammen und auch für mein eigenes Kind Zeit zu haben.

Eine Bevormundung löst die andere ab

Das klingt zunächst ganz gut. Aber wenn man sich das genau ausrechnet, sieht es fast so aus, als ob diese Leute dich ziemlich ausbeuteten.
Ich kann nicht sagen, daß ich mich direkt ausgebeutet fühlte. Aber so ein bißchen am Rande, weil sie bestimmten, den Ablauf, alles. Es war ihre Wohnung. Ich fühlte mich da auch nicht so frei.

Du hattest den ersten Schritt weg von deinem alten Leben geschafft. Aber war das nicht mit ungeheuren körperlichen Anstrengungen verbunden? Du hattest bisher nur ein Kind zu versorgen gehabt und jetzt plötzlich zwei und noch einen Beruf?
Ach, der Beruf hat mir Spaß gemacht. Aber was schwerfiel war,

die beiden Kinder in Einklang zu bringen. Ich wollte das den anderen Leuten recht machen. Ich fühlte mich ihnen unterlegen. Die waren so voll drin in dem neuen Denken. Jedenfalls in dem, was sie sagten. Ich dachte, indem ich ihnen alles recht mache, werde ich auch akzeptiert. Da mußte dann mein Kind etwas zurückstecken. Das ist, im nachhinein gesehen, nicht so gut. Das andere Kind war ja noch so klein und brauchte mehr Fürsorge. Ich hatte auch erwartet, daß meine Tochter durch das Zusammenleben mit der Familie und mit dem Säugling so etwas wie eine große Familie und ein Geschwister erleben kann. Aber diese Familie – obwohl sie immer davon redeten – meinte eigentlich etwas anderes. Wenn meine Tochter einmal mit deren Säugling spielen wollte, wurde sie von der Frau immer fortgeschickt, richtig bösartig fortgeschickt. Sie sah da immer nur die Situation ihres Kindes, und meines sah sie überhaupt nicht. Das war denn auch der Grund, daß ich da fortwollte. Wenn ich deren Kind alles geben muß – sie betonte immer, sehr viel Liebe und Zuwendung – und wenn mein Kind überhaupt nichts bekommt, das war mir zu einseitig. Ich hab' dann vorübergehend bei Freunden gewohnt und mir dann eine eigene Wohnung gesucht. – Bei dieser Familie war das so, daß ich die Gedanken, die die auf dem Schreibtisch produzierten, geliefert bekam. Und ich habe diese Gedanken so wörtlich genommen und wollte das auch wirklich leben. Ich bekam die Information zugeworfen und hab' das gar nicht kritisch gesehen, daß die nur Sprüche klopften. Das imponierte mir damals, daß die schon freier lebten und so kluge Sprüche sagten. Ich habe mich damals wohl ziemlich überfordert.

In der neuen Wohnung habe ich dann ganztags gearbeitet, hatte abends das Kind, samstags Dienst im Kinderladen, und abends fiel ich immer tot ins Bett. Ich hatte keine Gelegenheit, darüber nachzudenken. Dann wurde alles zuviel, und ich lag erst mal flach.

Hattest du da mal den Gedanken, zurückzugehen zu deinem Mann?

Ja, ich hab' ihn damals angerufen, nach einem Jahr, weil ich mich überfordert fühlte. Ich wußte gar nicht mehr, wie es weitergehen sollte. Soll ich es so oder so machen. Die ganze Anfangseuphorie war in Erschöpfung umgeschlagen. Ich habe mir dann aber vor Augen gehalten, wohin das Zurückgehen führen würde, und hab' den Gedanken ganz schnell wieder verworfen. Ich hatte meinem Mann angeboten, von hier fortzugehen und ihm das Kind zu lassen. Damit ich anderswo allein anfangen kann. Da hat er dann meinen schwachen Punkt bemerkt, und er versuchte, über das Kind wieder einen Anspruch auf mich durchzusetzen. Und als ich das merkte, hat mich das wieder ganz schnell gefestigt, mehr als alles andere.

Nicht zuviel erwarten

Ich hab' dann wieder versucht, allein mit dem Kind weiterzumachen, ohne zuviel zu erwarten an sonstigen Erkenntnisgewinnen. Und das ging dann auch ganz gut. Ich lernte jemanden kennen, der mir zuhörte und dafür Verständnis zeigte. Den habe ich auch später geheiratet, und wir haben seit drei Jahren noch ein Kind.

Man darf sich in dieser Anfangszeit nicht zu sehr überfordern. Nicht zu sehr erwarten, daß gleich alles ganz anders und viel toller ist als vorher. Sonst wird man blind für Realitäten – wie ich im ersten halben Jahr, als meine Begeisterung schlicht ausgenutzt wurde. Oder man bleibt in einer schlimmen Enttäuschung und hält sich für einen Versager.

Dieses eine Jahr war auch, was meine Beziehung zu Männern betrifft, mein aufregendstes Jahr. Vorher konnte ich das nicht, schon aufgrund meiner Erziehung. Im nachhinein denke ich, das war auch wieder so ein Suchen nach einer Geborgenheit, nach Zärtlichkeit. Ausschlaggebend ist es nicht, diese erotische Beziehung zu haben, sondern einfach Liebe, Zuwendung vom anderen. Und das ist dann gekoppelt mit diesem sexuellen Empfinden, das man für den anderen hat, schon durch den engen körperlichen Kontakt. Aber das vermischt sich mit dieser Zärtlichkeit, Geborgenheit, dem Wissen, da ist noch jemand. Als ich dann wieder jemanden hatte, ließ auch dieses Bedürfnis nach, dauernd neue Bestätigungen zu suchen. Es ist, als ob mein Nachholbedarf gesättigt worden ist.

Dann war ich endlich so weit zur Ruhe gekommen, um mich zu fragen, was will ich jetzt? Ich hatte einige Kolleginnen, die spielten mit dem Gedanken, das Abitur nachzuholen. Ich dachte, ich muß an mir arbeiten, es gibt noch andere Dinge, die mich interessieren. Also fing ich an, auf die Schule zu gehen. Ich hatte dadurch sehr wenig Geld, mußte vor allem in modischen Sachen zurückstecken. Trotzdem waren das – rückblickend – meine schönsten Jahre. Dieses Lernen – drei Jahre –, dieses

freie Lernen, ohne Druck. Deutsch, Geschichte, die Naturwissenschaften, das fand ich alles furchtbar aufregend und hab'
mich darein vertieft.

Auch ein neuer Partner
löst deine alten Probleme nicht

*Was ich bei dir wichtig finde, du hast dich von deinem Mann
getrennt, aber nicht der Männerwelt schlechthin »Ade« gesagt.
Das wird heute zum Teil auch vertreten, Selbstverwirklichung sei
nur ohne Mann möglich.*
Ich kann mich, glaub' ich, ganz gut auch mit einem Partner
verwirklichen.

*Wie unterscheidet sich denn deine Beziehung jetzt zu der, die du
mit deinem ersten Mann hattest?*
Das ist geradezu ein Antibild. Natürlich bin ich jetzt auch
anders. Aber mein zweiter Mann ist anders. Er ist jünger als ich.
Er hat diese Ansätze der Frauenbewegung schon mitbekommen. Er akzeptiert, daß beide ein Recht auf Eigenleben haben.
Mein erster Mann war fertig, für den war alles abgeschlossen,
klar, daß es so zu sein hatte wie bei seinen Eltern und Großeltern. Das hätte sich bewährt über Jahrhunderte. Bei meinem
jetzigen Mann ist es so, daß nicht alles zusammen gemacht
werden mußte. Jeder hatte von Anfang an seine eigenen
Bereiche. Das hat er mir auch vermittelt. Mir war das noch neu,
diese Form des Zusammenlebens. Ich habe da auch Vergleiche
mit eingefahrenen Beziehungen, wo sich einer immer unter
Druck fühlt, wenn der andere etwas machen will, was dem
einen nicht zusagt.

*Was sind denn das für Sachen, wo du sagst: Das mache ich, aber
er hat dazu keine Lust?*
Ich bin sehr gesellig und gehe gern zu Freunden und auch in
Kneipen und unterhalte mich. Er ist nicht so gern gesellig. Er ist
mehr ein Bücherwurm und kann sich eher mit sich allein
beschäftigen. Er braucht die Menschen nicht, weil er die auch
den ganzen Tag hat, die Menschen und ihre Probleme.
Die gemeinsamen Bereiche sind jetzt leider etwas materiell
geworden. Wir planen den Ausbau eines alten Hauses. Dann
noch die Erziehung der beiden Kinder. Unsere Persönlichkeit
geht eigentlich ihren eigenen Weg. Wir sprechen zwar darüber,

was wir empfinden, aber ausmachen, lösen muß das jeder alleine. Ich mußte die Entscheidung, von der Universität abzugehen, nach der Geburt unserer Tochter, die mußte ich ganz allein treffen. Das hat mich sehr hin- und hergerissen, diese Entscheidung, mehr als die Trennung von meinem ersten Mann. Und mein jetziger Mann meinte immer, ich solle es eher zu Ende machen als aufgeben. Aber man muß wissen, wo seine Grenzen liegen, und hier war ich an die Grenzen meiner Leistungsfähigkeit gekommen. Wenn ich ein einfacheres Studium angefangen hätte, wo man nicht täglich zehn Stunden im Labor sein muß, wäre es vielleicht gegangen. – Andererseits muß er auch seine beruflichen Erfolge oder Miseren abklären, lösen. Das macht er allein ab. Die Persönlichkeitsentwicklung von zwei Menschen geht jede für sich extra. Die Beziehung, das ist der Funke dazwischen, aber es ist nicht die Persönlichkeit des einzelnen. Die Beziehung ist niemals die Persönlichkeit des einzelnen. Das verwechseln viele. Das ist zu zwanghaft, wenn man zuviel Identisches verlangt, zuviel Gemeinsamkeit. Da fühlt sich einer beengt. Das habe ich ja in der ersten Verbindung gemerkt.

Du hast jetzt eine sehr gute Beziehung, die seit acht Jahren sehr stabil ist, aber du schließt die Möglichkeit nicht aus, daß auch diese Beziehung irgendwann einmal ein Ende haben könnte.
Ja, auf jeden Fall, das schwebte von vornherein über dieser Beziehung. Daher auch dieses Darauf-Achten, daß jeder einen Weg allein gehen kann.

Das ist jetzt sehr theoretisch. Aber aus welchen Anlässen könnte diese Beziehung beendet sein?
Daß man sich vielleicht doch auseinanderlebt. Daß jeder zu sehr seinen eigenen Weg sucht. Daß da ein gewisses Auseinanderleben so weit geht, daß einer sagt: »Dann kann ich auch allein leben.« Und so ein bißchen hab' ich manchmal das Empfinden, ich bin wieder an diesem Punkt angelangt, vor dem ich mich schon vor zehn Jahren befunden habe. Jetzt bin ich wieder nur zu Hause. Kümmere mich um die Kinder. Habe aber einen weitaus größeren Freiraum für mich. Das sehe ich auch als Positivum. Ich muß mir erst wieder neue Möglichkeiten suchen.

Diesen Sprung nach vorn, den du gemacht hast, versuchen ja viele Frauen und scheitern dabei. Weil sie ungeheuer viel Energie

einsetzen, um sich zu trennen, aber dann bleibt kaum mehr
Energie für den Neuanfang. Warum ist es bei dir nicht mißlun-
gen, was sind die Voraussetzungen?

Eine Voraussetzung ist, daß du keinen Ausweg mehr siehst in
der Beziehung, in der du dich befindest. Daß du sagst: »Ich
werde hier so massiv gehemmt, ich komme hier nicht weiter. Ich
will weiter, ich muß weiter.« Und wenn du dann Unterstützung
von Freunden hast, daß du weißt, ich steh' nicht ganz allein, es
gibt Leute, die mich verstehen. Und wenn ich dann allein lebe,
dadurch fühle ich mich nicht automatisch toll. Da muß etwas
aus mir kommen. Wenn man sich dann so isoliert sieht und ganz
auf sich gestellt ist, kann es schwer zu ertragen sein, was man da
so sieht. Auch daß man dann wirklich frei entscheiden muß: Wo
steh' ich, wo will ich hin. Das hat man ja vorher nicht gelernt. Es
ist, glaube ich, immer ein Risiko. Man kann gar nicht sagen: Das
spricht dafür, das spricht dagegen; ich schreib's mir auf, und
unterm Strich kommt dann raus: Trennung oder Nicht-Trennung. Man muß dieses Risiko eingehen. Man darf sich zu
Anfang nicht zuviel abverlangen, nicht gleich zuviel erwarten.
Und eine gewisse Bereitschaft, Bequemlichkeiten aufzugeben.
Man muß wissen: Ich hab' jetzt eine gewisse Durststrecke vor
mir. Aber dahinter steht dann die Befreiung. Du hast dich
befreit. Du gehst dann aus diesem Konflikt, den du gelöst hast,
gestärkt hervor.

5
Trennungskrieg – und was kommt dann?

Das Gespräch mit Tom *hat mich mehr erschöpft als alle anderen
Gespräche. Tom verdrängt den erfahrenen Bruch keinen Augenblick lang. Er akzeptiert ihn als Realität und trägt ihn mit sich
herum. Der Schmerz ist allgegenwärtig – auch für mich. Das, was
mir erzählt wird, versuche ich in den Gesprächen ein Stück weit
nachzuempfinden. Der Gesprächspartner weckt in mir solche
Gefühle, die den seinen sehr ähnlich sein könnten: Ich erlebe und
fühle wie er. Das gelingt mir nicht immer. Manchmal hindert
mich das Wissen über einen Menschen daran, tiefer zu sehen,
anderes zu fühlen. Oder ich bleibe unkonzentriert.*
*Im Gespräch mit Tom versagte mir meine Angst, mich auf seine
Selbstzerstörung so weit einzulassen, um den mühsamen Weg
dort hindurch angemessen nachempfinden zu können.*

Gespräch mit Tom:

Da bin ich zehn Jahre lang verheiratet gewesen und denke:
Davon müßte irgend etwas geblieben sein. Etwas, an das ich
mich halten kann. Ich will sagen: Diese zehn Jahre kann mir
keiner nehmen, auch wenn die Frau gegangen ist. Aber es sind
nur Trümmer geblieben. Daß das so ist, hat gar nichts damit zu
tun, daß Sonja nach zehn Jahren Ehe gegangen ist. Sondern,
daß wir von da an noch fünf Jahre brauchten, um uns zu
trennen. Daß wir uns nur trennen konnten, indem wir die zehn
Jahre zertrümmerten.

*Du beschreibst deinen Zustand sehr genau. Wie einer, der außen
steht und beobachtet.*
Ich bin in den fünf Trennungsjahren ein richtiger Trennungs-
spezialist geworden. Ich habe viel gelesen und noch mehr
beobachtet. Und ich habe meine Schlüsse gezogen. Ich weiß:
Wenn die Trennung zu lange dauert, dann wird der Zeitpunkt
verpaßt, etwas Neues aufzubauen. Der kritische Zeitpunkt, wo
man sich schon zu weit voneinander entfernt hat, um noch
zusammenkommen zu können. Und wo schon zu viel zertrümmert ist, um noch vertrauen zu können, dir selbst zu vertrauen.

Du bist dann im wahrsten Sinne »halbherzig« geworden und beginnst jede neue Beziehung ebenso halbherzig. Also dieser kritische Zeitpunkt kommt nach zwei bis drei Jahren. Wenn bis dahin nicht wenigstens Land in Sicht ist, schaffst du es nicht mehr. Aber das Fatale ist, soviel Zeit brauchst du mindestens für die Trennung. Schneller schaffen das nur Holzböcke und Politiker. Das habe ich auch gelesen: »Zwei Jahre braucht man für die Trennung. Laß dir Zeit für den Trennungsschmerz«, wird empfohlen. Das ist schon richtig. Aber die unterschlagen, wie sehr sich in dieser Zeit die Angst vor dem Trennungsschmerz in dir ausbreitet. Und wie du alles vermeiden lernst, was an diese Angst rühren könnte. Du rettest dich in diesen angstfreien Zustand und richtest es dir darin ein.

Mir kommt dieser Zustand alles andere als »angstfrei« vor.
Hinterher sagt sich so etwas leicht. Aber irgendwohin mußt du dich erstmal retten. Da baust du dir ganz schnell ein paar Schutzplanken auf, auch wenn die sich später als Barrieren erweisen. »Ich bin ein Versager« oder »die Frau ist verrückt«, darauf läuft es schließlich hinaus. Bei allem, was ich mir in den letzten Jahren an Wissen erarbeitet habe, ist mir immer noch nicht klar geworden, warum Sonja gegangen ist. Das, was sie jetzt hat – wenn es das ist, was sie erstrebt hat –, das hätte sie auch bei mir haben können.

Vom ersten Weggehen bis zur endgültigen Trennung verändern sich die Absichten und Begründungen vielleicht.
Obwohl ich weiß: Eine Frau, die geht, kommt nicht mehr zurück. Ich glaube, der Stoffel, mit dem sie jetzt zusammenlebt, das hätte auch irgendein anderer sein können. Frauen ist es im Grunde egal, mit wem sie zusammenleben, wenn sie nur irgendwie ihre Vorstellung vom Leben durchsetzen können. Irgendwann in der Ehe wachen sie auf und stellen fest: »Hoppla, da fehlt ja was in meinem Leben.« Und dann verlassen sie alles, was sie haben, überstürzt und ohne Rücksicht auf Verluste. Sie machen sich auf die Suche, verzetteln sich dabei, kriegen plötzlich einen gehörigen Schrecken und halten ab sofort alles fest, was sie zufällig in den Händen halten. »Bis hierher und nicht weiter«, sagen sie, »das ist das Leben, das ich mir aufbauen wollte.« Auch wenn es weniger ist, als sie vorher hatten.

Es gibt sicher verschiedene Wege, das zu bewerten. Wenn sich so etwas überhaupt ausrechnen läßt, das »Vorher« und das »Nachher«.

Aber ich rechne nun mal gern. Auch wenn die Ergebnisse an der Sache vorbeigehen. Das läßt sich doch nicht übersehen: Was hatte sie früher, und was hat sie jetzt? Wir haben unter günstigen Voraussetzungen begonnen. Beide waren wir Lehrer, aber an verschiedenen Schulen; da konnten wir uns unheimlich gegenseitig stützen und helfen. Wir waren wirklich ein gutes Team, richtig ausgewogen. Es gab bei uns auch keinen dieser lächerlichen Emanzipationskämpfe: Ich war fürs Putzen zuständig, sie für das Kochen; die anderen Sachen machte, wer gerade Zeit hatte; soviel ist das nicht bei zwei Personen. Dann die gemeinsame politische Arbeit. Was will man eigentlich mehr? Auch der Entschluß, keine Kinder zu haben, war ein gemeinsamer Entschluß. Wir waren der Meinung, es nicht verantworten zu können, in diese Welt, wie sie heute ist, Kinder zu setzen. Darüber kann ich natürlich heute nur lachen, wenn ich einen so was sagen höre. Gut, wir hatten vielleicht Angst vor der Verantwortung. Oder in unserem Leben war kein Platz für Kinder. Aber das hätten wir doch ändern können, wenn sie etwas in dieser Richtung gesagt hätte.

Wenn man so lange Zeit nach einem festen Bild zusammenlebt, fällt es schwer, noch andere Bilder im Zusammenleben zu entdecken.
Aber muß man dann gleich das ganze Bild zertrümmern?

Trennungskrieg ist Selbstzerstörung

Das ist dieser Trennungskrieg, ein richtiger Zerstörungsstrudel. Ich habe zwar nicht das Mobiliar zerhauen, aber in dem Jahr, als sie auszog, habe ich zwei Autounfälle gehabt, sämtliche Krankheiten von Allergie bis Mittelohrentzündung. Es fehlten nur noch Masern und Windpocken. Das übrige erspar' ich mir. Diese Wünsche, nicht mehr aufzuwachen, und auch die Angst davor. Und die Vorstellung, sie sei tot. Ich hätte ihr nichts antun können. Aber den Knilch, der sozusagen der Anlaß war, den hätte ich umbringen können. Das war so ein ausgeflippter Spinner, fünf Jahre jünger als sie, arbeitslos. Ihre Vorstellung vom anderen Leben. Mit dem verschwand sie während der ganzen Sommerferien. Danach war der Spuk auch schon vorbei. Ich hätte sie auch wieder aufgenommen, damals nach den Ferien. Aber sie war wie krank, als wollte sie sich zugrunde richten. Anders kann ich mir das nicht erklären. Die schlimme Zeit fing eigentlich erst danach an, dieser Trennungskrieg.

Wenn es einen Grund für sie gegeben hat, mich zu verlassen, dann den: Sie mußte sich aus diesem Trennungskrieg retten. Das hat sie früher begriffen als ich. Oder sie hatte mehr Kraft dazu. Oder Männer sind in Wirklichkeit treuer als Frauen. Ich habe immer versucht, das alte Bild wiederherzustellen, das alte Bild festzuhalten. Wenn ich krank war, kam sie. Dann hoffte ich, alles wird wieder wie früher. Dann gab es nach ein paar Tagen immer furchtbare Streitereien, Kämpfe, wie wir sie in den zehn Jahren unseres Zusammenlebens nie gekannt haben. Dadurch häufte sich eine Riesenkiste Dreck zwischen uns an. So daß wir uns nicht mehr sehen konnten. Dann glaubte ich hundertmal, jetzt hab' ich's geschafft. Aber, wenn sie dann durchhing, rief sie wieder an oder umgekehrt. Du kennst doch die Geschichten, wo einer wie ein Irrer um sich herum alles erschießt, seine Frau erschießt, die Kinder, die Oma, die Tante und sich selbst. Nur aus dem Wunsch, diese Kiste Dreck im Meer zu versenken. Und alles, was dazugehört. Da bleibt nichts mehr übrig. Das hat nichts mit Liebe zu tun und auch nicht mit Bestrafung. Das ist ein verzweifelter Versuch, sich selbst zu retten.

Ich weiß nicht, ob solche Selbstzerstörung eine Folge von Trennung ist; ich glaube, die Selbstzerstörung beginnt früher.
Vermutlich ist das in jedem Menschen angelegt. Und es gibt verschiedene Wege, das zu bannen. Manche Menschen haben dem weniger entgegenzusetzen. Da sind die Männer wieder benachteiligt. Die Frauen haben eine Kraft durch das Kind. Oder das Kind weckt diese Kraft in ihnen. Da hatte Sonja einen gesunden Instinkt. Wahrscheinlich hat sie nach zweieinhalb Jahren einen Schrecken bekommen und den nächstbesten Typen, der gerade in der Nähe stand, festgehalten. Sie hat dann alles darauf angelegt, den zu halten und ein Kind zu bekommen. Was ich aus der Entfernung sehe: Sie hat sich richtig zurückgenommen. Wie sie jetzt aussieht! Hausbacken sitzt sie rum und putzt ihre Wohnung.

Was änderte sich für dich, nachdem Sonja geheiratet und ein Kind bekommen hatte?

Wenig. Ich brauchte noch etwa ein Jahr, um die Realitäten zu akzeptieren. Schon bei der Scheidung hatte ich gehofft, das sei ein sichtbarer Trennungsstrich. Das half aber nichts. Gleich nach der Scheidung hatten wir ein wunderschönes Wochenende zusammen, das letzte übrigens. Auch ihre Heirat und das Kind halfen nicht direkt weiter. Ich wußte zu der Zeit schon, daß alles, was mit mir geschieht, aus mir selber kommt. Aber das Wissen allein nützt nichts. Ich hatte keine Kraft, aktiv etwas zu ändern. Zum Beispiel die Wohnung zu wechseln. Ich lebte noch mitten drin im alten Bild. Erst mit der neuen Wohnung kam die »Wende«. Das war vor zwei Jahren.

Der unüberwindbare Graben zwischen Mann und Frau

»Wende« heißt: Du begannst aktiv zu werden.

Das und noch mehr. Du mußt erst mal die Realitäten sehen, und das ist für mich: Akzeptieren, daß ich den Zeitpunkt verpaßt habe, wo man etwas Neues oder Gleiches hätte aufbauen können. Das kann ich nicht mehr. Ich muß mich als Alleinstehender akzeptieren. Und daß ich dieses Problem »Trennung« nicht bewältigen kann. Gut, hier weiß ich nicht weiter, aber es gibt andere Lebensbereiche, wo ich weiterweiß. Es ist ein Wahnsinn, alle Kräfte an diesen Trennungskonflikt zu binden. Ich habe damals im rechten Moment gelesen: »Die Antwort auf einen unlösbaren Konflikt liegt niemals im Konflikt selbst, sondern anderswo.« Ich muß mir Lebensbereiche erschließen, wo ich Kräfte gewinnen und einsetzen kann.

Wieweit berührt das deine Beziehungen zu Frauen? Ein Mann wie du hat ja keinen Mangel an Frauen.

So was höre ich zuweilen. Ein alleinstehender Mann ist ein begehrter Gast, überall, wo man meint, hier fehlt noch ein Mann. Da muß ich mich gar nicht anstrengen, nur so dasitzen, um irgendwelche Vorstellungen von einer richtigen Sitzordnung zu befriedigen. Dabei lerne ich Frauen kennen und treffe sie auch wieder, Frauen in meinem Alter, so um die 40. Aber Frauen in dieser Altersgruppe, die haben ihre Geschichte und bohren in meiner Geschichte. Da ist nichts Neues. Dann die Frauen zwischen 27 und 31 Jahren, das ist ein merkwürdiges

Alter. Die stecken in halben Geschichten; das sind abgebrochene halbe Geschichten. Diese Frauen legen eine Beziehung von Anfang an auf Trennung an; das ist mir zu durchsichtig. Aus diesem Grunde bin ich jetzt bei den ganz Jungen gelandet, bei den 20jährigen. Die gehen so unbefangen auf dich ein. Die legen es schon etwas auf Dauer an, aber andererseits ist der Altersunterschied so groß, daß du nicht in Versuchung gerätst, »aufzubauen«, was vergeblich wäre. Mit meiner jetzigen Freundin bin ich seit vier Monaten zusammen, was in dieser Altersgruppe schon recht lange ist. Deren Mutter ist so alt wie ich, auch geschieden, und kaspert von Mann zu Mann herum. Die sieht auch toll aus. Anfangs hab' ich mir schon mal gedacht, wie wär's mit der? Aber das ganze Drum und Dran, was die um sich herumgebaut hat; dauernd geht sie einkaufen, redet über lauter Nebensächlichkeiten. Da ist wieder nichts Neues drin.

Mir gefällt es nicht, wie du die Frauen einteilst.
Es stimmt aber. Du kannst es nachprüfen. Natürlich gefällt dir diese grobe Vereinfachung nicht. Du fühlst ein Unbehagen oder Widerwillen, wenn dir ein Mann so etwas sagt. Halt dieses Gefühl mal für 'nen Moment fest, wenn du verstehen willst, was das für mich heißt: zu akzeptieren, nichts mehr aufbauen zu können. Das ist wie mit dem biblischen Wort vom »Pfahl im Fleisch«; dieses ist mein »Pfahl im Fleisch«, mit dem ich leben muß. Dieser aufgebrochene Graben zwischen Mann und Frau, der nicht zu überwinden ist. Ich empfinde keinen Frauenhaß, aber Fremdheit oder Neid, wenn ich sehe, wie Frauen mit Problemen klarkommen. Und diese Überlegenheit der Frauen: Das sehe ich dir an, daß du dich den Männern überlegen fühlst.

Ich habe nicht den Wunsch, mich »überlegen« zu fühlen. Diese Worte »überlegen – unterlegen«, kommen die nicht auch aus einem »männlichen« Denken? Ich kann damit wenig anfangen. Ich gebe zu, mir sind bestimmte männliche Rituale fremd; die finde ich komisch: Geschäftsordnungen in Versammlungen, Bürokratie, Uniformen. Aber ich kenne Männer, die empfinden Gleiches dabei.
Ja, zu denen gehöre ich auch. Es ist aber grundsätzlich etwas anderes, ob ich das sage oder ob du das sagst. Du kannst das so locker arrogant dahersagen, weil es dich nicht betrifft. Mich aber betrifft es sehr. Es ist auch ein Teil von mir, dieses aberwitzige, wahnsinnige männliche Gebaren. Das ist ein Teil »Männlichkeit«, den ich ausreißen muß.

Der Unterschied ist: Ich fühle mich nicht verantwortlich für alles das, was »weiblich« ist oder »weiblich« sein soll.

Natürlich, ihr Frauen habt eine größere Wahlfreiheit. Ihr könnt euch verstecken, könnt euch rauswinden. Wenn euch etwas nicht gefällt, braucht ihr bloß zu sagen: »Das ist gar nicht weiblich. Das ist eine Erfindung der Männer.« Das sind Realitäten, die habe ich erkannt und akzeptiert. In diesem ungleichen Kampf käme ich nicht weiter. Deshalb habe ich es aufgegeben, »der« Frau hinterherzulaufen, auf »die« Frau zu warten, um mich wieder selbst lieben zu können.

Nicht neu, aber anders

Das ist der entscheidende Schritt für dich: dir Lebensbereiche zu erschließen jenseits des Gegensatzes Mann – Frau. Lebensbereiche, in denen du etwas über dich erfährst, zu dem du »Ja« sagen kannst.

So etwas findet sich nicht von heute auf morgen. Um wirklich von einem Lebensbereich sagen zu können: »Da bin ich drin«, kann man nicht mal eben flüchtig reinsteigen. Ich habe allerdings nicht bei »Null« anfangen müssen. Ich wußte mindestens, was nicht geht. Politik kam nicht in Frage; damit hatte ich aufgehört, als Sonja ging. Zunächst, weil ich keine Energie mehr dafür frei hatte. Aber in meinem verwundbaren Zustand habe ich empfunden, wie sinnlos politische Rituale sind. Weil Politik heute anderswo gemacht wird; teils in den Amtsstuben der Ministerien, teils vielleicht in den Wirtschaftskonzernen, jedenfalls nicht in den Parteien und Parlamenten. Für die bleiben dann nur unwesentliche Reste. Also Bürokratie, wohin du schaust. Das habe ich in meinem Zustand erfahren: Leiden an der Bürokratie; das hätte mir fast den ganzen Beruf vermiest. Kurz bevor alles anfing, hatte ich mich nämlich an eine Gesamtschule versetzen lassen, aus Neugier und aus politischer Überzeugung. Du kennst diese Geschichten mit den sinnlosen Klimaanlagen, mit der Orientierungslosigkeit der Schülermassen, diese Unüberschaubarkeit. Heute sage ich, das ist ein Verbrechen, Kinder abzufertigen, herumzuschieben wie in der Massenproduktion von Autos. Aber dies mal alles beiseite gelassen: Wenn du dir nur vor Augen hältst, was für ein bürokratischer Aufwand erforderlich ist, um ein kleines englisches Aufsätzchen zu korrigieren, das ist so absurd, das kann sich kein Theaterstückeschreiber ausdenken, so absurd ist das.

Vor zwei Jahren bin ich nun wieder an eine normale Schule zurückgegangen. Nicht, daß das ideal ist, aber für mich noch zu verantworten.

Klar, daß ich Sympathien für die »Alternativen« fühle. Irgendwie habe ich bei denen aber nie die richtigen Gruppen getroffen. Entweder waren die Leute zu jung, oder die Sache, um die es ging, war mir zu fremd. Zu Landwirtschaft und Natur habe ich keine Beziehung; das ist sicher ein Mangel.

Die Geschichte mit der Pantomimengruppe begann wie zufällig. Oder ich war bereit, den Zufall zu nutzen. Eine Freundin bat mich, einen englischen Artikel für sie zu übersetzen über Pantomime und Ausdruckstanz. Auf diese Weise lernte ich die Gruppe kennen. Es hat mich von Anfang an fasziniert: Bewegungserfahrungen, der Rückgriff auf die Sprache entfällt; es gibt keine schnellen Erfolge, du mußt ernsthaft üben. Zugegeben, für mich ist auch etwas Geschlechtsfernes dabei. Erst glaubte ich, zu alt dafür zu sein. Aber das beste Mitglied unserer Gruppe ist eine 60jährige Frau. Dann liebäugelte ich auch ein bißchen mit der Rolle »trauriger Clown« oder fürchtete, meinen Schülern gegenüber eine komische Figur abzugeben. Das ist nicht der Fall. Eine Kollegin probt zur Zeit mit der Theatergruppe unserer Schule ein Stück, in das wir pantomimische Elemente einbauen. Ich glaube, die Schüler haben zum ersten Mal über mich gestaunt, haben etwas lernen wollen von mir. Ich gerate ins Schwärmen, das ist mir zuwider, leider noch immer. Mit dieser Pantomimenarbeit habe ich nicht plötzlich die ganze entsetzliche Zeit abgestreift. Aber es ist auch mehr als nur »Bewegungstherapie«, weil ich es in mein Leben einbauen kann.

Man könnte das auch »Rückzug« nennen. Sagen, ich sei ein Spießer und Kleinbürger, der seine Nische gefunden hat, eine Spielwiese für den Rückzug. Aber wenn erst mal alles zertrümmert worden ist, wenn man sich durch den riesigen Schutthaufen durchgequält hat, dann läßt man diese Abhängigkeiten von solchen Wertungen hinter sich. Ich habe mich nicht in die Pantomimengruppe geflüchtet. Die ist beileibe keine Lösung für mich. Das ist mein ganz persönlicher Einstieg, mir die alten Begriffe und Bedeutungen neu zu erarbeiten. Ein Anfang, um sehen zu lernen. Es ist äußerlich nichts aufregend Neues, aber für mich ist es etwas ganz anderes.

Die Wirklichkeit bewältigen,
indem ich sie annehme

*In einem lang andauernden Prozeß des Verlassenwerdens wird
die trostlose Wahrheit mit jedem noch so brüchigen Hoffnungs-
zeichen abgewehrt. In einer solchen Phase entwickeln sich keine
spektakulären Kräfte zum strahlenden Neubeginn. Dennoch
können die schmerzhaften Erfahrungen Kräfte freisetzen, die
eine realitätsgerechte Auseinandersetzung mit den eigenen Wünschen und Möglichkeiten anregen. Die Wirklichkeit bewältigen,
indem ich sie annehme – zu dieser Erkenntnis konnte die heute
50jährige Elisabeth finden, selbst unter ungünstigen Voraussetzungen wie fehlende Berufserfahrung, Verantwortung für zwei
Kinder und gegen Ende der quälenden Auseinandersetzungen
eine lebensbedrohliche Erkrankung. Dabei hatte sich Elisabeth
zeitlebens gegen eine Entzauberung ihrer Erlebnisse und Sehn-
süchte durch banale Realitäten gewehrt. Aufgewachsen auf
einem ostpreußischen Gut, kam sie gegen Ende des Krieges nach
Mecklenburg; die Arbeit im erlernten Schneiderberuf betrachtete
sie nur als Übergangslösung, bis sie Mitte der 50er Jahre in den
Westen übersiedelte und das begann, was sie ihr »Vagabunden-
leben« nennt: ein bißchen Schauspiel, etwas Kunsthandwerk, ein
paar Semester Studium und dann wieder Textilarbeit. Jede neu
erwachte Begeisterung wurde überschwenglich gefeiert, bevor
noch die Enttäuschung durch das eben Vergangene zu bemerken
war, im Beruf wie in der Liebe gleichermaßen.*
*Mit 37 heiratet sie einen gleichaltrigen Geschäftsmann, von dem
sie nach zehnjähriger Ehe vor drei Jahren geschieden wurde.*

Gespräch mit Elisabeth:

*Ich möchte von dir wissen, wie es war, bis ihr euch endgültig
entschieden habt, auseinanderzugehen?*
Also wir haben gar nicht entschieden, er hat sich entschieden,
mich zu verlassen. Ich hab' nie im Mondschein daran gedacht,
da ich nun endlich mit 37 geheiratet hab', mich wieder von
diesem Mann zu trennen, und da ich ja auch in kurzem Abstand
hintereinander zwei Kinder in die Welt gesetzt habe. Es kam für
mich gar nicht in Frage, daß wir uns trennen. Er hat sich von mir
getrennt. Er hat sich verliebt in einem Sommer; dem hab' ich

überhaupt nicht viel beigemessen oder hab' mich nicht besonders aufgeregt, denn wenn man älter ist, weiß man, daß es in der
Ehe nie abgeht, ohne daß sich nicht einer mal verliebt oder
verliert oder was. Und dann wurde aus dieser Beziehung zu
dem jungen Mädchen ernst, und als ich das merkte, wurde ich
furchtbar traurig.

*Du wolltest aber trotz dieser Geschichte mit ihm zusammen-
bleiben?*
Natürlich, das war gar keine Frage und für ihn erst eigentlich
auch nicht. In den ersten Wochen kam er zwar abends oft nicht
nach Hause, an den Wochenenden war er aber bei der Familie.
Und ist auch noch mit uns in den Ferien verreist. Dann kam ein
Jahr, da hab' ich zu ihm gesagt, ich halt' es nicht mehr aus, ich
würde in diesem Jahr mit den Kindern und einer Freundin
verreisen, und er solle sich bitte wieder melden, wenn er uns
wieder gern hätte, dann könnten wir im nächsten Jahr gemeinsam wieder verreisen. Das war vielleicht ein entscheidender
Fehler, den ich da gemacht habe. Damit hab' ich ihn gerade in
die Arme dieses Mädchens getrieben, und er hat gesehen, wie
schön das ist, ohne Kinder zu verreisen; mal keine Kinder zu
haben, die einen auch in den Ferien Nerven kosten, die
morgens früh aufstehen und die man beschäftigen muß. Nun
hatte er mit seiner Freundin schöne Ferien in Portugal; da war
ich noch nie. Ja und dann, ein Jahr später, war das immer noch
so, daß er am Wochenende bei uns wohnte. Dann stellte er das
ein, kam aber immer noch zweimal in der Woche zum Essen.
Und dann sagte ich zu ihm: »So, diesen Sommer möchten wir
zusammen verreisen.« Das war für ihn eine abgemachte Sache,
daß das die letzte gemeinsame Reise ist. Dann sind wir in
Norwegen gewesen, und er hat mir am zweiten Tag dieser
vierwöchigen Ferien mitgeteilt, daß er sich nun für diese Frau
entschieden hätte. Worauf ich die ganzen übrigen Ferien
geweint habe. Trotzdem waren es noch schöne Ferien, die
Landschaft, alles dort, und ich verstand mich ja mit meinem
Mann auch gut.

Warum dieser Haß

*Das ist es, was ich schwer verstehe, daß ihr euch da noch so gut
verstandet und daß jetzt, Jahre später, dieser Haß zwischen euch
gekommen ist.*

Ich habe keine Ahnung, wie das gekommen sein könnte. In den Ferien hat er nun nicht mit mir geschlafen, hat sich ganz monogam verhalten. Er habe sich nun für diese Frau entschieden, das sei seine große Liebe, er würde aber nie an Scheidung denken. Ein halbes Jahr später hat er dann auch die Scheidung eingereicht. Es zog sich ja alles schon so lange hin. – Wie es jetzt so gekommen ist, ich kann es mir nicht denken.

Vielleicht, weil ich, wenn ich ihn gesehen hab', mal ironisch geworden bin. Wie soll man denn sein, wenn man noch an dem anderen hängt? Ich hab', wenn er kam, immer noch große Sachen gekocht, ich hab' ihm seine Leibgerichte gekocht, ich war immer lieb, hab' ihm die Hemden gebügelt; hätte ich ihm bedrohlich kommen sollen, ihn rausschmeißen? Es kam so weit, daß er eines Nachts seine Koffer packte und auszog.

Wenn du ihn gleich rausgeschmissen hättest, wären diese Spannungen nicht gewesen?

Ja. Vielleicht hätte ich noch was retten können, was ich nicht weiß.

Ich weiß nicht, wie man in solchem Fall handeln soll. Ob manche Frauen klüger sind, wenn sie den Mann gleich an die Luft setzen. Sich ein neues Schloß einbauen. Oder ob man, so wie ich, immer noch hoffen soll.

Auch wenn du ihn rausgeschmissen hättest, würdest du noch hoffen.

Vielleicht. Natürlich ging das auch auf meiner Seite nie ohne Bitterkeit ab und ohne Ironie. Dann war ich eben manchmal ironisch, und das hat er mir besonders übelgenommen.

Es war immer so, daß er Schuldgefühle haben mußte.

Ja, und ich glaube, daß es auch die Schuldgefühle waren, die ihn in diesen Haß getrieben haben. In dieses Gefühl, daß er überhaupt nichts mehr mit mir zu tun haben wollte. Daß er die Kinder nur draußen auf der Straße in Empfang nimmt und keinen Schritt in die Wohnung setzen will. Anders erklär' ich mir das nicht.

Wie soll ich sagen, ging es weiter? Ich möchte sagen, daß ich viele Monate, besser Jahre gebraucht habe, um aus dieser Trauer herauszukommen. Bis ich mir wieder zutrauen konnte, selbständig zu sein, mir wieder Verantwortung zuzumuten. Daß ich mir Mut mache, alles zu schaffen; die Erziehung der Kinder, die Querelen mit dem Vermieter.

Wie hat es angefangen, daß du es geschafft hast?
Angefangen hat es in mir selber. Ich bin ja mal himmelhoch-
jauchzend, mal zu Tode betrübt, selten gleichbleibend. Aber
ich traue mich, rauszugehen. Ich bin damals viel ausgegangen.
Ich hab' eben den großen Vorteil, viele Freunde zu haben, die
mir mein Unglück erleichtern helfen. Wenn Frauen in der
gleichen Lage nicht ihre Wünsche ausdrücken können und sich
nicht mit anderen Menschen bekannt machen können, haben
sie es viel schwerer. Ich hab' z. B. in einer Kneipe sechs Monate
lang gekocht; jeden Freitag haben mir da von vier bis acht 20
Gerichte einfallen müssen, die ich dann kochte; Salate und
Braten, die ich dann hinterher verkaufen mußte. Das hat mir
wahnsinnigen Spaß gemacht. Wenn ich dann in der Küche fertig
war und den Tresen um zwei Uhr nachts wieder abgeräumt
hatte, dann war ich so erschöpft, daß ich anfing, in der Kneipe
zu trinken, mich mit irgendwem noch zu unterhalten. Das hat
mich natürlich körperlich total erschöpft, weil ich ja morgens
auch die Kinder zur Schule befördern mußte. Aber ich kann
nicht sagen, daß ich das bereuen sollte. Denn das war einfach
gut. Das hat mich abgelenkt. Das hat mir auch Selbstbestätigung verschafft. Daß ich 'ne tolle Köchin war und daß ich das
Essen auch noch weiterverkaufen konnte. Jetzt könnte ich das
körperlich nicht mehr, ich hab' auch gar nicht mehr den
Wunsch, so viel auszugehen. Aber damals hatte ich den Wunsch
nach Selbstbestätigung, auch was Liebhaber anbetraf. Hab' ich
jetzt auch nicht mehr so stark. Wär' vielleicht schön, wenn sich
mal einer fände. Aber es ist nicht mehr so wichtig. Jetzt in
meinem Alter hat man ja, was die erotischen Dinge anbetrifft,
nicht mehr so einen Umsatz. Ich bin auch nicht so wie manche
Frauen in meiner Situation, die sagen, ich gehe lieber mit dem
größten Idioten aus als mit 'ner interessanten Frau, nur weil es
ein Mann ist. Geh mal alle meine Freundschaften durch, das
sind zunächst mehr Frauen als Männer.

Aber in dieser Phase, wo du schon anfingst, dir selbst wieder zu
vertrauen, hast du noch gehofft, dein Mann kommt zurück.
Ich habe irrsinnig gehofft, obwohl eine Enttäuschung auf die
nächste folgte.

Witzig, wie man sich in der Ehe zurückgenommen hat

Wie kannst du das erklären, daß man so an jemandem hängt, der einen doch so tief verletzt?

Ich weiß nur, wenn du so fragst, daß ich eigentlich wahnsinnig Rücksichten nehmen mußte in meiner Ehe. Wie ich nur dazu kommen konnte? Ich bin die ganzen sechs oder sieben Jahre, die wir zusammen waren, nur einmal mit meinem Mann ins Kino gegangen und einmal ins Theater; einmal nur, weil er eine Angst vor solchen Räumen hatte. Ich, die ich das so mochte vorher. Ich habe mich ihm zuliebe abends still verhalten müssen. Weil er erschöpft war, wenn er abends aus dem Geschäft kam. Weil er dann nachts schlecht schlief, wegen des Geschäftes.

Ich bin abends nicht weggegangen noch konnte ich mir 'ne Freundin einladen, weil ihn das störte. Ich hab' leise nur 'ne Schallplatte hören dürfen, weil er mir vorwarf, ich sei sonst zu laut. Und doch hatte ich die Jahre nie das Gefühl, nun ist es genug, jetzt hau' ich aber ab. Nie, das ist doch witzig, wie man sich in einer Ehe zurücknehmen kann. Z. B. bin ich heute Pilze suchen gegangen. Das konnten wir doch nie zusammen machen in meiner Ehe, weil mein Mann keine Lust hatte, spazierenzugehen. Und ich habe mich nach ihm gerichtet, obwohl ich ein Naturkind bin und gern durch die Wälder gehe. Und wenn ich sonntags mal zehnmal gebeten habe: »Komm, wir gehen mal spazieren«, dann sagte er: »Gut, in die Friesenkneipe, da trinken wir ein Bier.« Und dann war ich so froh, daß wir überhaupt ein paar Minuten dahin laufen konnten.

Alleine bist du nicht spazierengegangen oder mit 'ner Freundin?

Ha, das mache ich erst jetzt. Wo ich darüber erzähle, kommt mir erst, daß das eigentlich furchtbar war.

Aber was habt ihr dann überhaupt gemacht?

Wir waren beide überlastet. Er mit dem Geschäft. Ich mit den beiden kleinen Kindern. Und dann, darf man nicht vergessen, hat er sehr viel getrunken.

Was hält denn die Frauen bei den Männern. Wenn man das nüchtern betrachtet, bleibt doch da gar nicht soviel.

Nee, da bleibt nicht viel. Erstens, ist es die Gewohnheit. Da schließ' ich mich ein, weil ich ein besonderes Gewohnheitstier bin. Dinge, an die ich mich gewöhnt habe, da kann ich mich schwer von trennen. Und auch bei mir selbst, denke ich, ich kann mir nichts Neues zumuten. Und das ist es bei den meisten Frauen: Die Angst, sich etwas Neues zumuten zu müssen. Eine Arbeit, von der sie denken, daß sie ihr nicht gewachsen seien. Das Leben alleine, Abende alleine, davor haben sie Angst. Das ist es, glaube ich. Und im Grunde genommen kann man dem gewachsen sein, davon bin ich überzeugt, das hab' ich lernen müssen. Da kenn' ich natürlich auch Frauen, die sagen: »Ach, wie bin ich alleine, und immer nur meine doofen Kinder, die ärgern mich von früh bis abends, wie grauenhaft, keiner ruft mich an.« Die machen sich nicht klar, welche Vorteile sie haben und daß sie selbst etwas tun müssen.

Sex ist nun nicht mehr das A und O, aber trotzdem...

Aber bei den Gründen fürs Bleiben, da vermiß' ich die Sexualität, Zärtlichkeit, für die man schließlich dableibt.
Ich glaub' schon, daß eine Frau sexuelle Bedürfnisse hat, genau wie ein Mann. Sicher ist jede Frau ganz anders und individuell, die eine braucht es mehr, die andere weniger. Die älteren so wie ich wissen, daß es nun nicht mehr das A und O ist, sich mit einem Mann zu befriedigen. Das weiß man, das kommt einem zugute. Trotzdem hindert einen das nicht, wenn man Wochen und Monate allein war, zu denken, wie schön wäre es jetzt, einen Liebhaber neben sich liegen zu haben. Aber den kann man ja nicht herbeizaubern. Ich würde deswegen nicht auf die Straße gehen. Und würde auch nicht vorsätzlich in eine Kneipe gehen, um einen Mann kennenzulernen, mit dem ich dann abzische. Ich hab' meine ja alle im Stegreif kennengelernt, zufällig, nicht vorsätzlich. Männer machen das vielleicht eher mit Vorsatz. Für Frauen ist es dann wohl doch nicht grad Nummer eins. Vielleicht belügen sich Frauen auch eher, indem sie sagen, das ist nicht so wichtig. Oder sie stellen an den Mann sonst noch mehr Ansprüche. Ich kenne natürlich zwei Frauen, die zugeben, mit Vorsatz auf ein Fest oder sonst eine merkwürdige Versammlung zu gehen, um sich dort einen Liebhaber zu angeln. Und die gehen auch regelmäßig mit 'nem Liebhaber nach Hause. Ist ganz leicht. Wenn man Ansprüche stellt, sollte

man das nicht machen. Da muß man sehr selbstbewußt sein, wenn man so auf Jagd geht, nur für eine Nacht. Ich kann mir das nicht leisten mit meinem kleinen Gemüt. Den Kater hinterher. Vielleicht, wenn ich noch älter und reifer werde, daß ich diesen Kater nicht habe und sage: »Auf Wiedersehen, war 'ne tolle Nacht. Aber jetzt reicht es.« Es ist ja leider nicht immer etwas Besonderes. Es fängt damit an, daß du am nächsten Morgen merkst, daß der Mann dir überhaupt nicht gefällt, weil er blöd aussieht oder stinkt, oder du merkst plötzlich, daß er sich die Fußnägel nicht gewaschen hat, oder er sagt etwas, was entsetzlich ist. Da muß man denn sehr souverän sein, um den rauszuschmeißen. Ich glaube, Frauen sind da viel gefühlvoller und wollen den anderen nicht verletzen.

Ich hab' ja schon viele Monate hintereinander mal keine Sexualität und keine Zärtlichkeit gehabt. Da bin ich auch drüber weggekommen.

Ich glaube, viel wichtiger als Sexualität ist die Anerkennung, die Anerkennung und die Liebe von dem anderen. Von allen anderen, von Frauen und Männern. Sicher wird mal bei irgendeiner Gelegenheit einer Frau von einem Mann gesagt: »Ach, was siehst du heute toll aus, haste nicht Lust, mit mir nach Hause zu kommen?« Das muß man ja nicht machen, aber es beflügelt einen.

Wovon kann man noch beflügelt werden?
Von der Liebe kann man natürlich sehr beflügelt werden.

Wie findest du denn jemanden zum Lieben, wie findest du einen Liebhaber?
Ja, wie findet man einen? Sicher nicht so, daß plötzlich einer an der Haustür klingelt und sagt: »Mein Gott, ich beobachte Sie schon so lange. Ich bin von Ihnen ganz begeistert. Ich hab' es gar nicht gewagt, bei Ihnen zu klingeln, würden Sie mich mal bitte zu einer Tasse Kaffee einladen. Ich bin schon jahrelang alleinstehend und sehne mich nach einer Frau, und Sie sind die richtige.« So ja nicht. Sondern was macht man? Man geht alle halbe Jahre mal auf ein Fest oder ist mit Freunden zusammen oder ist in einer Kneipe und ist lustig, trinkt einen übern Durst. Da steht einer rum, der gefällt einem. Süß, sitzt da rum und gefällt einem. Da geh' ich auf ihn zu und sage: »Haben Sie nicht mal Lust, mit mir zu tanzen. Ich find Sie sympathisch.« Na, da sagt der: »Ich kann nicht tanzen.« Ich: »Wir können doch mal

vorsichtig probieren.« So fängt das an, und manchmal sagt einer: »Nee.« Dann biste vielleicht für den Abend verschnupft, aber das darfste nicht scheuen. Meinen letzten kleinen Liebhaber hab' ich so kennengelernt. Natürlich bringt dieses Finden auch Enttäuschungen. Wenn man älter und klüger ist, sieht man ja: Das ist nun nicht das A und O und kommt zum Zusammenleben überhaupt nicht in Frage. Aber es bringt eben mal zusammen reden und hinterher schmusen, und du fühlst dich mal in deiner sinnlichen Körperlichkeit, oder wie man das nennen soll, bestätigt. Einmal habe ich auf diese Weise einen Holländer kennengelernt, mit dem mich eine richtige innige Freundschaft verbindet, obwohl wir uns nur Briefe schreiben, gar nicht erotische Briefe. Aber das beflügelt mich so, da bin ich abends gar nicht müde, sondern schreib' noch 'nen Brief. Du mußt natürlich sehen: Was ist drin? Und das nehmen und dich dran freuen. Aber nicht immer nörgeln und klagen über das, was nicht drin ist.

Wie findet ein unrealistischer Mensch zur Wirklichkeit

Das kränkt dich nicht? Wie kommt man zu dieser Haltung hin?
Ich war früher ein völlig unrealistischer Mensch voller romantischer Ideen. Ich warf mich mit Verve überall hinein. In den meisten Fällen lohnte es sich nicht. Das brachte mich in Trauer. Ich empfand die große Liebe, die ging immer von mir aus. Und die Männer hatten eben nur die Sensation, die Lust. Ich hab' viel zu wenig über die Männer nachgedacht. Ich hab' mich voller Romantik auf jede noch so oberflächliche Beziehung eingelassen. Allerdings nie mit jemandem zusammengelebt vor meiner Heirat. Das ist meine preußische Erziehung. Selbst jetzt, mit 50, denke ich immer noch so mit einem halben Blick auf meine Mutter: Was wird die dazu denken? Aber aus all den Beziehungen hab' ich nichts gelernt.
Ein ganz wichtiger Faktor sind dabei auch die Kinder. Die geben einem schon Lebensinhalt. Die zwingen dich zur Disziplin, die ich sonst nicht hätte, weil ich nicht berufstätig bin. Sie sind auch ein Trost, weil sie mich fordern. Ich kann mir nicht leisten, über Tage im Melancholischen zu sein und den Kopf in die Kissen zu stecken. Einerseits sind sie Anlaß zur Sorge, andererseits lenken sie mich von mir selbst ab. Gelernt habe ich

erst in den letzten Jahren. Nicht etwas verlangen, was der andere nicht geben will; dem anderen nicht zusetzen, das kann keiner aushalten. An sich liegt mir das nicht, diese realistische Haltung. Ich will diese romantische Atmosphäre, daß man blind ist für alles andere. Aber in Wirklichkeit hast du nur diesen Wunsch und die Enttäuschung. Ich bin auch traurig, wenn mich einer mehr als 'ne Woche nicht anruft. Oder kommt er nicht, bin ich momentan erst mal auch gekränkt. Aber ich kann das, was ich mit ihm unternehmen wollte, auch mit meinen Freunden oder mal allein.

Ich kreise jetzt nicht mehr nur noch um mich. Ich hab' es gelernt, weil ich weiß, es gibt Wichtigeres. So merkwürdig das klingt: Vielleicht war meine Krankheit der Abschluß all dieser schlimmen Zeiten.

Deine Erkrankung hat dich davon weggebracht, dich in Enttäuschungen festzubeißen.
Es war mit einem Schlag etwas da, das verschob die Wichtigkeit bestimmter Dinge. Das war viel zu ernst, um mir selbst etwas vorzumachen. Ich wollte leben. Mein einziger Wunsch war, daß die Krankheit heilbar ist. Alles konzentrierte sich um diesen Wunsch. Daß sich dieser Wunsch erfüllen läßt, das ist das Wichtigste. Das habe ich nun. Es ist nun nicht so, daß ich mich plötzlich vom alltäglichen Ärger nicht mehr umwerfen lasse, z. B. daß mich mein Vermieter rausekeln will oder wenn mein Auto kaputtgefahren wird. So was bleibt schlimm. Da bin ich furchtbar niedergeschlagen. Aber ich habe einmal die Erfahrung gemacht, wenn ich mich den Dingen stelle, und nur dann, hab' ich überhaupt 'ne Chance, da wieder rauszukommen. Die Krankheit war nochmals ein Ausbruch, ein Vulkan; das wurde dann operiert, weggeschnitten, ist geheilt. Und jetzt ist es gut.

6
Alle warten irgendwie auf den Richtigen

Friedrich M., 33 Jahre alt, ist Bautechniker und kommt aus einer norddeutschen Kleinstadt. Heute lebt er in Düsseldorf. Er ist ein Homosexueller, und in seinem Verhalten zur Umwelt und dem Verhalten seiner Umwelt ihm gegenüber spiegelt sich deutlicher als bei Heterosexuellen wider, daß eine ganz private Geschichte – eben die Beziehung zu einem Partner – zu einem großen Teil ein Abbild dieser Umwelt ist, der Friedrich sich nicht entziehen kann: Die Beziehung zum Partner wird die Gefangene ihrer Umwelt und ist gleichzeitig auch Oase in einer Umwelt, die Homosexuelle nach wie vor ins Ghetto drängt. Wenn sie das Beste daraus machen, erklären sie das Ghetto zum Nabel der Welt.
In diesem Nabel sind Gefühle wie Brennspiegel. Der Umgang miteinander ist nicht mehr selbstverständlich, alles wird zum Prinzip. Trennung ist die Norm oder der totale Zusammenbruch.

Gespräch mit Friedrich:

Bei mir war es im Grunde so, daß ich völlig heterosexuell aufgewachsen bin, mit Fußball und mit allem Drum und Dran. Bis 20 habe ich eigentlich nie einen Schwulen kennengelernt. Ich habe versucht, Freundinnen zu haben, was sehr problematisch wurde, denn damals war mir längst klar, daß ich schwul bin.
Ich war immer verliebt in alle Jungs, und da lief natürlich immer nichts. Ich bin dann nach Hamburg gegangen. Das hing aber auch noch mit meiner Arbeit zusammen. Ich arbeite auf dem Bau und habe in großen Betrieben gearbeitet. Meine ganz persönlichen Probleme – daß ich schwul war und daß ich immer geträumt habe, einmal einen Freund zu haben –, das habe ich völlig verdrängt durch mannigfaltige Aktivitäten nach außen. Ich habe mich einfach viel beschäftigt. Ich war im Fußballverein und habe eigentlich meine ganze Freizeit mit Heteros verbracht.
Die spezielle Schwulenunterdrückung habe ich so erlebt: Wenn du in der Pubertät anfängst zu merken, daß du schwul bist, dann

liegt die Unterdrückung bereits darin, daß du das für dich selbst als persönliche Katastrophe siehst. Verstehst du – das ist ein Punkt, mit dem du Jahre zu kämpfen hast, bis du dich überhaupt akzeptierst. Wie ich gemerkt habe, ich bin schwul, habe ich das erst mal für eine Krankheit gehalten und für eine Katastrophe. Meine ganzen Träume, die ich damals hatte, die platzten natürlich: Keine Kinder haben, und daß man sein Leben nicht mehr so einrichten kann, wie es alle anderen können, und daß man nichts mehr darstellt. Dann habe ich auch sehr bald gemerkt, daß es unmöglich ist, überhaupt jemanden zu finden, was natürlich eine furchtbare Einsamkeit auslöst. Die Unterdrückung liegt einfach darin, daß man überhaupt nicht zum Zug kommt mit seinen Bedürfnissen.

Weißt du, es ist niemand da. Ich habe das natürlich keinem Menschen erzählt. Nur einmal habe ich das einem Freund erzählt. Zu dem habe ich gesagt: Ich bin homosexuell. Und das ist auch ganz typisch, daß ich gerade dem das erzählt habe; der war nämlich selber in einer sehr schlechten Situation. Das ist schon ganz ulkig, wie man sich da solidarisiert. Und zwar hatten sich seine Eltern scheiden lassen, und er mußte zu seinem Vater ziehen; die Mutter hatte einen anderen Mann. In der Clique, in der wir damals waren – wo die anderen alle in sogenannten intakten Familien lebten und auch noch stolz darauf waren –, hat das zu seiner Ächtung geführt. Früher hatte man sich immer bei dem getroffen, und dann sind die Leute auf einmal weggeblieben. Das hat ihm natürlich sehr zu schaffen gemacht. Das war für ihn eine schwierige Situation, neben dem anderen Problem, was seine Mutter betrifft: Er wäre eigentlich lieber bei seiner Mutter geblieben, statt zum Vater zu ziehen. Und in einer solchen Situation wurde er auch noch von seinen sogenannten Freunden geächtet – das war für den ganz schlimm.

Ich war der einzige, der das nicht so wie die anderen gesehen hat. Wir haben gar nicht so viel darüber diskutiert. Ich war einfach da. Und dann hat er einmal unheimlich geheult. Das muß man sich einmal vorstellen, wenn man 17 ist, so vor einem Freund zu heulen. Das ist doch allerhand, wenn man ein Hetero ist. Das war ganz komisch. Und deshalb habe ich ihm irgendwann einmal erzählt, daß ich schwul bin. Aber gleichzeitig habe ich ihm angedroht, ich würde ihn umbringen, wenn ich rauskriege, daß er es weitererzählt. Das meinte ich durchaus ernst. Man unterdrückt sich selbst, weil man so eine Angst davor hat, daß es eine wahnsinnige Katastrophe gibt, wenn es herauskommt. Da wäre ja die ganze Fassade weg, die man nach außen tragen muß, auch vor den Mädchen, und daß man auch sonst als toller Knopf in der Gegend herumläuft.

Darin lag, zumindest zur damaligen Zeit, das Problem. Darin lag in dieser Zeit – Anfang der sechziger Jahre – diese Unterdrückung.

Na ja, und die Einsamkeit, die habe ich einfach verdrängt. Ich habe Fußball gespielt, bin viel ausgegangen, viel tanzen gegangen, immer mit Heteros, viel gesoffen haben wir, vor allen Dingen, ja und dann sich selbst bemitleidet natürlich, wenn man allein zu Hause war.

Ich habe dann viel geträumt. Natürlich habe ich mich immer in Heteros verliebt.

Dieser Traum ist natürlich immer ein optischer, und später, wenn man in der Realität jemanden kennenlernt, versucht man immer, seine Traumbilder zu verwirklichen. Daher kommt die Schwierigkeit, jemanden kennenzulernen und dabei nicht nur nach dem Aussehen zu gehen.

Vor der Schwulenszene hatte ich ziemliche Angst

Im entscheidenden Alter – so mit 16 bis 20 –, da lief bei mir nichts. Ich kenne ziemlich viele, denen das genauso gegangen ist. Und gerade in diesem Alter entwickelt man Träume, und man lebt auch davon.

Ich war 23, als ich nach Düsseldorf kam, und ich habe meinen Freund auch ziemlich bald kennengelernt. Wir haben auch nach vier Monaten gleich zusammengewohnt. Ich meine, ich will nicht jammern, aber vorher hatte ich eigentlich nie etwas, also auch kein richtiges Verhältnis. Zwar mal so halbe Sexualerlebnisse, aber das war nichts Richtiges. Erst in Düsseldorf ging das los, da war ich 23, und das war eigentlich schon zu spät. Das war dann auch typisch, daß ich meinen Freund durch Zufall kennengelernt habe, und beim ersten Mann, den ich richtig kennenlerne, bleibe ich auch hängen.

Dann habe ich folgendes gemacht: Ich hatte zwar jetzt einen Freund, habe aber im Grunde weiter wie heterosexuell gelebt. Wir haben uns wenig mit Schwulen getroffen. Am Anfang war das noch anders. Da kam gerade die Schwulenbewegung auf, und da haben wir uns anfangs sehr engagiert, waren immer dabei. Das war eigentlich eine sehr schöne Zeit. Und dann ist mein Freund, der Harro, in die politische Arbeit eingestiegen, und ich auch, und da haben wir uns dann eigentlich nur noch mit Heteros getroffen. Am Anfang sind wir noch in eine Wohngemeinschaft gegangen, zusammen mit einem Hetero-Pärchen, und bis zur Trennung vom Harro habe ich eigentlich nur mit Heteros zu tun gehabt.

Ich fühlte mich da aufgrund meiner Erziehung eigentlich auch wohler.

Da konnte ich mich irgendwie besser bewegen, und vor der Schwulenszene hatte ich eigentlich immer ziemliche Angst. Bin zwar mal hingegangen, aber das hat einfach nicht gepaßt. Ich konnte das nicht. Ich habe mich unheimlich schwergetan, mich mit meinem Schwulsein zu identifizieren. So mit den ganzen Tunten, das ganze Getue – das mochte ich nicht.

Man weiß eben, das ist ein Ghetto hier. Die Szene, die hat ihren eigenen Lebensrhythmus und ihre eigenen Lokale und ihre eigenen Gesetze. Man sagt natürlich, ein Ghetto ist Scheiße, und man will nicht, daß es eines ist, aber es bleibt einem ja gar nichts anderes übrig. Man ist ja selbst Teil dieses Ghettos. Das habe ich lange Zeit überhaupt nicht akzeptiert.

Dann gab es noch eine Sache. Ich bin weggegangen von zu Hause und bin nach Hamburg gegangen, zu einer großen Baufirma. Und dort hat neben mir ein Schwuler gearbeitet, dem konntest du das auch ansehen, das war eben eine Tunte. Der konnte nicht anders. Da habe ich mitgekriegt, wie sie den fertiggemacht haben. Ich weiß bis heute nicht, wie der heißt, weil die immer nur »Schwuli« zu ihm gesagt haben. Der hat nichts anderes dargestellt, als daß er schwul war, aus der Sicht der anderen. Das hat mich natürlich unheimlich geschockt. Ich bin ja schließlich selbst schwul, wenn auch keine Tunte, aber das ist mein Lebensraum. Und es ist doch eigentlich ganz logisch, daß ich lieber mit Schwulen zusammen bin als mit Heteros. Aber schwierig ist das doch, weil ich ja ganz anders erzogen worden bin. Aber andererseits sehe ich: Wenn ich mich sehr viel in heterosexuellen Kreisen bewege, ist es natürlich schwierig für mich, jemanden kennenzulernen. Deswegen muß man in Schwulenkreise gehen, das hat einfach diesen praktischen Grund. Da hat sich in letzter Zeit bei mir ein Wandel vollzogen. Jetzt fühle ich mich unter Schwulen zunehmend wohler als früher. Das heißt, es ist ein gemeinsames Verständnis da. Ich glaube, es ist diese gemeinsame Erfahrung und Unterdrückung. Obwohl die Unterdrückung nicht mehr so offensichtlich ist, sondern sie spielt sich unheimlich differenziert ab. Darum ist eben diese gemeinsame Basis unter Schwulen da. Und wenn ich mit diesen Leuten rede, dann weiß ich: Irgendwie gehört man ja doch zusammen.

Na ja, für mich war also der Harro, mein Mann, eigentlich eine richtige Lebensbeziehung und ist es eigentlich immer noch. Aktuell besteht die Schwierigkeit darin, daß ich etwas unternehmen muß, weil wir zwar nicht mehr zusammenleben, uns aber in letzter Zeit ziemlich viel sehen. Und doch leide ich sehr darunter, obwohl ich das nicht will. Aber wenn ich so oft mit ihm zusammen bin, möchte ich auch halt mit ihm schlafen und möchte, daß es klappt mit ihm. Aber er will das eben nicht so. Das ist der Punkt, unter dem ich so leide.

Wir haben uns eingebildet, daß wir für immer befreundet bleiben. Das haben wir uns auch vorgenommen, allein aus Angst vor dem Alter. Denn wir verstehen uns ja sehr gut. Man kennt sich, man hilft sich in jeder Lebenslage – praktisch und psychisch. Aber wie gesagt, bei mir ist noch ein größerer Anspruch da.

Diese Eifersucht ist bei mir noch nicht mal das Schlimmste. Wenn er wenigstens auch mit mir schlafen würde, dann wäre es mir scheißegal, was er sonst macht. Aber daß das bei mir nicht klappt, das macht mich eifersüchtig auf die anderen Beziehungen. Wenn das sexuell bei uns einigermaßen klappen würde, wäre mir das andere ziemlich egal. Ich weiß nicht, was sich bei ihm genau abspielt. Kürzlich haben wir nachts darüber geredet, und er hat gesagt, er versteht das auch nicht, warum er mich nicht mehr lieben kann. Oder nicht mehr so, wie er es eigentlich müßte.

Wir verstehen uns gut, ich bin immer noch ein einigermaßen gutaussehender Mann, also eigentlich alles Sachen, die gut sind. Wir mögen uns, aber er ist eben nicht scharf auf mich, sondern auf andere. Ich weiß eben nicht, was sich bei ihm genau abspielt.

Wir kennen uns nun schon zehn Jahre. Das ist sehr selten, wenn sich Schwule nach so langer Zeit noch immer mögen, wenn sie noch eine Beziehung haben.

Für dich bedeutet das Verhalten von Harro aber wohl auch, daß du nicht mehr bestätigt wirst, wenn er nicht mehr mit dir schläft.

Genau.

Wie reagierst du darauf?
Ich bin so geworden, daß ich immer alles hinnehme. Ich bin immer ausgeglichen, jedenfalls nach außen hin. Manchmal bin ich so sehr verzweifelt, daß ich mir vornehme: Du mußt jetzt endlich mal einen Schlußstrich ziehen, das hat keinen Wert mehr so. Aber zwei Tage später fühle ich mich in einer ganz anderen Stimmung, und dann nehme ich es wieder ganz locker.
Ich nehme es eigentlich immer ganz locker. Aber wenn ich mal ein bißchen besoffen bin und wenn ich dann meine Verzweiflung herauslasse, dann versteht der Harro das eben nicht, weil ich mich sonst so verhalte, als gäbe es für mich keine Probleme. Aber wenn ich so reagieren würde, wie mir manchmal zumute ist, dann geht dadurch vielleicht alles kaputt. Davor habe ich Angst.
Das hat sicher damit zu tun, daß ich irgendwo immer noch Hoffnung habe. Wahrscheinlich habe ich die Hoffnung, daß wir eines Tages noch mal so richtig klarkommen. Nicht, daß wir wieder zusammenwohnen sollten – das auf keinen Fall. Aber daß man eine Beziehung hat mit allem Drum und Dran. Daß ich mich zugehörig fühle.

Eine Person kann nicht alle Bedürfnisse abdecken

Ich bin eigentlich die Klammer in dieser Beziehung. Wenn ich nicht immer hinterher wäre, dann wäre es vielleicht schon aus. Aber das stimmt auch wieder nicht ganz. Das ist so eine Erfahrung: Wenn ich mich eine Weile nicht melde, dann meldet er sich immer. Ich habe jetzt auch einen Freund gehabt, ein knappes Jahr lang. Das ist auch ganz komisch, wenn man sich ein bißchen woandershin konzentriert und man trifft sich nicht so oft, dann meldet er sich auch. Das ist immer irgendwie dieses Spiel. Auch wenn man das Gefühl hat, der andere entweicht einem, dann strengt man sich wieder ein bißchen an. Und wenn wir sehr oft zusammen sind, sehr dicht, dann wird wieder alles zur Gewohnheit. Man darf sich des anderen nicht zu sicher sein. Aber er hat das Gefühl, ich bin ihm hundertprozentig sicher.

Wie hat dein Freund auf deinen neuen Freund reagiert?
Er hat sich gefreut, daß ich wieder jemanden habe. Aber es ist zwiespältig. Einerseits hat er sich gefreut, auf der anderen Seite ist er doch manchmal eifersüchtig, und zwar weniger, weil er

fürchten müßte, daß er mich verliert oder daß wir auseinander-
kommen, sondern daß ich mit Herbert, mit dem ich befreundet
gewesen bin bis vor kurzem, ganz gut ausgekommen bin und
mir das offensichtlich auch gut getan hat. Er war eigentlich
mehr eifersüchtig darauf, daß es mit uns so gut läuft.

*Also du darfst jemand anderen haben, aber sozusagen nur neben
ihm. Der darf nicht so gut sein wie er?*
Ja, außer es geht ihm selber sehr gut.
Das Interessante daran ist, daß man natürlich die Dinge
unterschiedlich erzählt. Wenn wir zum selben Thema vor einem
halben Jahr miteinander gesprochen hätten, wäre ich vielleicht
in einer anderen Situation gewesen und hätte die Dinge anders
erzählt. Jetzt ist es eine Phase, wo mir die Sache zum Problem
wird, und deswegen erzähle ich dir das auch so.

*Aber die Grundproblematik bleibt doch wohl die gleiche: du
möchtest jemanden haben, mit dem du zusammen bist, du hast
aber Schwierigkeiten, jemanden kennenzulernen, und nun ist bei
Homosexuellen die Möglichkeit, jemanden kennenzulernen,
auch noch reduziert. Und dann bleibt immer noch die Frage
offen, wie man das Aneinanderklammern vermeidet, eine gewisse Freizügigkeit lebt, ohne darunter zu leiden. Wie stellst du dir
das vor, wie würdest du das machen können?*
Also ideal möchte ich natürlich zum Harro eine Beziehung
haben, die sich von der inneren Grundlage, vom Verständnis
her überhaupt nicht zu verändern braucht. Sondern natürlich,
wenn man sich gerne mag, drückt sich das ja auch im Bett aus.
Damit steht und fällt das alles. Und deswegen haben wir uns
auch getrennt. Ich bin deswegen ausgezogen, weil das sexuell so
schwierig war.
Ich möchte natürlich gerne, daß das gut läuft, das Sexuelle, aber
nicht ausschließlich. Ich würde gern die Freundschaft, die ich
jetzt habe, weiterführen. Und auch vielleicht noch einen jüngeren Freund haben. Also nicht nur zum Ficken, sondern auch
schon so. Weil ich gelernt habe, daß eine Person nicht alle
Bedürfnisse abdecken kann. Nicht als taktische Rechnung,
sondern aus Erfahrung heraus.
Beim Harro ist das so: Der hat jetzt drei Jahre lang einen
Freund gehabt – mit dem ist das jetzt auch in die Brüche
gegangen, und der hat das Problem, daß er mich mag und
eigentlich liebt, aber seinen Freund, von dem er sich gerade

getrennt hat, den liebt er, weil er scharf auf ihn ist. Also mit dem klappt das wie das Brezelbacken alles. Insofern muß ich natürlich sehen, was der andere für Empfindungen hat und welche Bedürfnisse ich erfüllen kann.

Und wenn ich sage, daß er nur bestimmte Seiten von mir abdecken kann – man muß ja realistisch sehen, was er von mir will und was ich bei ihm abdecken kann. Was ich meine ist, daß es mir für die Zukunft unheimlich wichtig ist, so aufs Alter hin, daß ich ein paar Freunde habe, die zuverlässig sind.

Das finde ich unheimlich wichtig, und das ist das Wesentliche. Gar nicht sexuell, sondern daß man ein paar Leute, einen Kreis von Leuten hat, auf die man sich in allen Lebenssituationen verlassen kann.

Ich muß aber auch sagen, daß bei mir die Sexualität nicht so wichtig ist, weil ich so verklemmt bin. Ich schlafe relativ selten mit jemandem, und ich muß das auch nicht. Insofern bin ich nicht typisch. Man muß schon sagen, daß im Durchschnitt die Schwulen aus der Szene wie die Weltmeister miteinander ins Bett gehen. Ich kenne viele, die können mit einem nur einmal, und dann muß der nächste dran, weil es ein zweites Mal nicht mehr geht. Es ist eine wahnsinnige Promiskuität da, die irgendwo schizophren ist, weil, wenn du die Leute hörst, wollen die alle die lebenslange Freundschaft, wissen aber ganz genau, daß das nicht klappt. Mir ist nicht klar, warum das so ist. Es ist natürlich ein Problem, weil man immer so rumdoktert. Es gibt schon immer Beziehungen, aber die halten oft nicht lange – mal ein halbes Jahr, mal ein Dreivierteljahr. Beziehungen, die wirklich länger als fünf Jahre halten, sind relativ selten. Ich schätze, nicht mal zehn Prozent der Schwulen.

Ich glaube, das ist eine Sache, die einerseits etwas mit der Unterdrückung zu tun hat. Die andere Sache ist, daß ich glaube, daß überhaupt die Sexualität so wichtig ist – das hat etwas mit der Gleichgeschlechtlichkeit zu tun. Ich glaube, daß zwischen Mann und Frau und Homosexuellen immer noch der Unterschied besteht, daß es zwischen Mann und Frau ganz andere Spannungsebenen gibt, die viel länger brauchen, bis sie sich erledigen oder bis sie aufbrechen. Bei Schwulen ist es so, daß diese Spannung zwischen den Menschen, die eine Beziehung lebendig hält, oft auch einfach sehr schnell dahingeht – auch im Sexuellen.

Es gibt viele alternative Schwule, die sagen, das ist genau das Richtige. Bei den Heteros ist es so, sagen die – die sind seit

Jahrtausenden auf diese Scheißehe eingeschworen, und wenn sie jemanden haben, dann müssen sie den auch festhalten, bis zum Schluß. Die Moral ist so. Und wir müssen endlich davon wegkommen, es dauernd den Heteros nachzumachen, sondern die Qualität unserer Freundschaften irgendwo anders herstellen als mit Heiraten und Ehering und Eifersucht und so.

Ich dachte eben daran, daß es vielleicht damit zusammenhängt, daß es kein Bild für die Beziehung unter Schwulen gibt. Das heißt, daß die Ehe, die ja auch für viele Menschen keine Alternative ist, erst recht nicht das Wahre für die Schwulen ist. Nur ich glaube, daß das eine ziemlich formalistische Argumentation ist. Denn dieses Bedürfnis, jemandem ganz nahe zu sein, hat ja nichts mit Ehe zu tun. Auch das Gefühl, nicht allein sein zu wollen, überdauert die Form der Ehe. Ich kann mir nicht vorstellen, daß, wenn du nur einmal mit einem schläfst, die möglichen Formen von Nähe ausgeschöpft sind.

Nein, das sicher nicht. Das Schizoide ist: Ich treffe manche Leute jede Nacht. Ich bin zwar auch immer da, aber ich reiße nicht so oft was auf. Aber andererseits ist es natürlich so, daß sie irgendwo eine Zweierbeziehung wollen, daß sie davon träumen. Und das ist genau der Punkt. Da spielen natürlich das Gefühl der Sicherheit und die Angst vor der Zukunft eine ganz große Rolle. Na ja, und selber praktizieren tut man's dann halt doch. Und wenn man mit einem mitgeht und all das da macht, überlegt man sich am nächsten Tag das Ganze und denkt: Na, so was Besonderes war das auch nicht. Irgendwie ist der ganz nett, aber das Richtige ist es auch nicht. Alle warten irgendwie auf den Richtigen, der natürlich nie vorbeikommt.

Das ist das Problem. Das Zusammenleben genauso wie in der Ehe – das ist eigentlich das Problem. Das möchte ich nie wieder.

Ich möchte eine ganz intensive Beziehung, aber ich würde mir den Luxus von zwei Wohnungen einfach leisten, auch wenn es ökonomisch eigentlich blödsinnig ist. Irgendwo habe ich für mich persönlich gemerkt, daß nicht zusammen zu wohnen eigentlich unheimlich wichtig ist, weil du das mit der Eifersucht auch nicht so direkt mitkriegst. Wir waren immer unheimlich offen miteinander. Wir haben uns immer alles erzählt. Das ist zwar manchmal schon so ein Punkt, wo du keine eigene Intimität mehr hast, aber ich habe gerade bei anderen festgestellt, daß das mit den Heimlichkeiten furchtbar wird. Dann gibt es Verwirrungen, Eifersuchten tauchen auf, die zum Teil falsch sind, sich aber nie wieder reparieren lassen – wir haben uns von Anfang an immer alles erzählt. Aber so eine Situation wie in der Ehe, daß ich, wenn da mal ein bißchen 'ne Unsicherheit da ist, wenn da 'ne Weile sexuell nichts ist – das verunsichert ja den jeweiligen. Es ist ja selten so, daß beide gleichzeitig nicht wollen; und immer zusammen wohnen, immer auf den anderen angewiesen sein – dann wird man eifersüchtig darauf, ob der andere mit jemand anderem schläft, und nicht nur das, sondern auf alle möglichen Leute, mit denen er zusammen ist und mit denen er sich intensiver beschäftigt als mit dir selbst.

Einer der glücklichsten Tage, die ich hatte – so habe ich das empfunden –, einer der schönsten Tage in unserer Ehe war vor ein paar Jahren. Da sind wir mal beide nachts auswärts gewesen, und ich komme nach Hause, so um halb neun, Harro war nicht da, und ich wußte, daß er wahrscheinlich mit einem anderen Freund unterwegs war, und ich war auch mit einem anderen zusammengewesen. Ich kam nach Hause, habe mir einen Tee gekocht, stelle gerade den Tee hin, und da kam er auch. Und weißt du, wir waren irgendwie ganz zufrieden, haben Tee getrunken, haben uns unterhalten und ein bißchen erzählt, aber nicht so genau – das finde ich auch nicht schön, sich so Einzelheiten zu erzählen, wie das so war und so –, und dann haben wir uns nochmal ins Bett gelegt – wir waren natürlich müde, haben dann ein bißchen geschmust, und dann haben wir noch ein paar Stunden gepennt. Weißt du, das war einer der größten Glücksmomente, die ich erlebt habe, weil ich überhaupt nicht eifersüchtig war – weil eben das zufälligerweise gleichzeitig war.

Wenn man das könnte, wenn man das bringen würde – aber meistens ist der eine nachts zu Hause, und der andere kommt nicht, und das ist grauenhaft. Ich dachte immer, wenn man dazu kommen könnte, eine Beziehung so zu gestalten, daß man da nicht gleich völlig ausflippt, wenn der eine nachts nicht da ist, weil man sich das ja auch irgendwann selber rausnehmen will – zwar nicht so berechnend, aber doch. Das wäre toll.

7
Liebe ist teilbar – Wege aus der Eifersucht

Die Eifersucht bewältigen – das gelingt leichter in Zeiten des Überflusses denn in Zeiten der Not. So faßt Christine (39) ihre Erfahrungen zusammen, als ich wissen möchte, wie sie es schaffe, Eifersucht nicht einfach zu unterdrücken, sondern umzuwandeln in fruchtbare Gefühle. Dies sei ein Anspruch, meint sie, ein Ziel, wenn auch nicht immer zu erreichen, so doch ein Weg, um langjähriges Zusammenleben lebendig zu erhalten.
Christine ist Lehrerin, seit 16 Jahren mit dem Biologen Frank (42) verheiratet und Mutter zweier Töchter (13 und 12). Vor etwa fünf Jahren hat Christine angefangen zu lernen, aus der Eifersucht herauszukommen, durch »glücklich bewegte Ereignisse«, wie sie es nennt. Nicht über Eifersucht will sie sprechen, sondern zunächst von dem, was sie von der Eifersucht fortbewegt hat: die Erfahrung, gleichzeitig und gleichwertig zwei Männer lieben zu können ... jedenfalls eine Zeitlang:

Gespräch mit Christine:

Rückblickend fällt es gar nicht so leicht, etwas davon zu vermitteln, wie ich mich damals fühlte, als ich mich in Peter verliebte. Jeder in einer solchen Situation hält seine Erlebnisse für einzigartig ungewöhnlich. Aber was ich zu erzählen habe, kommt mir nach so langer Zeit eher belanglos vor. Um Peter zu beschreiben: Er kam wie ein Zauberer. Er hat mich erwärmt; ja »erwärmt« ist das richtige Wort. Nicht, daß ich gefroren hätte, daß mir etwas gefehlt hätte. Gar nicht. Ich habe nichts gesucht, auf nichts gewartet. Es war auf einem Wohnungseinweihungsfest. Alles war sehr voll, sehr improvisiert. Ich kannte nur die Gastgeber, hatte mich aber schon mit diesem oder jenem unterhalten; das Fest lief in mehreren Räumen. Ich weiß gar nicht, wie lange Peter schon dort war, er fiel mir gar nicht besonders auf, also kein tolles Aussehen, eher ein bißchen witzig. Von drei oder vier Mädchen war er umlagert und erzählte wohl etwas über Hühnerfliegerei oder Hasenspucke. Ich hakte mich einfach in dieses Gespräch ein, als sei es meine Hauptbeschäftigung, über fliegende Hühner oder spuckende

Hasen zu philosophieren. Ich erinnere mich noch, daß er mich nach meiner Telefonnummer fragte, aber nicht nur mich, auch noch ein anderes Mädchen aus der Runde. Das kränkte mich kein bißchen, eher war da ein freundschaftliches Einverständnis mit dem anderen Mädchen, daß wir uns anlachten: Was machen wir jetzt? Und ich, schon etwas mutig geworden, bat ihn meinerseits um seine Nummer, versprach, ihn bald einmal anzurufen. Dies mag eine unwesentliche Einzelheit sein, aber für mich war es ein Anfang, etwas Neues zu wagen. Nicht die Frau wartet untätig ab, bis sie gepflückt wird, sondern ich entscheide selbst, will ich ihn sehen, ja oder nein, und ergreife die Initiative.

Das klingt jetzt vielleicht nicht besonders ungewöhnlich. Aber ich mußte damals noch 'ne ganze Menge Mut aufbringen, um ihn anzurufen. Hätte es schließlich gar nicht getan, wenn Frank, mein Mann, nicht gelästert hätte: »Du traust dich doch nicht.« Also nach fünf, sechs Tagen rief ich ihn denn an. Ich wußte ja gar nichts von ihm, nur den Namen und die Telefonnummer, nicht mal, ob er verheiratet war oder so was. Kam wohl nicht sehr gelegen, mein Anruf; war eine Freundin auf Besuch bei ihm, hätte ich mir denken können; also peinlich, mit meinem Herzklopfen in der Stimme war ich nicht besonders schlagfertig. Als Frau hat man so was nicht gelernt. Hatte nicht viel Übung damit. Trotzdem, weil ich nun schon mal angefangen hatte, stotterte ich noch 'nen bißchen herum, daß ich ihn zum Essen einladen möchte, sagte ich ihm. Wir verabredeten uns und trafen uns tatsächlich in einem Lokal zum Essen.

Damit begann etwas mit mir, oder begann ich es? Wurde ich in Bewegung gesetzt, oder bewegte ich mich selbst? Das läßt sich schwer auseinanderhalten. Wie soll ich diese Veränderung beschreiben? Das meiste klingt nachträglich eher banal. Ich machte ganz neue Erfahrungen. Z. B. lernte ich das Berliner Kneipenleben kennen. Das ist ja an sich nichts Großartiges, aber für mich war es neu, mich in einem solchen Raum zu bewegen, ohne Hemmungen Leute anzusprechen, angesprochen zu werden. Dadurch, daß Peter als Journalist für verschiedene Zeitungen arbeitete, hatte er unzählige Freunde und Bekannte. Jedenfalls, wenn wir irgendwohin kamen, war er immer gleich inmitten einer Schar von Leuten, die ihn kannten, und ich stand erst mal herum. Das empfand ich aber gar nicht als schlimm, mehr als Anlaß, mich jetzt mal umzusehen, umzuhören, mich auf jemanden einzulassen. Frank hat später, als ich auch mit ihm durch die Kneipen zog, etwas entsetzt gefragt, was ich denn daran fände; die Leute, die da rumhängen, klopfen doch immer nur die gleichen Sprüche. Kann ja sein. Man kann es ja so oder auch so sehen. Und ich sehe es eben so.

Vielleicht war es auch, daß ich in einen neuen Bereich einsteigen konnte und sah: Es geht, ich kann auch anders sein, ohne daß es gleich ernst wird. Ich hatte bis dahin, die ganzen Jahre nach der Geburt der Kinder, ziemlich eng gelebt, eng eingespannt, Kinder, Beruf, Mann. Obwohl ich es im Vergleich zu anderen berufstätigen Frauen mit mehreren Kindern eher leicht hatte: Zeitweise eine sehr liebevolle Kinderfrau, später einen guten Kindergarten, dann einen Mann, der sich halbwegs selbst versorgt, das Frühstück macht und mir auch schon mal 'ne Unterrichtsvorbereitung getippt hat. Andererseits hatte ich »nebenbei« noch 'ne Prüfung für ein weiteres Unterrichtsfach hinter mich gebracht. Also, wie belastet ich mich damals gefühlt haben muß, merkte ich eigentlich erst hinterher, als es vorbei war, als ich mal 'nen Nachmittag vertrödeln konnte ohne die Hetze im Nacken. Diese Anspannung, immer alles organisieren, nachdenken, die Zeit in Minuten verplanen, all die Jahre, bis die Kinder in die Schule kamen, etwa bis zu der Zeit, zu der ich Peter kennenlernte. Damals hatte sich alles gut eingespielt, wir machten alle zusammen nachmittags unsere »Schularbeiten«, dann kamen ihre Freundinnen, oder sie gingen fort; ich war nicht mehr so vonnöten.

Eine Art Zwischenkindheit

Um es noch an einem anderen Beispiel zu zeigen, wie sich Anspannung und Verkrampfungen auflösten: Ich hatte etwa zwei Jahre, bevor ich Peter kennenlernte, zusammen mit Freunden und Kollegen in einer Arbeitsgruppe einige Artikel für Fachzeitschriften geschrieben, über neue Möglichkeiten, Schule zu machen. Also, wenn ich das heute lese. Da steckte vielleicht manch gute Idee drin; aber jeder brauchbare Gedanke wurde erschlagen von dieser gestelzten, verschraubten Sprache, in der wir uns damals ausdrückten. Unsere Gedanken konnten nicht lebendig werden. Und jetzt schrieb ich plötzlich kleine, kurze Briefe, oft nur ein oder zwei Sätze – und bekam ebensolche zurück. Verrücktheiten vielleicht, heute für einen

Außenstehenden kaum zu verstehen. Aber man braucht wohl so eine Phase der Verliebtheit, um einen Mondfraßraben zu erfinden, ... und einen anderen, der auch daran glaubt.

Das erinnert mich an Spiele von Kindern...
Ja, könnte sein, irgend etwas Kindliches mag darin sein, in der Verliebtheit, ein Stück Kindheit, das kaum in unser Erwachsensein paßt.

Das liegt daran, wie wir erwachsen sind; sicher nicht die beste Art, erwachsen zu sein. Und wohl auch nicht die beste Art, Kind zu sein, schon vorher.
So kann ich das tatsächlich auch sehen, was damals geschah. Eine Art Zwischenkindheit, eine Nachlernphase. Vor vielen Jahren, als ich noch nicht verheiratet war, sagte mir mal ein älterer Kollege: »Den Wert eines Freundes kannst du an dem erkennen, was er in dir bewirkt.« Das ist mir immer wichtig geblieben. Daß es gar nicht so sehr darauf ankommt, wie der einzelne ist, sondern was er in dir auslöst, wie du dich durch ihn veränderst, dich weiterentwickelst. Und die größte Bereitschaft, sich weiterzuentwickeln, besteht in einer solchen Phase der Verliebtheit – jedenfalls bei einer Frau.

Nur bei der Frau?
Ja, mehr bei der Frau. Das ist sozusagen die positive Seite der weiblichen Anpassungsfähigkeit. Daß ich, indem ich mich auf jemanden einlasse, mich ihm angleiche, ich dadurch vielfältiger werde. Dieses »Locker-Werden« anfänglich bei den Kneipenbesuchen: Indem ich manche seiner Redeweisen übernahm, übernahm ich auch seine Sichtweisen und konnte Probleme plötzlich anders bewerten und damit auch lösen. Wir hatten damals ziemlich große Spannungen im Kollegenkreis. Das wirkte bis in die Elternabende. Durch Peters Kommentare zu diesen Ereignissen konnte ich mich plötzlich von meiner verbissenen Sicht der Dinge etwas lösen und manchmal sogar zwischen den Gruppen vermitteln. Jedenfalls litt ich nicht mehr so sehr unter den Spannungen.
Männer sind, glaube ich, weniger in der Lage, eine Verliebtheit so zu nutzen. Sie sind erzogen worden, »stabil« zu sein; sie wehren es ab, sich anzugleichen.

Hast du es in dieser Zeit noch an anderen Dingen gemerkt, daß du als Frau anders reagierst als ein Mann in der gleichen Situation?
O ja, zunächst weniger an mir selbst, aber vor allem daran, wie das von anderen bewertet wurde, was ich tat. Einem Mann wird das ja mehr oder weniger zugestanden; das gehört zum Normalen. Es gibt dafür Begriffe wie »Verhältnis«, »Seitensprung«, und allein schon diese Wörter und das Augenzwinkern werten das ab, was geschehen könnte. Auch durch diese Heimlichtuerei in den meisten Fällen – selbst in den Ratgeberecken der Illustrierten steht: »Lassen Sie es ja nicht Ihre Frau merken« –, also dadurch beschränken sich die Menschen von vornherein, lassen sich gar nicht aufeinander ein, entwerten sich.

Aber wird der andere durch die Verheimlichung nicht auch geschont?
Schonung? In den meisten Fällen geschieht es aus Angst vor den Reaktionen des anderen. Man muß den anderen ja auch nicht mit Details quälen. Aber eine Verliebtheit oder tiefe Freundschaft betreffen mich doch so weitgehend, daß ich bei Geheimhaltung ganze Teile meiner Person zurücknehmen müßte. Dabei würde ich ziemlich erstarren. Ich bin vielleicht von Haus aus sehr mitteilsam, und wenn mich etwas bewegt, und zwar so bewegt, wie diese Geschichte mit Peter, dann teile ich das doch dem Menschen mit, der mir am nächsten steht. Und das ist mein Mann.

Wie hat denn der das aufgenommen?
Das läßt sich nicht mit einem Satz beantworten. Es war nicht einheitlich und veränderte sich in den einzelnen Phasen. Es hing auch davon ab, wie wir das zusammen durchstanden. Ich habe mir damals vorgenommen und habe es ihm auch gesagt: Wie immer er darauf reagiert, ich werde ihm keine Vorwürfe machen. Er hat ein Recht auf seine Reaktionen, ein Recht auf seine Wut.

In deiner Situation war es auch leicht, großzügig zu sein.
Das weiß ich nicht. Ich will mich gar nicht rechtfertigen, das wollte ich zu keiner Zeit. Aber wenn sich beide aufeinander einlassen, leiden auch beide zusammen, manchmal jedenfalls. Ich habe an seiner Verzweiflung gelitten. Jetzt, aus der Vergangenheit betrachtet, ist in meiner Erinnerung dieses ganz intensive Gefühl geblieben, das wir miteinander hatten. Für mich sind

Trauer und Verzweiflung – solange sie zu ertragen sind – Zeichen dafür, daß ich lebe, daß ich nicht erstarrt bin. »Lebensbeweise« hat es jemand genannt.

. . . solange sie zu ertragen sind. Was hat es ihn ertragen lassen?
Ich kann das nur aus meiner Sicht darstellen. Wichtig war für mich, daß er nicht weniger von mir hatte als sonst. Praktisch sah das so aus: Wenn ich mich zwei Tage in der Woche mit Peter traf, ich zwei weitere Abende in der Woche mit Frank ausging. Jedenfalls zu Anfang. In den ersten Wochen lief auch alles noch recht undramatisch ab. Ich bin auch vorher oft zwei oder mehr Abende fort gewesen, als ich in der Arbeitsgruppe war und zu den Prüfungsvorbereitungen. Ebenso Frank, der nachts oft Versuchsreihen laufen hatte. Wir hatten, wie gesagt, schon immer jeder seinen eigenen Bereich, der vom andern toleriert wurde.
In der Anfangsphase ertrug Frank diese Freundschaft zu Peter ganz gut. Der richtige Einbruch kam etwa nach einem halben Jahr, ganz schlicht durch die Tatsache, daß Peter und ich – wie man so sagt – miteinander schliefen. Das ist für mich noch heute nicht zu begreifen, daß der Bereich Sexualität so sehr abgetrennt wird vom übrigen Leben. Jede Art von Nähe, von Beziehung, von Übereinstimmung wird im Zweifelsfalle toleriert. Aber bei der Sexualität macht man großes Geschrei.

Du hast demnach verhältnismäßig lange gezögert, bis du dich mit Peter auf sexuelle Beziehungen eingelassen hast.
Wie sich das anhört: »Auf sexuelle Beziehungen einlassen.« Also wenn ich ehrlich bin, war es doch mehr Peter, der gezögert hat. Vielleicht habe ich ihn sexuell nicht so gereizt; vielleicht, weil er immer noch mehrere Freundinnen neben mir hatte und er – ich will nicht sagen, sexuell überfordert war, aber auch keinen Mangel hatte. Jedenfalls war der Beginn der sexuellen Beziehungen kein besonderer Einschnitt, veränderte die Qualität unserer Beziehung nicht. Es war nur eine weitere Form, sich aufeinander einzulassen, eine unter anderen gleich wichtigen Formen, wenn auch eine recht vergnügliche.

Aber viele bewerten das offensichtlich anders.
Ja, vor allem Männer, glaube ich, fühlen sich dadurch bedroht. Ich will nicht weiter spekulieren, warum. Was für mich ein wirklich sensationelles Erlebnis war: daß ich nicht eifersüchtig

war auf die anderen Freundinnen von Peter. Und das andere: daß ich wirklich zwei Männer gleichzeitig lieben konnte. Ich liebte Peter, und ich liebte Frank. Dieser Ausschließlichkeitsanspruch: Wahre Liebe heißt, nur einen einzigen lieben und nicht rechts und links schauen, dieser Ausschließlichkeitsanspruch begann sich aufzulösen. Ich kann das deshalb so sicher sagen, weil ich selbst keine Ausschließlichkeitsansprüche erhob gegenüber Peter. (Rückblickend schon aus praktischen Erwägungen. Ich hatte gar nicht soviel Zeit.)

Gefühle fordern heißt die Liebe zerstören

Das klingt allerdings sehr praktisch und einleuchtend, fast zu einleuchtend...

Na ja, in der ersten Euphorie habe ich das wirklich so erlebt, und das war ein Fortschritt für mich. In den ersten Jahren meiner Ehe und auch später, bevor ich Peter kennenlernte, hatte ich ab und zu mal Anfälle von Eifersucht, eigentlich wegen Lappalien. Einmal z. B. weil Frank eine frühere Freundin zufällig wiedergetroffen hatte und diese ihm ein tolles Foto von sich geschenkt hatte. Also da kam ich mir so häßlich und minderwertig vor, unvorstellbar, was ich mir da alles zusammengesponnen habe. Demgegenüber fühlte ich mich jetzt schon ein Stück weitergekommen. Gleichzeitig habe ich recht naiv und egozentrisch angenommen, wenn ich einen solchen Schritt nach vorn mache, müsse der liebe Frank Ähnliches erleben. Da ich für mich so sicher überzeugt war, nicht von Frank wegzuwollen, verstand ich kaum, weshalb er so litt. Nicht sehr einfühlsam.

Um so wunderbarer finde ich, wie Frank sich bemühte, mich zu verstehen, nichts abzuwürgen, nichts abreißen zu lassen. Zeitweilig war Frank – außer Peter – der einzige, der mich ermutigte, herauszufinden, was ich will, was ich kann. Ich wurde ja von manchen Freunden und Freundinnen massiv verunsichert und angegriffen. Also, daß ich rücksichtslos sei, daß ich spinne. Ein Psychologe in unserem Freundeskreis riet mir zu einer Therapie. Das war nun das letzte, was mir damals fehlte. Ich fühlte mich weder krank noch verrückt.

Es war, als wage ich etwas Ungehöriges, und alle Außenstehenden sind sauer, weil es immer noch nicht kaputtgegangen ist. Heute ist das vielleicht nicht mehr so ungewöhnlich, aber wenn man mitten drin ist, hält man seine Situation für einzigartig.

Es ist doch auch heute noch eine Ausnahme, wenn so etwas wie eine »offene Ehe« funktioniert.

»Offene Ehe«, das klingt so nach Programm, so, als nehmen sich zwei vor, ab heute führen wir eine offene Ehe. Und das heißt dann meistens, daß nur einer – so was klappt ja selten gleichzeitig – verkrampft Ausschau hält nach einer Freundin oder einem Freund. Das ist so zwanghaft und scheitert dann auch, weil es eigentlich wachsen müßte. »Offen« heißt für mich zunächst einmal: sich nicht gegenseitig beschränken. Ob dann ein dritter oder vierter dazukommt, ist zweitrangig.

Aber beim dritten fängt doch meistens die Beschränkung an. Was sind denn die Voraussetzungen dafür, daß eine »Offenheit« klappt?

Wenn ich von meinem Beispiel ausgehe, manches davon ließe sich verallgemeinern, also da gab es folgende Voraussetzungen: Zunächst einmal auf Franks Seite, seine ganz fundierte seelische Stabilität, eine ganz tiefe Selbstsicherheit. Daß er Verwundungen spüren kann, sich nicht aus lauter Angst abschließt und auf männliches Imponiergehabe verzichten kann. Ich selbst wäre wohl damals in seiner Situation, ohne meine Erfahrungen von heute, sehr viel mehr in Panik geraten; ich hätte zerstörerischer reagiert.

Eine weitere günstige Voraussetzung war Peters Situation. Als ich ihn kennenlernte, war er schon seit zehn Jahren geschieden; die Wunden waren vernarbt, nicht vergessen; er hatte so eine Art Weisheit entwickelt, halb als Schutz vor Enttäuschungen, aber auch als Voraussetzung, das, was der Augenblick bietet, voll zu genießen, ohne Abstriche, ohne ängstliches Fragen nach dem Morgen. Eine seiner Überzeugungen war: Forderungen sind der Tod der Liebe. Damals habe ich das erst mal übernommen.

Machst du es dir dabei nicht etwas zu leicht?

Leicht-Sein kann doch etwas sehr Schönes sein. (Das habe ich auch von Peter gelernt.) Nur weil etwas schwer ist, hat es noch keinen Wert. Gerade in Beziehungen sammeln die Partner oft Berge von Vorwürfen, wenn es ihnen »schwerfällt«, dem anderen einen Wunsch zu erfüllen. Das sind dann oft nur Vorwürfe, ihr eigenes Versagen oder ihre Ängstlichkeit zu kaschieren. Ich kenne einen Mann, der macht es seinen Kindern zum Vorwurf, daß er ein gutes Stellenangebot nach

Amerika ausgeschlagen hat. Dabei ist er es doch, der die Stelle nicht angenommen hat.

Also ich könnte den Teil von Peters Satz unterschreiben: Forderungen nach Gefühl, nach mehr Gefühl, ersticken die Liebe. Eine Forderung nach mehr Liebe halte ich für sinnlos. Gefühle sind nicht so aus dem Ärmel zu produzieren, Gott sei Dank. Ich kann fordern oder bitten, daß mein Mann mich vom Bahnhof abholt oder mir bei einer Arbeit hilft oder mich pflegt, wenn ich krank bin – aber Gefühle fordern, das zerstört.

Nun zurück zu den Voraussetzungen: Wir haben immer miteinander gesprochen. Wichtig ist auch, daß wir damals, als die Geschichte mit Peter begann, schon fast zehn Jahre verheiratet waren, und das mit Vergnügen, ohne daß sich ein Groll gegeneinander aufgestaut hatte. Es war eine Bindung gewachsen, die von meiner Seite aus gar nicht in Frage zu stellen war. Und: Wir waren schon über 30.

Meinst du, das Alter spielt eine Rolle?

Ja, das Alter, mehr noch die Erfahrungen. Alles, was mit den Ausschließlichkeitsansprüchen zusammenhängt, daß man nur einen einzigen – und das möglichst nur einmal im Leben – lieben kann, das gilt sicher für die Zeit des Sich-Findens bei der ersten großen, dauerhaften Liebe. Alle Klischees über die Liebe betreffen mehr die jungen Leute, so um die 20, die Zeit vor der Verheiratung. Für die Zeit danach gibt es wenig, höchstens dumme, traurige Witze. Es ist so, als ob das Nachdenken über die Zeit danach abgestellt ist. Es müßte doch weitergehen. Wenn es keine alltäglichen Nöte wie Geld, Arbeit, Wohnen gibt, dann kann doch noch eine Menge Spannendes geschehen.

Haben sich die »Theorien« bewährt?

Nach etwa anderthalb Jahren veränderte sich die Beziehung zwischen Peter und mir, aus einem einfachen Grund: Peter hatte sich intensiv verliebt, in ein sehr junges, wunderschönes Mädchen. Und die ganze »Weisheit«, die ich vorher erworben hatte, schützte mich nicht davor, mich so zu fühlen, wie sich wohl die meisten in solchen Situationen fühlen: traurig, verletzt, verlassen, minderwertig, unansehnlich ... Ich bin ja nun mal keine Schönheit.

Da war er also doch wieder, dieser Ausschließlichkeitsanspruch?

Nein, das nicht, mehr ein »ausschließliches Gefühl« auf Peters Seite, der sich so ganz und voll auf dieses Mädchen einließ, daß er einfach innerlich für nichts anderes mehr frei war. Er hat die Beziehung zu mir nicht abgebrochen. Aber das meiste, was wir in dieser Zeit zu besprechen hatten, drehte sich eben um dieses Mädchen und um Fragen und Zweifel, die diese neue Beziehung für Peter bedeuteten. Ich rutschte sehr schnell in die Rolle der alten, vertrauten Freundin. Wir sahen uns nicht mehr so häufig, und ich war jetzt diejenige, die raten und helfen sollte.

Man rappelt sich in einer solchen Situation hin und wieder auf, fällt zurück, von einem Extrem ins andere. An einigen Dingen konnte ich mich aber trösten. Zunächst einmal stellte ich fest: Ich hatte mehr Zeit verlebt, als gesund ist. So konnte ich erst mal ausschlafen, Schlaf nachholen. Dann war ich etwas erleichtert, daß die Auseinandersetzungen mit Frank sich entschärft hatten.

Wie hat Frank das jetzt aufgenommen?

Nun, leider treffen einen solche Ereignisse nie im richtigen Augenblick. Frank engagierte sich gerade in einer für ihn erfreulichen Freundschaft und war sowieso schon etwas entspannter. Er war weder schadenfroh noch besonders tröstend. Aber er war da.

Jetzt warst du plötzlich in der Rolle der »Betroffenen«. Wie war es da mit deiner Eifersucht? Haben sich deine Theorien über Eifersucht bewährt?

Wenn ich weiß, daß Eifersucht nicht so sehr »Schuld« des anderen ist, sondern zuallererst mein Gefühl ist, ein Gefühl, das in mir und durch mich entsteht, dann schließt das ja dieses Gefühl nicht aus. Wissen und Fühlen sind zweierlei. Ich möchte doch keine gefühllose Maschine sein. Aber mein Wissen hilft mir, mein Gefühl zu bewerten. Ich kann dem anderen meine Traurigkeit mitteilen, aber ich mache sie ihm nicht zum Vorwurf.

Und wie hat das dir geholfen?

Na, wenn ich akzeptiert habe, daß meine Gefühle durch mich selbst entstehen, dann warte ich z. B. nicht untätig darauf, bis irgend jemand kommt und sich herabläßt, mich zu erfreuen. Ich gehe selbst los. Dabei kam mir zugute, daß ich gelernt hatte, Kontakte zu knüpfen. Ich habe in der Zeit mehrere neue Freundschaften aufgebaut, und zwar nicht gezielt nach einem neuen Mann gesucht, sondern Frauen und Männer, alte und junge. Ich war offener für Menschen, die sich etwas außerhalb des vorgegebenen Rahmens bewegten. Auf diese Weise gewann ich zwar nicht Peter zurück; also ich löste nicht das Problem. Aber je weniger meine Gedanken nur um das Problem kreisten, desto leichter war es zu tragen. Desto entkrampfter wurde ich im Kontakt zu Peter. Es hatte sich später so eingespielt, daß wir uns alle zwei Wochen trafen, mal zum Kaffee, mal zum Spazierengehen. – Heute besuchen uns Peter und seine Freundin – immer noch dieses schöne Mädchen, das ich ganz gern mag –, also, die kommen hin und wieder zu Frank und mir, oder wir unternehmen gemeinsam was.

Das find' ich toll. Normalerweise geht man sich doch aus dem Weg, wenn eine sexuelle Beziehung bestanden hat und abgebrochen wurde.
Das verstehe ich nicht. Es stimmt schon, manche meiden sich wie Pest und Schwefel oder finden es peinlich. Es hat sich auch etwas verändert in meinen Gefühlen zu Peter. Manchmal ertappe ich mich dabei, wie ich über ihn denke: »Der ist aber oberflächlich.« Doch dann weiß ich auch, daß es eben diese Oberflächlichkeit war, die mir zum damaligen Zeitpunkt die richtigen Anstöße gegeben hat.

Alle Trennungsängste haben einen Anfang

Als wir mit den Arbeiten zu diesem Buch begannen, glaubte ich, das Thema »Offene Ehe« (oder wie immer man das nennen mag) berühre ein zentrales Problem langjährigen Zusammenlebens. Aber je weiter ich mich den bestimmenden Fragen unterschiedlicher Lebensformen annähere, desto mehr verliert dieses Thema an Bedeutung. Dennoch werde ich häufig gefragt, ob denn so etwas möglich sein könne. Oder man versucht zu beweisen, wie sehr dies alles der menschlichen Natur zuwiderlaufen müsse.

Bisher habe ich dazu herausgefunden: Die »Offene Ehe« ist weder ein Zeichen für persönliche Reife oder Unreife, noch kann sie als Maß für die Qualität einer Beziehung genommen werden. »Offene Ehe« ist immer nur ein Mittel, mit dem sich vielerlei Ziele verfolgen lassen. Mit der Forderung nach »Offenheit« kann der Partner unterdrückt und verunsichert werden. Oder aber auch in anderen Fällen angeregt und ermutigt werden. Außereheliche Liebesbeziehungen können eine Ehe gefährden und zerstören. Sie können den Betroffenen aber auch neue Lebensbereiche erschließen, den Austausch der Ehepartner miteinander vertiefen und die Bindung festigen: Beide werden sich der Freiheit ihres Zusammenlebens bewußt[2].

Die Eheberater Bach und Deutsch[3] beschreiben die Bedingungen für eine gelingende »Offenheit«:

»Wirklich authentische, die ganze Person erfassende Partnerschaft ist durchaus mit mehr als einer Person möglich. Aber das erfordert enorm viel Intensität und Energie. Und das Risiko, daß die Liebe immer komplizierter und letztlich chaotisch und unter Umständen oberflächlich wird, ist groß. Die Möglichkeit für vielfältige Partnerschaften ist also ziemlich selten, aber man kann das prüfen:

Mit ›Ja‹ beantwortet werden sollten z. B. die folgenden Fragen:
– Können Sie mehr als eine sexuelle Partnerbeziehung tragen, mit Befriedigung für Sie selbst und beide verschiedene Partner?
– Ist es stimulierend – und nicht verwirrend –, unterschiedliche Aspekte Ihrer Persönlichkeit bei jedem Partner wiederzufinden.

– Sind Sie sicher, daß Sie die mehrfache Partnerschaft nicht suchen, um jede Partnerschaft zu verwässern und sich vor wirklicher Intimität zu drücken?«

Frei von Eifersucht und Besitzansprüchen sollte man sein; über genügend Zeit, Geld und Geschicklichkeit im Planen verfügen. Soweit Bach und Deutsch.

Erscheint es uns noch machbar, Zeit und Organisationstalent zu entwickeln, so glauben wir, an der Eifersucht scheitern zu müssen. Zu tief wurzeln die Ängste und Enttäuschungen, als daß wir Besitzansprüche allein durch Willenskraft aufgeben könnten.

Die Wurzeln der Eifersucht reichen weit zurück

So könnte es gewesen sein:

In allerfrühester Kindheit machte uns die Liebe einer Mutter stark und unbesiegbar. Wir waren noch ohne Worte; allein durch die Kraft unserer Wünsche beherrschten wir dieses eine Wesen. Wir wurden genährt und gewärmt und verschmolzen unteilbar mit ihm. Wir waren allmächtig.

Doch schon bald zerbrach diese Einheit. Andere Menschen, Väter und Geschwister, beraubten uns; das geliebte Wesen selbst stieß uns zurück. Gekämpft haben wir mit allen Mitteln, mit Schreien und Toben, mit Brav-Sein und Arbeit, schließlich mit Krankheit, wenn gar nichts mehr half. Wollten wir Stärke und Selbständigkeit beweisen, dann fühlten wir, wie klein und unfähig wir sind. Wenn wir versuchten, in die Kleinkindphase zurückzukehren, wurden wir vertrieben und lächerlich gemacht. In dieser Ausweglosigkeit wehrten wir uns gegen die Wirklichkeit; in Phantasien und Träumen suchten wir nach diesem einen Menschen, dessen vollkommene Liebe uns erneut einmalig macht.

In Gedichten, Liedern und Bildern wird eine Liebe versprochen, die uns die Härten des Erwachsenseins ertragen lassen soll. So schleppen wir die Verwundungen und Enttäuschungen der Kindheit mit uns fort in jede neue Liebe; erwarten vom Partner Heilung und machen ihn verantwortlich für Wunden, die er uns nicht zugefügt hat.

Ernest Borneman schreibt über den Eifersuchtswahn, er trete »besonders häufig bei Frauen und Männern auf, die in ihrer Kindheit ein ungenügendes Maß an Elternliebe erfahren haben«.[4] Die Sicherheit, Liebe zu erhalten, stärkt das Selbstwertgefühl und schützt vor liebesfeindlicher Eifersucht. Viele Ereignisse können diese Sicherheit gefährden: der Verlust geliebter Personen, Spott und Ablehnung von unseren Freunden, Mißerfolge in Schule und Beruf. »Bezeichnenderweise ist die Eifersucht stets dort am gravierendsten, wo die soziale und ökonomische Situation des Eifersüchtigen am schwächsten ist. Wo der Mann nichts besitzt,... wird der Besitz der Frau zum Zentrum der Existenz.«[5] Eifersucht als untauglicher Kampf gegen das eigene Minderwertigkeitsgefühl und dessen Ursachen; untauglich, weil die besitzergreifenden Forderungen die Liebe nicht sichern, sondern in der geliebten Person abtöten. Der Kreislauf, der das Minderwertigkeitsgefühl vertieft, kann auf diesem Wege nicht durchbrochen werden.

Eifersucht ist kein Liebesbeweis, sondern ein Zeichen vorangegangener Verwundungen. Die Ursachen dieser Verwundungen liegen selten in dem betroffenen Partner selbst, sondern häufiger in weiter zurückliegenden Erfahrungen des Eifersüchtigen selbst. Dies zu erkennen und zu akzeptieren kann ein erster Schritt sein, sich aus zerstörender Eifersucht zu lösen: Sich aus der Eifersucht lösen heißt nicht gefühllos werden. In Christines Erlebnissen gehen Traurigkeit und Verlustängste nicht verloren. Diese bleiben untrennbar mit lebendigem Leben verbunden.

Seitensprünge

Schon das Wort weckt nur gebremste Lust. Da springt einer –
weder kraftvoll gen Himmel noch leichtfüßig nach vorn, nein,
halbherzig zur Seite springt er. Vom Wege abkommen, aber die
Wärme der eingefahrenen Gleise noch spüren. Durch einen
Seitensprung soll die alte Zweisamkeit neuen Glanz erhalten; das
Abgenutzte wird aufpoliert. Der Seitensprung als Fit-Macher.
Alle Betroffenen wirken arbeitsteilig an der Stabilisierung des
Bestehenden mit:

Ich habe einen Mann gekannt, der mich nachmittags besuchen
kam, schon mehrere Wochen lang. Das mit dem Bett hätte nicht
sein müssen. Wenn nicht Max (mein Mann) mit seinen ewigen
Frotzeleien, »habt ihr schon gebumst?«, mich dahin gebracht
hätte, daß ich eine energische Haltung eingenommen habe und
meinen Freund regelrecht ins Bett gezogen habe. Ich wollte
auch diese Erfahrung machen.
Am nächsten Tag erzählte ich es Max. Im ersten Moment war
der verärgert. »Was soll der Mann mit meiner Frau«, dachte er;
aber dann sagte er: »Eine erwachsene Frau kann mit ihrem
Körper tun, was sie will.« Nachdem er es verwunden hatte,
wurde er ausgesprochen lieb zu mir. Er schenkte mir eine Platte
mit einem »Seitensprung«. Das Ganze war ausgesprochen
förderlich für uns beide. Wir fuhren bald darauf für eine Woche
in Urlaub. Das war wie eine zweite Hochzeitsreise. Gleich nach
dem Frühstück wieder ins Bett, wir blieben dauernd in der
Horizontalen liegen. Vorher praktizierte man es eben, ohne aus
dem Häuschen zu kippen, hat seine Hormone abgelassen. Jetzt
war es toll. Das kann ich mit Bestimmtheit sagen, mein
Seitensprung hat unsere Beziehung gefestigt. Ein riesengroßes
Geschenk.

Und für deinen Freund? Was brachte es für dich und für ihn?
Das andere war vorher mehr. Im Bett war es eigentlich eher
blöd. Was man da tut, weiß man sowieso. Vorher, wenn wir am
Tisch saßen, haben wir liebevoll miteinander geredet. Im Bett
redet man nicht dabei. Da wurde eben 'ne Aktion durchgezogen.

Dann verstehe ich nicht, warum eben diese »Aktion« bei vielen Paaren dramatisiert wird, Anlaß zur Trennung ist.

Emotional passierte da auch nichts. Andererseits, wenn man nackt ins Bett steigt, ist das wie eine Aufgabe des ganz persönlichen Bereichs, daß man sich ansieht und aneinander hantiert. Außerhalb des Bettes ist noch eine Mauer zwischen beiden.

Ich habe nun diese Erfahrung mit dem Seitensprung. Ich weiß, wie es ist und daß ich nichts versäume, wenn ich es lasse. (Ehefrau, 36 Jahre.)

(Dieses mag eine Einsicht für Anspruchsvollere sein.)

Eindeutige Erfahrungen über die (geringen) Kosten und den (passablen) Nutzen eines Seitensprunges schützen vor Überraschungen:

»Ich brauche hin und wieder einen neuen Körper. Einen neuen Körper erkunden, das stärkt Leib und Seele. Ich will mich dabei gar nicht verlieben. Ich könnte mit denen auch gar nicht länger zusammensein. Oder sie dauernd einmal in der Woche treffen. Für mich ist das alles mehr wie ein gutes Essen oder eine Flasche edlen Weines. Natürlich suche und finde ich auch immer nur solche Frauen, die nicht mehr Nähe wünschen. Sonst ginge das nicht.« (Ehemann, 37 Jahre alt, seit zwölf Jahren verheiratet.)

Die betroffene Ehefrau stört solches nicht weiter:

»Ich habe auf sexuellem Gebiet nicht so starke Bedürfnisse, und das kratzt mich auch nicht. Er fährt mit einer Frau zum Ski. Dann kommt er unheimlich erholt zurück. Ich sehe, wie ihm das guttut. Und warum soll ich dagegen sein. Ich mag den Skirummel nicht, das Saufen und Feiern hinterher. Die Leute sind dabei immer so doof und laut. Es würde mich viel mehr treffen, wenn er mit einer anderen Frau irgendwelche anderen schönen Sachen macht, die er mir vorenthält. Ich würde Minderwertigkeitsgefühle kriegen, wenn er sagt, mit der kann man sich toller unterhalten.«

Und mit gesundem Sinn fürs Praktische erzählt sie weiter:

»Die Frau vom letzten Jahr wohnt nur 20 Minuten von hier entfernt. Die habe ich schon zweimal zum Babysitten geholt.«

Daraus könnte sich etwas entwickeln. Doch die meisten scheuen das Risiko wachsender Unordnung. Man hält sich lieber an gewohnte Orte: Kongresse, Dienstreisen, Tagungen, für den mittleren und gehobenen Geschmack; Betriebsausflüge für jedermann. Je nach Portemonnaie und Wetterlage im Hotel oder im Auto. Der Einfachheit halber auch im Büro. Lieblose Selbstbeschränkung. Für mehr fehlt es an Zeit und Wärme.

Im Seitensprung wird nur noch selten ein wirklicher Anlaß für Trennung gesehen. Die Reaktionen des daheimgebliebenen Partners verraten mehr über dessen Selbstbewußtsein als über die Qualität der Beziehung. Wo tiefe Minderwertigkeitsgefühle aufbrechen, leiten Zweifel und Mißtrauen langwierige, selbstquälerische Trennungsphasen ein. Andere wiederum freuen sich insgeheim, wenn der Partner durch einen Seitensprung seinen Schuldenberg unachtsam vergrößert hat. Das sichert dem anderen Überlegenheit und ein Recht auf jahrelange Vorwürfe. Selten wird im Seitensprung die Chance der Krise erkannt und genutzt: risikofreudige Auseinandersetzungen mit ungewissem Ausgang. Der Wunsch nach Beruhigung deckt alles zu. In Anfragen bei den Zeitschriftenratgebern wird nach eindeutigen Verhaltensregeln gesucht. Empfohlen werden maßvolle Reaktionen, verständnisvoll, ja, aber nicht zu gleichgültig. Kein Ratgeber erdreistet sich mehr, dem Betroffenen Versagen zu unterstellen und ihn zu abwechslungsreichem Spiel anzuspornen.

Bald wird sich die Werbung des Seitensprunges bemächtigen. Der Seitensprung wird gerade noch genügend mißbilligt, um dem Täter einen kleinen Reiz des Verbotenen zu sichern. Wer mehr erhofft, fühlt sich getäuscht:

»Nach all meiner Verzweiflung und Wut und dem ganzen Rabatz, den ich gemacht habe, da hätte mein Mann wirklich etwas mehr Glück aus der Sache ziehen müssen. Sich mit dieser Tante abzugeben und dann auch noch so ein gedrücktes, zerquältes Gesicht zu machen, das ist nun auch wieder unfair.« (Betroffene Ehefrau; 8 Jahre verheiratet.)

Wer zur Seite springt, meidet Störungen und Trunkenheit. Er verzichtet auf Erfahrung und Erschütterung.

Einwände: Einem meiner lieben Kritiker (männlich) mißfallen diese Ansichten über den Seitensprung:

Kr.: Du behandelst hier die Leute etwas verächtlich, ganz gegen deine Art sonst. Das gefällt mir nicht. Warum gönnst du denen nicht ein kleines Vergnügen?

M.: Es ist diese Art, wie viele Leute über den Seitensprung reden: »Kannste vergessen«, »nichts von Bedeutung«, »nicht der Rede wert«. Kann daraus Vergnügen entstehen?

Kr.: Das ist mir alles zu streng. Ein Seitensprung kann sehr wohl mal ein Anfang sein, wenn vielleicht auch ein unvollkommener. Warum willst du den Leuten noch diese kleinen Nischen privaten Vergnügens durch Forderungen nach Hochgenuß und Abenteuer mit Tiefgang vermiesen? – Ich will das alles gar nicht so genau wissen. Ich möchte meine Unbefangenheit behalten.

M.: Man kann »Wissen« niemandem aufzwingen; das ist das Unglück aller Lehrer. Aber gut, wenn einer daraus ein Vergnügen zieht – warum nicht. Nur fürchte ich, wenn er immer schon im voraus Schutzbehauptungen hat, wie »nichts Besonderes«, dann kann er am Ende nicht mehr unterscheiden zwischen einem halben oder ganzen Vergnügen oder sonst noch was. Aber das ist natürlich seine Sache.

Kr.: Eben; deshalb braucht man auch nicht so viele Worte darum zu machen. Warum soll man nicht auch im Seitensprung die Lust am Spiel wiederentdecken?

Damit ich nicht immer das letzte Wort behalte, beenden wir dieses Thema mit einem Zitat:

»Noch einmal sei auf die Möglichkeit hingewiesen, daß man Liebesverbindungen zu allen Gattungen anknüpfen kann, daß man sich an der ganzen Schöpfung entzünden kann, an Insekten und Flußpferden, an Affenbrotbäumen und am Rasen, an Kap Horn und dem Fliegenden Holländer, am Aussterben der Wölfe und an der Naschhaftigkeit der Bären. Stets kann ich in einem Mädchen, einem Kind, einem Greis bestimmte mineralische Anklänge unbekannter Formen entdecken und lieben, eine Geographie der Leidenschaft ohnegleichen...«[6]

8
Lieben und lassen –
Es war ein toller Vertrauensbeweis

Holger B. ist 42 Jahre alt, Kameramann, seit 15 Jahren verheiratet, ein Kind. Lebt in München und ist mit einer Architektin verheiratet.
Er hatte während der Zeit der Ehe einige Außenbeziehungen, darunter eine recht intensive im letzten halben Jahr. Er sagt allerdings dazu, daß das keine vergleichbare Bindung wie die zu seiner Frau, Britta, gewesen sei. In seinen eigenen Worten: »Das war keine Liebe, wo du völlig weg warst.« Aber es war der Traum, mal verrückt zu sein, mal die Grenzen zu sprengen. Es folgte die Erkenntnis, daß dies nicht möglich ist, daß es äußere und innere Grenzen gibt. Eine der Grenzen: Seiner Frau Britta ging es schlecht, sie war traurig, als sie von der Beziehung hörte. Und er selbst sagt nach dieser nun überstandenen oder beiseite gelegten Krise in der Ehe:

Gespräch mit Holger:

Im Grunde finde ich ja unser Leben, so wie ich es mit Britta lebe, eigentlich sehr prima. Das heißt nicht, daß man nicht manchmal noch irgendwelche Wünsche hat, die aus der Beziehung rausgehen. Das ist bei mir durchaus ziemlich häufig der Fall. Das würde aber nie die Beziehung zu Britta in Frage stellen. Da bin ich noch nie im Zweifel gewesen. Das ist intuitiv.
Ich habe, bevor ich Britta kennenlernte, eine Jugendliebe gehabt – das ging so drei Jahre. Dann habe ich ein bißchen rumgeflippt, habe die Mädchen, die ich zwischendurch kennenlernte, teilweise richtig verachtet oder überhaupt nicht für voll genommen. Das war aber nicht so schlimm, wie sich das vielleicht anhört. Ich war nie ein Casanova oder so was.
Dann traf ich Britta, und sie kam so frisch aus der Provinz und war im Grunde noch nicht auf unserem Großstadtniveau. Wir haben uns ein bißchen verliebt und uns dann – ja, ich habe dann irgendwann wieder Schluß gemacht. Nach einem halben Jahr ins Konzert gehen, küssen – mehr war nicht. Sie war noch völlig Jungmädchen und voller Begeisterung im Studium. Nach einem

halben Jahr haben wir uns dann wiedergetroffen. Das war auf einem Faschingsball, wo ich gerade gehen wollte, und plötzlich sah ich eine Frau in schwarzen Strümpfen kommen, und ich sagte zu meinem Freund: Du, jetzt haue ich nicht mehr ab.

Dann schlug die Bombe richtig ein. Da hatte Britta einen Sprung gemacht, wo sie wesentlich an Reife weitergekommen war, obwohl nichts passiert war in diesem halben Jahr. Wir waren dann intensiv eine ganze Weile zusammen, und irgendwann hat sie mich gefragt, ob wir uns nicht verloben würden. Von selber wäre ich gar nicht drauf gekommen. Irgendwann vielleicht, aber nicht ganz so schnell wie Britta. Ich brauchte mich nicht zu entschließen oder so, sondern das war nur der Anstoß. Ich hatte einfach die Frage nicht gestellt, weil ich so was laufen lasse.

Das ist bei mir ein Charakterzug, der mir selber gar nicht paßt, weil ich Dinge immer auf mich zukommen lasse und so eine Spannung dabei empfinde, wenn so etwas auf mich zukommt. Ich mache aber erst selber etwas, wenn ich von anderen stimuliert werde, auch, was Beziehungen betrifft. Ich gehe nie total aktiv ran. Das ist bis heute so geblieben. Auch wenn ich jetzt andere Frauen kennenlerne, also bei diesen sogenannten Außenbeziehungen. Da ergreifen die Frauen die Initiative. Ich laß' mich lieber verführen, als selber jemanden rumzukriegen. Ich genieße den Zustand des Unentschiedenen, finde es schöner so. Es ist nicht so, daß ich mich rumkriegen lassen muß. Das sind ja zwei Leute, die den Endzustand herstellen. Also ich bringe gerade so viel Initiative, um eine Frau zum Kaffee einzuladen. Dann sagt die Frau, sie sucht keine große Beziehung, sie will mit 'nem Mann schlafen. So was ist mir auch schon passiert. Aber manchmal entwickeln sich die Dinge auch langsamer. Und wenn gar nichts läuft, sage ich: »War ein schöner Abend.« Ich bin dann nicht enttäuscht. Ich hab' schon große Lust, so ist das nicht. Die Frau lockt nicht allein. Ich sende Signale aus und bin empfänglich für ihre Signale. Wir deuten die Signale gegenseitig richtig, sonst gäbe es eine Explosion von Mißverständnissen. Das war schon ein Kindertraum von mir: eine große Freundin zu haben, die mich verführt.

Als ich mich dann damals verlobte, war mir das im Grunde wichtiger als die Hochzeit selber. Das war der Entschluß, Britta zu heiraten. Da war ich mir irgendwie todsicher – das bin ich immer noch –, daß das die richtige Frau für mich ist. Daran habe ich nie gezweifelt. Wir sind ja dann nach langen Jahren der

Unschuld von meiner Seite her, wo ich auch nie darauf gekommen bin, mit einer anderen Frau zu schlafen – nie aktiv etwas zu machen –, dann sind wir ja durch etwas durchgelaufen, wo mir bewußt wurde, in welcher Beziehung ich lebe. Es wäre etwas Schreckliches, wenn ich daran denken müßte, daß es zwischen uns aus ist. Damals hatte Britta ihren Freund.

War dies der Anlaß dafür, daß du dir noch einmal klargemacht hast, welche Bedeutung diese Beziehung für dich hat?
Das war eigentlich schon vorher. Ich ging 1974 nach Frankreich, um dort einige Monate zu arbeiten, und da ging ich durchaus mit Elan hin und dachte, daß ich mir jetzt ein tolles Leben mache. Ich dachte da durchaus auch an andere Frauen. Da habe ich eine Komponente – das reizt mich durchaus. Mein Problem ist, daß ich das nie so richtig ausleben kann, weil ich immer ein ganz fürchterlich schlechtes Gewissen habe. Das ist trotz aller Dinge, die Britta auch mit mir gemacht hat, nie weggegangen.
Also ich fuhr weg und setzte noch an dem Tag, als ich wegfuhr, einen Studenten aus Lyon, der hier seine Examensarbeit beenden wollte, bei uns ab, weil der akut keine Wohnung hatte. Ich habe ihm also gesagt, er könne jetzt sechs Wochen bei uns wohnen, solange ich weg war. Das habe ich so ganz naiv gemacht. Dann bin ich weggefahren – vorher waren wir noch bei Brittas Eltern, und das war ziemlich schlimm, weil Britta immer völlig ausgewechselt war, wenn sie bei ihren Eltern war. Also war auch unser Abend schlimm. Ich bin dann nach Frankreich gefahren und nach sechs Wochen zurückgekommen, und da war der Gott sei Dank gerade wieder weg. Da hat mir Britta erzählt, daß sie mit ihm geschlafen hat. Und das hat mich völlig umgeworfen.
Erst mal – ich kam zum Flughafen, und da sah sie unheimlich toll aus und war ganz happy. Und nach und nach erzählte sie von ihm, und sie erzählte sehr intensiv von ihm, ohne konkret zu werden, und ich wurde immer nervöser und nervöser und habe sie schließlich gefragt. Für mich war das wirklich entscheidend, denn das hatte sie nie vorher gemacht. Ich war ihr erster Mann, und das hat mich völlig umgeworfen, zumal ich nach dem Wochenende wieder nach Paris mußte und da noch weitere sechs Wochen mit meinem Elend allein war und auch nicht mit Britta darüber reden konnte. Es hat mich eben ungeheuer mitgenommen, daß Britta nicht irgendeine ideelle Beziehung

hatte, sondern mit jemandem geschlafen hatte. Das war für mich eine unheimliche Erschütterung.

Ich war richtig eifersüchtig auf das Körperliche. Ich hätte fast kotzen können, daß ein anderer Mann sie körperlich anfaßt.

Aber das war für mich schließlich eine Sache, die war zu Ende, und als ich von Frankreich zurückkam, hat mich das noch ein paar Monate, wenn ich daran dachte, ein bißchen unruhig gemacht, aber als solches war die Sache zu Ende.

Eine schlechte Beziehung ist eine, die automatisch funktioniert

Aber das war ein Anstoß, daß ich nachdachte über unsere ganze Situation vorher – nach den sehr schönen und intensiven Jahren der Anfangszeit in unserer Ehe, bis unser Sohn geboren wurde (1970) –, aber auch das habe ich alles im Grunde erst hinterher über Gespräche mit Britta rekapituliert – also ich habe gemerkt, daß eine ziemliche Abflachung in unserer Beziehung eingetreten war. Als unser Sohn geboren war, war Britta körperlich richtig geschwächt. Ich habe das so genau gar nicht registriert, aber Britta hat unheimlich darunter gelitten. Ich kann sie schlecht trösten, wenn sie innerlich durchhängt, und wenn sie Trost braucht, müßte eigentlich jemand anders da sein. Aber nach dem ganzen, was wir dann noch erlebt haben – du denkst eben manchmal zurück ans Durchhängen und Traurigsein, an ihres und an meines –, dann finde ich immer noch, daß etwas fühlen zu können, auch in der negativen Richtung, weitaus positiver ist, als den Tag ohne alles zu verbringen.

Damals haben wir aber angefangen, nebeneinanderher zu leben, weil ich ihre körperliche Schwäche auch gar nicht verstanden habe. Für mich war das immer noch eine schöne Sache, aber Britta hat unheimlich darunter gelitten. Wir haben nie darüber gesprochen.

Für mich war unsere Beziehung als solche unerschütterlich, und ich habe gar nicht mitgekriegt, daß sie sich zum Negativen entwickelt hatte. Für mich war das selbstverständlich, daß wir zusammen sind. Wir haben uns auch nie gestritten, aber Britta reduzierte sich unheimlich auf sich selbst.

Nachträglich ist mir das klargeworden. Auch daß ich ihre Kräfte überschätzt habe. In den ersten Jahren unserer Ehe war sie immer so durchgehend unbeschwert und fröhlich, daß ich mir nie etwas anderes vorstellen konnte. Sie steckte damals auch beruflich in einer persönlichen Krise. Weil sie an Bauten mitwirken mußte, in denen sie selbst nicht leben will. Sie hatte manchmal Wahnsinnsideen, die ihr die »Realisten« in ihrer Gruppe ausgeredet haben. Sie konnte schließlich nicht für alle Leute Häuser bauen, die wie für sie gemacht sind. Weil die Leute nicht so sind wie sie. Das war nicht eine Frage des Durchsetzungsvermögens, sondern sie mußte akzeptieren, daß viele Menschen eben anders sind. Heute ist sie toleranter und offener und kann sich besser einfühlen. Wir sind auch finanziell nicht mehr so im Druck.

Dann kam hinzu ein ganz wichtiger Faktor für Brittas Verhalten und für das, was später noch kam, daß sie mir gegenüber Minderwertigkeitsgefühle hatte, was sexuelle Beziehungen anbetrifft. Sie kannte ja wenig in dieser Richtung. Ich glaube nicht, daß sie meinte, sie hätte etwas verpaßt, sondern sie fühlte sich mir gegenüber im Nachteil. Das war sicherlich mit ein Punkt, daß sie ohne jegliche Gewissensbisse die Sache mit Hannes anfing. Ich habe das immer als total rücksichtslos empfunden und trotzdem bewundert, daß sie das nun wirklich so gemacht hat, wie sie es schön fand. Sie zog das eben fast ein Jahr lang ohne schlechtes Gewissen durch. Das könnte ich nie, und das fand ich phänomenal. Wahrscheinlich wird mir das auch in Zukunft nicht gelingen.

Bewunderst du das oder hat es dir wehgetan
Beides.

Verstehst du es
Im nachhinein bewundere ich es sogar. Damals habe ich unheimlich darunter gelitten. Ich fand das rücksichtslos, obwohl ich die Gründe verstand, daß sie irgend etwas entgegensetzen mußte gegen das, worin ich, wie sie meinte, im Vorteil war in unserer Beziehung. Ich hätte das nie so machen können wie Britta, weil ich sie nie so hätte leiden sehen können. Das ist mein großes Handikap. Das ist sicher etwas Negatives. Sie meinte, das wäre für sie unheimlich wichtig.
Am Anfang kamen natürlich Dinge wie: Das muß doch möglich sein, mehrere Menschen gleichzeitig zu lieben oder auch sexuelle Beziehungen zu haben – es können ja verschiedene Ebenen sein.
Ich bin zu Anfang erst darauf reingefallen, hab's aber nicht verstanden.

Hättest du eine Beziehung, die »platonisch« ist, verstanden?
Da war ich eifersüchtig. Und es hat mich sehr betroffen gemacht,
daß sie neben den Spaziergängen in der Woche – sie war so zwei-,
dreimal weg – auch noch den Sonntagnachmittag mit ihm
verbrachte. Auch wenn ich nun nichts mit ihr unternommen
hätte und mit unserem Sohn unterwegs gewesen wäre – das hat
mich trotzdem getroffen. Weil der Sonntag der Tag unserer
Familie war. Am Sonntag hockte man vielleicht zusammen, oder
man saß vielleicht in der Wohnung, ohne sich richtig miteinander
zu beschäftigen, oder sie arbeitete neben mir her. Aber sie war
da. Trotzdem war das etwas für mich – da wurde etwas
weggenommen, was uns betraf. Das war ein Punkt, wo eigentlich
keiner von außen reingreifen sollte. Sie ging zwei, drei Stunden
mit ihm spazieren, und ich setzte mich mit unserem Sohn aufs
Fahrrad und fuhr irgendwo durch die Gegend.
Das hat mich damals wirklich sehr getroffen.

Sehr kompliziert und auch sehr schön

Irgendwann zogen wir dann in verschiedene Zimmer damals,
und dann habe ich teilweise schlimme Sachen gemacht, die
Britta schockiert hatten, aber andererseits hatte sie gesagt: Der
darf auch machen, was er will; sie nahm mir das nicht übel, weil
sie nie die Beziehung als solche zu mir in Frage gestellt hat.
Aber selbst wenn du das weißt, dann bist du in einer solchen
Situation trotzdem total verunsichert. Du stellst dir vor, vielleicht ist sie wirklich weg, und dann wäre das das Ende für mich
gewesen.
So war die Vorstellung. Ich bin wahrscheinlich nicht ein Typ,
der sich umbringt, aber so etwas geht mir dann durch den
Kopf.
Und das ging noch länger. Ich hatte dann wirklich mal gefragt,
ob die Britta tatsächlich etwas mit dem Hannes hatte, und das
hat mich dann wirklich umgeworfen, als sie sagte, ja, sie habe
mit dem Hannes geschlafen. Die andere Zeit war schon sehr
schwer gewesen für mich, obwohl wir in der ganzen Zeit sehr
häufig auch zusammen weggegangen sind und wahrscheinlich
zehnmal mehr miteinander geredet haben als vorher, und zwar
sehr schön und gut. Es war zwar kompliziert, aber auch sehr
schön.
Dazu kam aber dann noch, daß der Hannes sehr viele interessante Leute kannte, die ich auch gerne hätte kennenlernen

wollen, eigentlich, und da dachte ich, ich würde völlig abgehängt. Ich hatte dann tatsächlich Minderwertigkeitskomplexe den Leuten gegenüber. Dem Hannes gegenüber dauerte das gar nicht so lange an, weil da bei den ganzen Aktivitäten unheimlich viel Flaches war. Ich bin nämlich selber ein paarmal dahingegangen, wo die beiden waren, zu so Schickeria-Partys, wo Männer hingingen, die Frauen vorzeigten und abschleppten oder umgekehrt, also alles ohne jede Tiefe. Das war für mich eine ziemlich fremde Welt.

Ich habe sehr schnell gemerkt, daß das bloß eine Luftblase ist, diese ganze »Münchener Schickeria«, wie man das so nennt. Die Britta wurde immer rumgereicht als Freundin von Hannes. Aber sie hat das ja schließlich dann auch selber gemerkt, wie flach das ist. Jetzt habe ich überhaupt nichts mehr gegen den Hannes. Ich hatte auch nie einen direkten persönlichen Haß auf ihn. Das betrifft und betraf immer bloß Britta. Und auf sie hatte ich nie einen Haß. Ich war einfach bloß traurig. Bei dem Franzosen war das ein bißchen anders.

Als ich damals in Paris saß, hatte ich genug Zeit zum Grübeln. Da hatte ich sechs Wochen nur noch mit Schlaftabletten geschlafen, und am Anfang hatte ich immer gedacht: Mensch, jetzt fährst du nach Lyon, zu dem in die Wohnung – die Adresse wußte ich inzwischen – und haust ihn erst mal so zusammen, daß er nicht aufsteht. Ich habe mich noch nie richtig geprügelt, und das war also eine Schwachsinnsidee. Und dann bin ich tatsächlich unter einem Vorwand nach Lyon gefahren, wo er auftauchte. Nun habe ich völlig anders reagiert: Ich bin mit ihm rumgezogen in den Kneipen und habe ihn fast wie einen Freund behandelt. Ich habe ihm dann irgendwann gesagt, er könne froh sein, daß ich ihn nicht umgebracht habe, aber die Sache wäre nun mal zu Ende, und...

Ich mochte ihn sogar. Er war, glaube ich, selber betroffen, daß er mich da so vorfand. Er war noch sehr jung – er war wohl 24, glaube ich. Britta war für ihn natürlich eine tolle Frau. Und das war natürlich auch eine sehr schöne Sache, sechs Wochen irgendwo – eben bei uns – unterzukommen.

Und die Geschichte mit Hannes – als ich wußte, daß die beiden sexuelle Beziehungen zueinander haben, bin ich oft mal durch die Stadt gepirscht und bin in die Museen gegangen, wo man sich sehr gut seiner Traurigkeit hingeben kann, sehr gut zwischen den Bildern umherwandeln kann, und eines Sonntags bin ich dann zum Hannes gefahren, und ich dachte zuerst, er sei nicht da, weil ich sein Auto nicht vor dem Haus sah, und dann bin ich erst zu einem Freund gefahren, der mir einfach durch Freundlichkeit geholfen hatte. Der hat einfach zugehört. Eine Atmosphäre des Vertrauens ohne viele Worte. Danach bin ich wieder zu Hannes gefahren – ich wollte ihn einfach sehen, und ich wollte auch einfach mal die Wohnung sehen. Es war ein Zwang, mich mit ihm zu konfrontieren, obwohl wir uns vorher schon mal gesehen hatten auf einer Party.

Ich habe dann nur so dagesessen – und ich glaube, er wußte überhaupt nicht, was er mit mir anfangen sollte. Ich glaube, er war nervöser als ich. Ich wollte ihn nur einmal in seiner Umgebung sehen, und danach war die Sache für mich erledigt. Ich bin dahingekommen und habe gar nichts gesagt. Nach einer Viertelstunde bin ich dann gegangen.

Als ich rauskam, war mir nicht viel besser. Und hinterher ging das Elend erst richtig weiter. Ich bin nach Stuttgart gefahren zu einem befreundeten Ehepaar, und die beiden produzierten etwas, was mir in der damaligen Situation ganz wenig half: Sie schimpften auf Britta. Die ganze Familie und die Freunde, die zur Familie gehörten, schimpften; sagten, was macht die mit dem armen Holger, der ist doch so nett.

Ich war auch ziemlich runter, zitterte zeitweilig an allen Gliedern, wenn ich überhaupt davon erzählte. Die hetzten mich so ein bißchen auf: Du mußt ihr zeigen, daß du auch ohne sie leben kannst, und am besten ausziehen und möglichst viele Beziehungen zu anderen Frauen anknüpfen. Daran hatte ich in der Situation damals gar nicht gedacht.

Ich kam unheimlich verhärtet nach Hause, und ich weiß noch genau – wir hatten Karten für ein Konzert, und da bin ich nachher allein hingegangen. Freunde sagten, wir müßten in die Eheberatung gehen, und da brach Britta völlig zusammen.

Ich hatte gedacht, wir kommen da allein nicht raus. Aber Britta, die fand unsere Ehe in Ordnung, Wahnsinn, das stimmt vielleicht auch. Daß man Eheberatung von ihr verlangte, das fand sie fürchterlich. Weil sie vielleicht auch gar nicht dachte, daß es für mich etwas so Existentielles war, diese nun schon ein Dreivierteljahr laufende Beziehung.

Und dann plötzlich diese schlimme Reaktion von mir.

Am meisten hat mir damals in dieser Situation eine Freundin geholfen, die bei den Feministinnen ist und bei »Brot und Rosen« gearbeitet hat. Die hat nämlich Britta verstanden. Die hat vielleicht nicht ihre Partei ergriffen, aber sie hat die Sache als Frau gesehen und anders reagiert als die gesamten Verwandten, die eben immer bloß das Klischee sagen, Britta betrügt ihren tollen Ehemann. Dieses Image hatte ich in der Familie – so der sensible und liebe Mann. Das ist sicherlich nicht unbedingt wahr. Vielleicht auch, aber nicht nur.

Meine Freundin sagte mir also, was ich ja auch vom Kopf schon längst wußte, daß das für Britta eine unheimlich wichtige Erfahrung war. Das hatte ich ja schon längst eingesehen, aber den Kurzschluß herzustellen zu deinen Gefühlen, das ist ein sehr schweres Problem, gerade wenn du so durchhängst und ganz in der Trauer drin bist. Dann kannst du dir zehnmal vom Kopf her sagen, daß das alles nicht so schlimm ist – ich wußte, daß Britta nicht weg von mir wollte, und als ich sagte, ich ziehe aus, da war sie völlig fertig und sagte, dann ziehe ich lieber aus in ein ganz fürchterliches Zimmer, damit es mir möglichst dreckig geht.

Vielleicht war das auch ein bißchen ein schlechtes Gewissen, aber ich glaube, sie hat mir unheimlich viel zugetraut. Es war ein toller Vertrauensbeweis im Grunde. Wenn sie mir nicht so sehr vertraut hätte, hätte sie sicher nicht so viel gemacht, hätte sie mir sicher auch nicht so viel zugemutet. Sie hält mich, glaube ich, für ziemlich stark. Sie hält mich für jemanden, der eine ganze Menge aushält und trotzdem stabil bleibt. Wenn sie das nicht gewußt hätte und fest davon überzeugt gewesen wäre, dann hätte sie auch gar nicht so viel gemacht.

Aber ich nehme an – und das hat sie auch später erzählt –, sie hat gedacht, der kriegt ein paar Schrammen ab und steuert trotzdem durch, ohne kaputtzugehen. Das war ja auch im Endeffekt richtig. Sie hat mich im Endeffekt richtig eingeschätzt.

Woran merkt man, daß es die Richtige ist?

Du hast am Anfang gesagt, daß Britta die richtige Frau für dich ist. Was ist denn das?

Du kannst solche Dinge nicht voll benennen. Ich jedenfalls kann das nicht. Dazu bin ich erstens fachlich nicht genügend ausgebildet, und außerdem glaube ich, wenn du alles analysierst und für alles Sätze machen kannst und Begriffe bilden kannst für deine Emotionen oder dein Verhalten oder dein Fühlen – das Fühlen auch, daß Britta die Frau für mich ist, *die*, richtig dick unterstrichen –, wenn man das alles so benennen könnte und definieren könnte, wäre dieses Wissen vielleicht auch schon fast untergraben. Ich kann das nicht. Sicher kann ich eine Menge Gründe dafür angeben, warum wir sehr gut zueinander passen. So äußere Dinge, aber das ist es sicher nicht allein. Ich finde sie schön, ich bewundere ihren Intellekt, aber sie hat eben nicht nur Intellekt, sondern sie hat sehr viel Phantasie, ist zärtlich und kann rumspinnen. Alles so Dinge, die mir gefallen.

Außerdem bewirkt die lange Zeit, die man zusammen ist, ja auch etwas, selbst wenn eine Zeit dabei ist, die schlecht ist, die jeder der beiden Teile als schlecht empfindet. Trotzdem ist man zusammen, und man rückt auch zusammen.

Man rückt zusammen durch eine Wechselwirkung des Zusammenseins. Man verschmilzt da in irgendeiner Weise. Das glaube ich. Daß du nachher nicht mehr für dich reflektieren kannst. Da ist immer schon ein Teil von dem anderen drin.

Du denkst gar nicht darüber nach, solange es gut geht. Damit fängt man erst an, wenn es kriselt. Die ersten fünf Jahre, die haben wir beide als so ungetrübt erlebt, ohne Probleme, unbeschwerte Stimmungen. Dafür gibt es keine Beschreibung; heute ist so etwas aus der Mode gekommen; so was kann man gar nicht mehr sagen. Britta hat z. B. eine Abneigung gegen Autoradios; dann denkt sie sich Lieder aus und ist nach 1000 Kilometern heiser. Dieses Gefühl der Freude ist nie ganz verlorengegangen. Sie arbeitet viel zu Hause, und ich freue mich jedesmal, wenn ich nach Hause komme und sehe, sie ist da. Also diese gegenseitige Freude, sich zu sehen: das ist es wohl. Vor einem halben Jahr hatte sie sich ein bißchen in einen Kollegen verliebt, und die beiden sind in ein Restaurant gegangen. Zufällig hatte ich am gleichen Tag auch eine Verabredung in demselben Restaurant, ohne daß wir das voneinander wußten. Bei dieser für andere Leute peinlichen Begegnung war für uns der erste Eindruck: Freude, daß wir uns sehen. Besonders komisch, weil dieser Kollege von Britta, wenn die mal zusammen ausgehen, immer erst vorsichtig durch die Fenster späht, um sich zu vergewissern, daß auch keiner drin sitzt, der ihn kennt. Weil der Angst vor seiner Frau hat.

Ihr habt also noch weiter »Außenbeziehungen«?
Ich ja, mehr als sie. Es macht mir Spaß, einen Kontakt herzustellen. Ich finde das spannend, bin neugierig, mach' mir schöne Stunden damit; das ist leicht, fröhlich, unverbindlich.

Mich reizt dieser Traum, mich fallenzulassen. Vielleicht will man auch sehen, wie weit man Erfolg hat. Früher war noch so was dabei, wie dem Freund die Frau wegzunehmen. Du findest eine Frau gut, und dann ist es besonders spannend, wenn da noch ein Konkurrent ist; noch besser, wenn man den anderen kennt, wenn man ihn als Konkurrenten akzeptiert.

Das klingt so nach sportlichem Wettkampf, nach Kinderspiel.
So empfinde ich das auch. Es ist etwas Spielerisches. Früher war das intensiver. Das waren auch blöde Sachen.

Wie weit machen denn die anderen Frauen bei den »schönen Stunden« mit?
Die Frauen, die in der gleichen Situation sind, die machen das mit. Ich kann da nur spekulieren, aber sie sagen, ich sei einer, der sie versteht. Es bleibt auch meistens ein langfristiger Kontakt erhalten, nach der Sexualität. Es bleibt ein gutes Gefühl füreinander, Sympathie.

Hast du durch deine Erfahrungen Trennungsängste und Eifersucht überwinden können?
Die Trennungsängste in jedem Fall, das ist nie wieder aktuell geworden. Was ich am meisten fürchte, ist dieses völlige Absterben, daß man lustlos ist, daß einem alles egal ist. – Die eigentliche Sicherheit kam, als ich merkte, sie will nicht wirklich weg von mir. Und daß ich das auch für möglich halten konnte. Das absolute Vertrauen war erschüttert und ist wieder genauso zurückgekommen. Wenn eine Trennung bevorstünde, wäre ich natürlich wieder so schockiert. Damals war das auch weniger Angst, das war mehr ein Schock, eine unerträgliche Vorstellung. Wir haben mal zusammen den Film »Szenen einer Ehe« gesehen. Das hat mich so erschüttert: Ein Paar, das so aussah wie ein ideales Paar, und dann lief alles gnadenlos auseinander und war nicht mehr rückgängig zu machen. Britta fand diesen Film nur lustig; sie fand die Dialoge witzig und wußte nicht, was daran pessimistisch sein soll. Sie hielt den Film für nicht sehr tiefgehend. Sie fühlt sich nicht durch andere Menschen gefährdet, sondern nur durch sich selbst. Das ist der Hauptunterschied zwischen uns. Deshalb hat sie auch nie ganz begriffen, warum ich mich durch ihre Affäre mit Hannes so bedroht fühlte. Wir haben immer intensiv miteinander gesprochen. Es war nie ein totaler Graben zwischen uns.

9
Leben zu dritt

Seit etwa vier Jahren lebt Olga (40) mit ihrem Mann Harald (40)
und ihrem Freund Ernst (47) zusammen in einer großen Altbau-
wohnung. Sie alle sind davon überzeugt, eine für sie optimale
Lebensform gefunden zu haben. Inzwischen ist ihnen das »Le-
ben zu dritt« so selbstverständlich geworden, daß sie das Beson-
dere daran kaum hervorheben können.
Harald und Olga sind jetzt seit zehn Jahren miteinander verhei-
ratet. Für Harald ist es die erste Ehe, für Olga die zweite. Als
19jährige war Olga eine zwei Jahre dauernde Ehe eingegangen,
»wegen eines Kindes«. Nach ihrer Scheidung lebte Olga lange
Zeit allein mit ihrem Sohn Sven und arbeitete als Fremdspra-
chensekretärin. Später besuchte sie Abendkurse, um sich auf das
Abitur vorzubereiten. Sie studierte Volkswirtschaft und arbeitet
jetzt in einem Institut für Wirtschaftsforschung.
Als Olga und Harald heirateten, hatte letzterer gerade langdau-
ernde Studien der Theaterwissenschaft und Bühnenbildnerei
abgeschlossen. Er träumte davon, Regisseur zu werden, fand
aber nur eine Anstellung »als Mädchen für alles« an einem
kleinen Theater. Drei Jahre später bot sich ihm die Chance, als
Bühnenbildner in einer 200 Kilometer entfernten Stadt zu arbei-
ten. Die räumliche Trennung der beiden veränderte auch ihre
Beziehung zueinander.
Ernst arbeitet als Internist in einem Krankenhaus. Als er vor fünf
Jahren Olga kennenlernte, hatte er fast 20 Ehejahre hinter sich.
Seine beiden Söhne waren nahezu erwachsen.

Gespräch mit Olga:

Die Partnerschaft darf nicht
aus dem übrigen Leben herausfallen

Zuerst haben wir alle an verschiedenen Orten gewohnt, Harald,
wegen seiner Arbeit 200 Kilometer entfernt, kam nur an den
Wochenenden nach Hause. Und Ernst lebte noch bei seiner
Familie. Harald und ich haben ja gewissermaßen schon getrennt gelebt. Es hatte sich ergeben, daß wir kaum mehr

miteinander schliefen. Weil, ich finde es doof, wenn man sich nur einen Tag in der Woche sieht, daß man dann um jeden Preis miteinander schläft. Das ist Krampf. Wir hatten beide auch schon mal 'nen Freund oder er eine Freundin, ohne daß sich daraus etwas ergab. Dann brachte eines Tages eine Freundin von mir den Ernst mit. Ich dachte zuerst: Das ist einer, der wohl mal wieder fremdgehen will, weil er 'ne langweilige Ehe hat. Andererseits sah er gar nicht so entscheidungswütig aus. Es stellte sich heraus, daß er seine Ehe sowieso auflösen wollte. Also lief es erst mal an, wie alle »Verhältnisse« anlaufen. Er ging immer, wenn wir uns sahen, nachts um zwei nach Hause. Was ich auch nicht verstehe; wenn was passiert, kann es ja zu jeder Uhrzeit passieren. Ich hätte auch gern seine Frau kennengelernt. Aber bei denen hatte sich die Situation seit Jahren so verfahren. Da führte kein Weg rein.

Nach seiner Scheidung hatte Ernst erst mal keine Wohnung. Inzwischen hatte er Harald schon kennengelernt, und ich hatte festgestellt, daß die beiden sich mochten. Da es sich nun schon so eingebürgert hatte, daß Ernst die Woche über sowieso hier war, praktisch als ob er hier wohnte, war es schließlich Haralds Idee, der sagte: Warum soll der denn immer am Wochenende, wenn ich komme, irgendwo auf 'nem Notbett in seinem Krankenhaus nächtigen? Wir haben doch genug Platz hier in der Wohnung. Warum soll er nicht hier wohnen?

Eigentlich eine sehr vernünftige Frage, die sich aber die meisten Leute nicht zu stellen wagen, weil sie Spannungen befürchten.
Spannungen? Die Wohnung war groß genug, jeder hatte sein eigenes Schlaf-/Arbeitszimmer. Ernst störte doch nicht, ließ nichts rumliegen. Es tat ihm sehr gut, mit uns zu wohnen; dadurch bekam er neue Freunde. In seiner Ehe vorher hatte er sich seit langem nur noch auf die Arbeit zurückgezogen. Seine Frau hatte ihn mit Anfang 20 eingekauft und war die letzten Jahre nur noch hinter Statussymbolen her; Biedermeierzimmer, Meißner Porzellan, dann auch nur Prestigefreunde; das war alles erstarrt. Also die Spannungen haben sich bei uns eigentlich gelegt, als er eingezogen war. Ich meine, bei Harald und mir. Wenn man, wie ich, sehr viele Ansprüche an das Leben stellt, ist klar, daß man das nicht nur mit einem kann; das überfordert den einen doch. Das ist für den zu anstrengend. Aber es besteht auch keine Notwendigkeit, ihn einfach wegzuschmeißen. Die Leute fragen, warum ich mich nicht scheiden

lasse. Aber warum denn, wenn ich mich mit Harald so gut verstehe und mich besser fühle als alleine.

Für dich bringt dieses Arrangement also nur Vorteile mit sich?
Ja, aber nicht bloß für mich. Zu dritt regelt sich vieles leichter. Bei zweien muß einer den anderen immer zu irgend etwas überreden, dann steht es 50:50. Das war früher bei Harald und mir oft Anlaß zum Streit, wenn der eine dieses wollte und der andere jenes. Jetzt findet sich mal der eine oder der andere, der etwas mitmacht. Die beiden Männer gehen zusammen ins Museum, da stör' ich nur. Auch bei Haralds Interesse für Opern brauch ich nun kein Interesse mehr zu heucheln. Die beiden Männer haben entdeckt, daß sie gemeinsame Bereiche haben, wo ich mich nur langweile. Wenn die z. B. stundenlang auf dem Fußboden liegen und darüber sinnieren, wann Wagner was mit wem gesprochen haben mag. Ich gehe z. B. lieber mit Harald einkaufen, aber mit Ernst ins Kino, was Harald nicht interessiert. Das ist wie mit einer besten Freundin; da hätte man vielleicht auch zwei Freundinnen, ohne daß andere solches sonderbar fänden.

Weil man bei den besten Freundinnen zunächst auch nicht an Sexualität denken würde.
Mehr können sich die Leute gar nicht vorstellen, als daß man zu dritt ins Bett geht. Mehr wollen sie auch gar nicht wissen. Sex war doch schon, bevor ich Ernst kennenlernte, kein notwendiger Bestandteil unserer Ehe, wohl aber Zärtlichkeit. Wir hatten auch zu Anfang unserer Ehe kein gemeinsames Schlafzimmer, sondern, weil unsere Wohnung damals nur zwei Zimmer hatte, jeder sein Wohn-/Schlaf-/Arbeitszimmer. Ich empfinde es als sehr angenehm, jetzt mit jemandem verheiratet zu sein, wo das wegfällt, aber Wesentliches ist geblieben oder sogar noch hinzugekommen. Nicht, daß du jetzt denkst, ich hätte Orgasmusschwierigkeiten oder so was. Im Gegenteil. Allerdings hab' ich da zwischen 18 und 30 mehr Wert drauf gelegt. Was das Herumschlafen anbetrifft, hab' ich das Gefühl, ich hab' mich ausgeliebt. Das hat sich verschoben; seit einigen Jahren verteile ich die Energien anders. Ich kann mir auch nicht vorstellen, daß sich eine Lebensgemeinschaft oder etwas länger Dauerndes auf Sex aufbaut. Das nutzt sich zu schnell ab, fürchte ich. Das ist für über 30jährige kein Lebensmuster mehr. Das Wesentliche ist, daß die Partnerschaft nicht aus dem Leben sonst herausfällt.

Daß wir zwar unterschiedlich sind, aber einen großen gemeinsamen Bereich haben. Daß wir einen ähnlichen Lebensrhythmus haben, zur gleichen Zeit die gleichen Einfälle, die gleichen
Leute mögen, eine gleiche Lebensgestaltung lieben.
Wir haben auch kein Mutter-Vater-Kind-Verhältnis. Wir sind
erwachsene Leute, wo jeder etwas einbringt. Jeder erzählt aus
seinem Bereich, dadurch vervielfältigt sich das. Gerade die
beiden Männer erleben zum ersten Mal auch eine intensive
Männerfreundschaft. Die sind ja von Natur beide nicht so
angelegt, als Mann mit einem anderen Mann überhaupt intensiven Kontakt zu haben. Die sind auch umeinander besorgt.
Jeder denkt an den anderen, nicht nur an mich, wenn er etwas
bemerkt, was dem anderen gefallen könnte. Die kochen auch
manchmal zusammen. Einmal, als ich besonders zickig war,
haben sie mir vorgeschlagen, auszuziehen. Dann würden die
beiden Männer zusammenwohnen.

*Es hat sich also eine Freundschaft aufgebaut zwischen deinem
Mann und deinem Freund oder Geliebten. Das heißt, dein Mann
hat es deinem Freund nicht verübelt, daß dieser dich ihm
weggenommen hat, jedenfalls im Bereich der Sexualität.*
Was heißt denn »weggenommen«? Ich bin doch keine Sache.
Ich gehöre keinem.

*Aber gerade im Bereich der Sexualität verkraften es viele Männer
nicht oder nur sehr schwer, wenn ihre Ehefrau mit einem anderen
schläft. Selbst wenn vorher, so wie bei euch, schon nicht mehr viel
auf diesem Gebiet gelaufen ist. Das ist doch anders in eurer
Geschichte, daß auch die Männer den sexuellen Bereich als nicht
zentral betrachten oder daß sie da nicht so verwundbar sind.*
Ich sagte doch schon, in meinem Alter, wenn du so willst, in der
zweiten Phase, spielt die gemeinsame Lebensgestaltung die
entscheidende Rolle.

Aber fehlt dir dabei nicht etwas?
Die Sexualität fällt doch nicht fort, in dieser Phase. Was
fortfällt, ist dieses dauernde Suchen nach Verliebtheiten. Sicher, das kann auch anregend sein. Aber es lenkt auch ab. Man
ist eingespannt: Ruft er an, ruft er nicht an? Dann ist man
beleidigt. Man kennt den anderen gar nicht, ein Wunder, daß
man sich überhaupt arrangiert. Das dauert ungefähr sieben
Monate, dann legt sich das. Mit jedem neuen Partner kann man

die gleichen Geschichten wieder auf neue Weise erzählen. Man erzählt immer dieselben Geschichten und hat 'nen guten Zuhörer. Das Aufbauen einer Zweisamkeit gegenüber der Welt ist ja auch interessant. Aber was da alles dranhängt. Herzklopfen. Ewig kann man damit nicht leben. Das macht so unfrei nach außen. Ich finde diese zweite Phase sehr schön.

Und die beiden Männer?
Wir sind auch nicht nach außen abgeschlossen, gegenüber einer vierten Person. Obwohl sich alles so gut eingespielt hat; es ist überschaubar; da wird es schwierig, wenn eine vierte Person auftaucht und nicht so reinpaßt. Das könnte aber auch mehr ein Problem von mir sein. Harald hat eine Freundin; die ist ganz nett und langweilig; noch von dem Ort, an dem er früher gearbeitet hat. Die ist nun hier in die Nähe gezogen, aber Harald scheut sich auch, sie hier aufzunehmen. Ernst und ich haben das Gefühl, der paßt ein solches Arrangement nicht. Ich trau' ihr nicht übern Weg, weil sie auch sonst nichts vorhat. Das ist das Entscheidende. Es irritiert mich, daß sie sich was vormacht. Sie sagt z. B., sie will allein leben, mit Freunden, aber sie hat überhaupt keine Freunde. Die macht sich auch sonst was vor, glaub ich. Die ist noch jünger. Der fehlen die Erfahrungen. Die möchte in Wirklichkeit eine normale Zweierbeziehung. Sie sagt das aber nicht zu Harald. Sie sagt ihm, genau dieser Zustand sei richtig für sie. Erwarten tut sie aber etwas anderes. Und dann kann Harald sich nur falsch verhalten. Das führt bei den beiden zu Spannungen. Vielleicht bin ich unfair. Aber ich kann mit ihr wenig anfangen. Die hat 'ne verkehrte Optik. Wenn die hier reinrutschen will, muß etwas von ihr aus kommen.

Wenn ich diese Frau wäre, fühlte ich mich durch deine Rede nicht gerade ermutigt. Aber grundsätzlich wärst du nicht eifersüchtig, wenn eine weitere Frau hier einzöge?
Wir haben bisher keine Rivalitäten zwischen uns, und das müßte auch so jemand sein. Im Grunde sind wir alle so, daß wir auch gut und gern allein leben könnten. Maxie Wander hat mal gesagt: »Wer nicht allein leben kann, taugt auch nicht für eine Partnerschaft.« Andererseits ist es auch gut, daß einer in der Wohnung ist.

Souveräne Leute oder abhängige Knaben

Natürlich würde ich mich maßlos ärgern, wenn die jetzt beide
'ne Freundin hätten und ich für ein Jahr abgestellt wäre. Kann
ja passieren, müßte ich akzeptieren. Da kann man überhaupt
nichts machen. Würde mich sicher nicht edel verhalten. Aber
Theater der anderen Frau gegenüber machen, würde ich auch
nicht; die hat ja nichts damit zu tun. Man muß sich schon
darüber klar sein:
Entweder man akzeptiert souveräne Leute, dann hat man keine
Sicherheit, daß die sich nicht auch anders entwickeln. Oder man
sucht sich solche Knaben, die abhängig bleiben von einem bis
ins hohe Alter, dann muß man denen dauernd alles sagen. Und
die belauern einen dauernd, wenn die abhängig sind. Machen
sich Sorgen, fragen: »Hast du dich nicht erkältet?« Meinen
aber: »Mit *wem* hast du dich erkältet?« Aber zurück zu dieser
Freundin von Harald: Sie ist nicht so souverän. Wenn sie zu uns
ziehen würde, hab' ich die Sorge, daß sie eine Verpflichtung
wird. Meine anderen Freunde sind auch keine Verpflichtungen.

*Und du scheust die Verpflichtung, die eine Beziehung mit sich
bringt?*
Ich betrachte unsere Verbindung nur als Vergnügen und Ar-
beitserleichterung. Wichtig ist, daß man sich aufeinander verlassen kann. Wenn jeder seinem gesunden Egoismus nachgehen würde und sich weniger vormachte, gäbe es weniger
enttäuschte Erwartungen. Ich meine damit, ich mache es
meinen Freunden nicht zum Vorwurf, wenn sich meine Erwartungen nicht erfüllen. Dann überprüfe ich meine Erwartungen.
Dann frage ich mich, was ich einbringen will. Dem anderen eine
Pflicht auferlegen heißt doch oft, daß man etwas abschiebt, sich
nicht traut, selbst aktiv zu werden. Daß man erwartet, der
andere müsse einem Erfolgserlebnisse verschaffen. Und wenn
die ausbleiben, ist man gekränkt und macht den anderen dafür
verantwortlich.
Man muß sich seine Erfolgserlebnisse selbst organisieren. Das
ist wie bei der Post. Wer keine Briefe schreibt, bekommt auch
keine. Wenn ich gegen »Verpflichtungen« bin, meine ich, daß
ich Leute nicht mag, die sich nicht für sich selbst verantwortlich
fühlen. Das schließt nicht aus, daß ich sehr zuverlässig bin.
Wenn einer abends um elf depressiv wird, da bin ich da. Das ist
der Vorteil der räumlichen Nähe. Oder als Harald beruflich

Ärger hatte bei seinem Wechsel nach hierher, da haben wir alle drei dauernd darüber geredet. Das macht man auch bei besten Freunden. Aber Verpflichtung? Das hat man nur bei Kindern, solange die noch klein sind. Ich finde es wichtiger, ein offenes Verhalten den Freunden gegenüber zu haben und nicht etwas anderes zu sagen, als man erwartet, und ihnen das dann vorwerfen.

Überhaupt, daß man sich um Freundschaften kümmert. Daß man sich zusammensetzt zum Essen oder um ein Thema zu diskutieren. Wenn man eng mit vielen Freunden zusammen ist, das erweitert ungeheuer. Man hat zum gleichen Thema immer mehrere Standpunkte. Viele Leute kümmern sich überhaupt nicht um Freundschaften. Die machen sich furchtbar viel Mühe mit ihren Rosenhecken und Autos. Die sollten sie lieber auf Menschen verwenden, bevor sie sich beklagen.

Jammern ist oberflächlich

Wirft man dir bei dieser Haltung nicht einen Mangel an Gefühls- wärme vor?

Vor kurzem hat mir eine alte Frau gesagt: Intellektuelle Bosheit sei ihr immer noch lieber als biedere Dummheit. Und diese Frau hat im KZ gesessen, ist dort ausgebrochen und hat bei den Partisanen gekämpft. Also diese Leute, die nach Gefühlswärme rufen, die meinen gar keine Gefühle. Die haben oft nur so ein Höhlenbedürfnis. Die halten die Welt für so kalt, daß sie sich 'ne Höhle suchen. Die jammern immer über ihre Probleme und halten einen für oberflächlich, wenn man gerade keine Probleme hat. Dabei ist Jammern oberflächlich. Wenn man 100 Probleme nur aufzählt, löst man die nicht. Schon gar nicht mit jammernder Oberflächlichkeit. Ich glaub' nicht, daß ich ein gebremstes Gefühlsleben hab', nur weil ich meinen Verstand gebrauche. Und wer ständig Ärger hat, braucht erst recht seinen Verstand. Ich sehe das auch als Einheit, Körper, Gefühl, Verstand. Ich sehe den Verstand nicht als Fremd- körper.

Aber es ist doch gerade so in Mode, seinen Verstand nicht zu gebrauchen, selbst wenn man keinen hat. Kommt es da nicht vor, daß du dich bei vielen Menschen fremd fühlst?

Einerseits habe ich sehr viele Freunde, allerdings durch alle Altersgruppen hindurch. Und ich lern' auch immer wieder neue kennen. Das reicht mir vollauf. Das ist kaum auszuschöpfen. Andererseits im Beruf, da stürz' ich mich mit Begeisterung auf eine Sache, aber es gibt viele Kollegen, die wollen nur Blabla reden. Wenn ich dem ausgesetzt bin, dann spüre ich eine Fremdheit. Zweimal ist es mir auf Konferenzen passiert, daß ich dort Männer traf, die nicht wissen, wie sie sich einer Frau gegenüber verhalten sollen. Reden lauter langweiliges, albernes Zeug. Versuchen, Männchen zu machen. Bis ich merke: Die wollen gar nicht reden mit einem, die wollen nur, daß man mit ihnen trinkt, damit sie einen schnell ins Bett abschleppen können. Und wenn ich denen sage: »Ich will nur Himbeersaft«, kommt da nichts in Gang. Also mittelmäßige Männer sind langweilig. Da gesell' ich mich lieber zu interessanten Frauen. Ich erlebe meine Männer zunächst auch nicht als Geschlechtswesen, sondern als Menschen.

Gespräch mit Harald:

Keine Rangabstufungen in unserer Beziehung

Olga wird dir das meiste schon erzählt haben, wie es entstanden ist, eigentlich wie selbstverständlich. Es fing damit an, daß Olga mir eines Tages einen Herrn vorstellte, der für sie sehr wichtig war und von dem sie wünschte, daß er mir auch wichtig wird. Ich erinnere mich noch: Am folgenden Tag traf ich Olga allein, und das erste, was ich bemerkte, war, daß etwas fehlte; es fehlte Ernst. Unsere Freundschaft hat sich entwickelt, entwickelt sich noch weiter; d. h., ich könnte mir vorstellen, daß sie noch enger wird. Vielleicht liegt das auch daran, daß wir nicht so viele Worte machen und uns dauernd unsere Zuneigung versichern. Du wunderst dich, daß ich keine Eifersucht empfinde, empfunden habe. Das müßte Olga eigentlich kränken. Unsere Beziehung war ja schon, bevor Ernst kam, recht offen; auch schon vor meiner Zeit in K., als wir noch nicht getrennt lebten. Ich habe das immer als angenehm empfunden, nicht über jeden meiner Schritte Rechenschaft ablegen zu müssen, also Zeit zu vertrödeln mit Kleinlichkeiten. Wir haben uns, wenn wir zusammen waren, auf das konzentriert, was wir zusammen machen.

Auf seine außenstehende Freundin angesprochen, meint er:
Das ist eine wunde Stelle, weniger nach innen, uns drei betreffend, als nach außen zu ihr und auch zu mir. Da ist für

mich noch manches widersprüchlich und ungeklärt. Aber eins ist sicher: Es ist für mich wichtig, Prioritäten zu setzen. Herauszufinden, was ich will. Nicht, was andere wollen, daß ich es will. Mich nicht in eine Norm hineinzwingen zu lassen, die das, was ich will, kaputtmacht. Ich brauche mich nicht scheiden zu lassen. Das ist eine Entscheidung für diese Lebensform, nicht aber ein Festklammern an einer Person, an Olga. Unsere Lebensform bedeutet außer uns dreien viele intensive Freundschaften, die, zugegeben, meistens von Olga angeregt und angefangen werden, die wir aber alle tragen und vertiefen. Ein Chemiker hat uns mal gesagt, wir seien ein hochverästeltes System. Es gibt keine Rangabstufung in unserer Beziehung. Für diese zweite Lebensphase, wo man irgendwann mal auf sich selbst zurückkommt und eine Art Bilanz zieht, ist es schlimm, wenn da zwei Unzufriedene aufeinander rumhacken und sich gegenseitig verantwortlich dafür machen, daß ihr Leben nichts geworden ist. Zu dritt geht das besser. Wenn wir unsere schwachen Seiten mit Ernst ausleben – und das können wir gut mit ihm –, also wenn einer mal unerklärlich gestört ist, merkt man bei dreien schneller, daß dies nicht Schuld des anderen ist, sondern daß man gerade selbst nicht mit sich fertig wird. Man kann sich weniger etwas vormachen. Das liegt vielleicht auch an dem Charakter von Ernst; der ist so einfach wahr mit sich; der macht sich nichts vor.

Und wie sieht euer Zusammenleben praktisch aus?
»Praktisch«, also was die Verteilung der banalen Arbeiten betrifft? Olga hat keine besonderen hauswirtschaftlichen Neigungen, obwohl sie gern und genial kocht. Die beiden Männer beseitigen dann das Chaos und waschen ab. Ich mache die grobe Putzarbeit. Olga kocht meistens; wer kocht, kauft auch ein. Das Geld zum Einkauf kommt aus der gemeinsamen Haushaltskasse. Da zahlt jeder seinen Betrag rein; sonst verfügen wir jeder frei über unser Geld. Über Wäsche und Reinigung treffen wir Absprachen, wer gerade Zeit hat, macht das. Gebügelt wird nicht. Schlimm wird's, wenn Olga nichts tut. Ihre Unordnung geht mir manchmal auf den Wecker, hier im gemeinsamen Zimmer und in der Küche. Für sein eigenes Zimmer ist jeder selbst verantwortlich. Eine Putzfrau haben wir nicht. Da ist ja sonst nicht viel zu tun. Ich versteh' gar nicht, was die Leute immer soviel in ihrer Wohnung rummachen. Deren permanentes Gejammer über Zeitmangel versteh' ich nicht.

Wir nehmen uns Zeit für uns; sehen natürlich auch nicht viel fern.

Sonntags steht Ernst als erster auf. Weil er das von seinem Klinikalltag so gewohnt ist. Ich werde dadurch meistens wach und stehe dann auch auf. Wir beiden Männer machen das Frühstück und wecken Olga, wenn alles fertig ist. Wir frühstücken dann oft bis zu drei Stunden lang. Dabei überlegen wir, was wir unternehmen und treffen auch Absprachen für den Rest der Woche. Vormittags hat Olga keine Beziehung zur Küche, aber gegen Abend kocht sie dann meistens groß für uns und unsere Freunde.

Gespräch mit Ernst:

Keine eingelaufenen Klischees

Hast du dich als Eindringling gefühlt?
Nein, dazu konnte es gar nicht kommen. Meine Aufnahme war ja gar nicht geplant. Das hat sich so ergeben. Der Vorschlag kam schließlich von Harald.

Das habe ich schon gehört. Das klang alles recht vernünftig. Alles nahm seinen geordneten Lauf.
Na, die Vorstellung vom geordneten Leben schiebt sich so ins Langweilige, Spießige. Und wenn es vor Spannungen drunter und drüber geht, entsteht daraus auch nicht automatisch etwas Positives, im Gegenteil. Wir sind auch nicht frei von Spannungen. Wir tragen unsere Spannungen zu dritt aus. Dabei ist meistens einer, der nicht so stark darin verwickelt ist. Darum löst sich das besser.

Ist denn dabei schon mal etwas schiefgegangen?
Im letzten Urlaub. Da fanden wir unsere Dreiersituation plötzlich in einer Ausnahmeumgebung. Wir waren in Südwestfrankreich im Auto unterwegs, ein Auto, ein Hotel: Da fehlten die Möglichkeiten des Auseinanderrückens. Es kam zu Verunsicherungen in unserer Dreiergruppe, z. B., als Olga sich mal geärgert hatte, ging es um die Frage: Wer spricht das tröstende Wort mit ihr. Beide boten sich an, und sie war in der fatalen Situation, wählen zu müssen.
Hier bei uns ist die Palette der Unternehmungen größer. Jeder kommt zu seinem Recht. Durch die Reise wurde das Angebot

reduziert. Olga war etwas benachteiligt. Wir beiden Männer wollten oft lieber Vergangenes besichtigen, auf den Spuren von Alphonse Daudet. Olga dagegen hätte lieber den ganzen Tag in Kneipen und auf Märkten zugebracht, Leute gesehen und angesprochen. Das waren ungleiche Wünsche.

(Ich erinnere mich, daß Olga mir über diesen Urlaub erzählt hatte:
Die Situation wurde auch nicht besser, als meine Freundin Birgit für eine Woche zu uns stieß. Die wurde immer von Naturgefühlen überfallen. Ernst machte da mit. Die wollten plötzlich wandern, etwas völlig Überflüssiges. Und am liebsten unterm Sternenzelt übernachten. Wo ich mich dabei fürchte, vor Mücken und Mördern, wenn man da so offen für jedermann rumliegt. Und dieses Getue um die Pflanzen. Die rennen mit einem Buch rum und suchen nur, bis sie eine Pflanze finden, die sowieso schon im Buch abgebildet ist. Wo ich Pflanzen nur ansehe, wenn ich sie verspeisen will. Dieses ganze Naturelement war übergewichtig.)

Meistens hat uns abends das tolle Essen wieder mit allem versöhnt. Aber wenn wir in Zukunft wieder in Urlaub fahren, dürfen wir nicht mehr so einseitig planen. Insgesamt, das ist gar keine Frage, überwiegen in unserer Dreiergruppe die Vorteile. So eine Dreiergruppe muß immer neu formiert werden. Es gibt keine eingelaufenen Klischees, ohne daß man darüber nachdenken muß. Das kommt allen zugute. Ich hatte mich bis dahin ganz konform mit Männern meistens nur über berufliche Dinge unterhalten. Ich hatte zwar andere Themen im Kopf, aber eigentlich niemanden, um daraus etwas zu entwickeln, zu erleben. Hier in der Wohnung fängt es schon so an, daß wir einen Wochenplan machen, uns absprechen, an welchem Tag können wir etwas zusammen machen, an welchem Tag zu zweit oder allein. Damit uns nichts zerrinnt. Es gibt nie einen solchen Zustand, daß man gähnt. Es ist alles immer neu. Bei allen dreien gibt es einen großen Fundus an Gemeinsamkeiten, bei leichten Divergenzen. Keiner wird untergebuttert in seiner Individualität.

Welche Voraussetzungen müssen die Beteiligten mitbringen, damit eine Dreiergruppe so gut läuft?
Man kann an so etwas nicht mit einem bestimmten Entschluß

herangehen. Dieses hier ist geworden, aber nicht von Anfang an zu einer bleibenden Institution gemacht worden. Was man vor allem braucht, Offenheit im Gespräch. Es geht nicht, wenn drei stillschweigend nebeneinander herlaufen. Es geht auch nicht, wenn drei beim Reden nur immer umeinander kreisen. Jeder muß schon genügend Eigenleben und -erleben haben, um die anderen nicht mit Ansprüchen nach Erlebnissen zu überfordern. – Es geht auch nicht so gut für jüngere Leute, unter 30. Z. B. in den Wohngemeinschaften sind die Jungen noch in einem Erfahrungsstadium, daß sich dort Zweierbeziehungen mit Besitzansprüchen entwickeln.

Wie verschwindet der Besitzanspruch?
Für mich war es eine Frage des Alters, der Erfahrungen, aber positiv gesehen. Es stimmt nicht, daß die Lebensmitte Resignation bedeutet. Ich glaube, daß man in diesem Alter das Leben etwas globaler sehen kann, größere Perspektiven in das Tagesgeschehen bringt. Die Schwergewichte werden etwas überlegter gesetzt. Man verrennt sich nicht mehr in eine Sache, von der sich später zeigt, es lohnt sich nicht, es ist nebensächlich.

Nicht der Welt die Schuld geben

Aber auch in diesem Alter gibt es noch viele Menschen, die ihre Erfahrungen nicht nutzen können. Worauf kommt es denn dabei an?
Daß man ein ehrliches Resümee zieht. Daß man nicht der Welt die Schuld dafür gibt, wie es gelaufen ist.

Ist es das, was Harald meinte, wenn er sagte: Du machst dir nichts vor?
Kann sein. Ich weiß nur: Am Anfang steht oft eine Krise, man kann dann den Dingen nicht ausweichen. Und als Konsequenz kann man Alkohol trinken, auf Karriere machen, oder den Partner wechseln, von dem man glaubt, er habe nichts getaugt, oder aber bei sich selbst suchen. Die Hauptfehlentscheidungen liegen darin, daß jemand eine äußere Situation als Grund ansieht für sein Versagen.

Aber es gibt doch sehr schlimme äußere Situationen.
So schlimme kann es gar nicht geben. Auch wenn ein Mann in meinem Alter – ich kenne so einen – eine Frau hatte, die ist am

Alkohol gestorben, und seine beiden Kinder sind jetzt in einem Alter, daß sie ihn ablehnen in seiner sprachlosen Ratlosigkeit. Aber wenn dieser Mann sagt: »Es ist Schuld der Frau, wenn die nicht getrunken hätte ...«, dann wird er nichts verändern können. Das Gewesene ist nicht zu verändern. Wenn er Forderungen an andere stellt, an seine Kinder, dann klappt es nicht mit der Veränderung. Er muß bei sich selbst anfangen. Nur so kann er eine neue Zukunft erwarten.

Das Schlimmste ist nicht die äußere Situation. Das Schlimmste ist, wenn er das erkannt hat und es dann mit sich selbst versucht und merkt: *Ich* kann es nicht mehr.

Dann ist er sozusagen gezwungen, die Schuld wieder bei andern zu suchen. Weil er ja diese Erkenntnis nicht ertragen kann.
Nein, wer das einmal für sich erkannt hat, der kann nicht mehr dahinter zurück. Das ist eine kritische Situation für ihn, so als wäre alles beendet. Man kann sagen: Er hat seine Unschuld verloren.

Führt das nicht zu tiefer Einsamkeit? Wenn ich keinem mehr die Schuld an meinem Kummer geben darf, kann ich es auch keinem mehr mitteilen. Fresse ich dann nicht den Kummer in mich hinein?
Das nicht. Ich kann meinen Kummer dem anderen mitteilen. Aber ich darf ihm nicht die Schuld an meiner Traurigkeit zuschieben. Das ist ein Unterschied.

Aber wenn doch der andere irgendwie an meinem Kummer beteiligt ist. Wenn ich darüber traurig bin, daß er mich nicht so stark liebt, wie ich es wünsche.
Dann werde ich mit meinen Anklagen sicher kein Mehr an Liebe in ihm auslösen. Eher das Gegenteil erreichen, das, was an Zuneigung vorhanden ist, abtöten. Die Forderung nach mehr Liebe ist paradox. Damit erdrückst du den anderen, schlägst ihn in die Flucht. – Das ist das Gute an unserer Dreiergruppe, daß sich die Wünsche nach mehr Gemeinsamkeit, nach mehr Nähe – wenn du so willst, nach mehr Liebe oder besser noch Freundschaft –, daß sich diese Wünsche auffächern, verändern können, weil sie sich verteilen. Weil sie sich an keinem festbeißen. Es ist wie ein fließendes Gleichgewicht.

Wie viele Menschen kennst du, bei denen das in ähnlicher Weise wie bei euch gelingt?

Ich kenne zwei Frauen, die mit einem Mann zusammenleben und insgesamt vier Kindern. Da wird das Leben zunächst stark bestimmt von der Aufgabe, diese Kinder gemeinsam zu versorgen. Das ist deren zentraler Punkt. Das läuft gut. Wie sich das später entwickelt, wenn diese Aufgabe fortfällt, weiß ich nicht. – Dann kenne ich noch zwei Frauen mit einem Mann. Eine der Frauen hat – wie Harald bei uns – noch eine Außenbeziehung. Das wirft ihr der Mann vor. Dieser Mann hat außerdem eine Bekanntschaftsannonce aufgegeben, um noch eine weitere Frau kennenzulernen. Damit er sich für die Zukunft absichert, falls beide Frauen ihn verlassen sollten. Das läuft natürlich nicht, wenn der Wunsch nach Absicherung die Klammer einer Dreiergruppe ist.

Wie wird eure Dreiergruppe von anderen Leuten beurteilt? Akzeptieren sie das?

Unterschiedlich. Sehr prüde Leute akzeptieren das vielleicht nicht. Olgas Vater ist 80, der nimmt das nicht zur Kenntnis. Eine 70jährige Tante lädt uns zu sich zu dritt ein. Manche nehmen es als selbstverständlich. Oder fragen nicht genauer nach, wie z. B. mein Chef, der hat selbst nicht ganz klare Verhältnisse. Sehr gut aufgenommen wurde es von Olgas Sohn. Der wendet sich mit seinen Fragen und Problemen an jeden von uns und findet eigentlich immer einen Hinweis, mit dem er etwas anfangen kann. – Meine Söhne suchen keinen Kontakt mit uns. Das liegt sicher auch daran, daß ich mich früher, als ich Olga noch nicht kannte, zurückgezogen habe. Damals befanden sich meine Kinder in der Ablösungsphase vom Elternhaus, bockten gegen alles auf. Ich hab' denen keinen Widerstand geboten, aber auch nichts, was sie hätten annehmen können. Jetzt sind sie 24 und 20 Jahre alt und beziehen sich ausschließlich auf Gleichaltrige.

Wie erlebst du dich, dein Alter, im Verhältnis zur Altersgruppe deiner Söhne?

Vor fünf Jahren bin ich 41 gewesen. Damals habe ich eigentlich nicht mehr erwartet, daß ich noch einmal mit meinen Gefühlen so intensiv einsteigen kann. Ich hatte gedacht, ich bin darüber hinaus, weil ich nur die Möglichkeiten der 20jährigen kannte. Mit meinen neuen Erfahrungen möchte ich mich nicht mehr auf 20 zurückschrauben.

10
Leben aus zweiter Hand –
Was helfen Therapien?

Wenn Vergangenes die Gegenwart lähmt

All unsere Schmerzen tragen wir mit uns in jede neue Partnerschaft. Die untauglichen Mittel, von denen wir Linderung erwarten, beschneiden unsere Möglichkeiten zu leben. Wir suchen gezielt nach solchen Menschen, in denen wir die alt bekannten Heilmittel aufspüren. Und wir leiden an dem Preis, den wir dafür zu zahlen haben.

Dieses ganze Bündel von Schwierigkeiten: Wir fühlen uns nicht mehr verstanden; die Spannungen und Mißverständnisse beim Miteinander-Sprechen und Lieben; die Unverträglichkeiten in der Freizeit; das Ausgeschlossensein von dem, was den anderen bewegt. All diese Schwierigkeiten verweisen auf das Mißverhältnis zwischen ersehnter Heilung und gefordertem Preis.

Psychotherapeuten können die einzelnen Stationen einer individuellen Leidensgeschichte unterschiedlich weit zurückverfolgen, je nach ihrer Arbeitsweise, ihrem Aufgabengebiet und ihren persönlichen Überzeugungen. Die Klienten des Therapeuten Kurt Hemmer leiden häufig an psychosomatischen Erkrankungen: Ungelöste seelische Konflikte, aus dem Bewußtsein verbannt, melden sich in körperlichen Symptomen zu »Wort«. Darmgeschwüre, Lähmungen, Herzflattern. Den ersten körperlichen Befunden sind oftmals einschneidende Verlusterlebnisse vorausgegangen: Scheidung vom Ehepartner, Trennungsängste, Tod der Eltern, Fortzug der Kinder. Und doch sind diese Trennungserfahrungen weniger Ursache der Erkrankung als vielmehr Hinweis auf deren tiefer liegende Wurzeln. Das Leiden am Partner, an dessen einschränkendem Verhalten ist auch als Zeichen zu nehmen für jene Einschränkungen, die ich suche, um frühe Kränkungen zuzudecken.

Gespräch mit Kurt Hemmer:

Da ist – vor allem bei Frauen – die immer wieder auftauchende Urerfahrung: Nur wenn ich klein und schwach, unselbständig und ängstlich bin, werde ich geliebt. Bei Eigenständigkeit droht

Liebesverlust. Und wenn sich ein Wunsch nach Selbständigkeit regt, wird er mit Isolationsängsten verbunden. Eine Frau, die in dieser Weise belastet ist, wird durch ihr Verhalten, ihre Blicke und Gesten Signale aussenden, um einen Partner zu finden, der von seiner überhöhten Warte aus jemanden braucht, der ihn erhöht. Das dauert dann in der Therapie recht lange, bis sich eine Frau dahin vortastet zu erkennen: »Ich habe ihn gewählt.« – »Ich schaffe die Situation, unter der ich leide.« An einem Beispiel kann das deutlich werden:

Eine Frau suchte mich auf wegen panikartiger Ängste und Depressionen. Ihr Partner war ein Mann, der sehr selbstbewußt alles, aber auch alles organisierte. Er erlebte sich selbst als jemand, der sich für seine Familie aufopfert. Bei einer näheren Analyse ergab sich, daß der Mann sein Selbstbewußtsein in seiner Kindheit ausschließlich durch Leistung aufgebaut hatte. So eine Haltung: »Ich bin einer, der alles schafft. Ohne mich geht es nicht.« Und die Frau war ihrerseits aus ihrer Kindheit heraus sehr selbstunsicher. Sie hielt Ausschau nach dem starken Mann, an dem sie sich orientieren konnte. Das ist zunächst eine sehr gute und sich ergänzende Beziehung. Der Mann erledigte alles, Telefonate, Schecks, Großeinkäufe; selbst die Schulkarriere seiner Kinder nahm er in die Hand, Elternabende und Lehrerbesuche. Aber im Lauf der Zeit kippte dieses Gleichgewicht um. Die Frau erlebte ihre Ohnmacht immer mehr. Doch allein fand sie nicht aus dieser Ohnmacht heraus. Gleichzeitig stellte sie Forderungen nach mehr Selbständigkeit. Aber diese Forderungen stellte sie so indirekt und so arrangiert, daß der Mann auf diese Forderungen nicht richtig eingehen konnte. Daß er sie manchmal auch gar nicht verstand. Er erlebte nur, wie er in seinem Selbstbild als unbegrenzt Leistungsfähiger bedroht wurde, daß er in Panik geriet und ihre Forderungen abweisen mußte. Sie kam einerseits mit der Forderung: »Ich will selbständiger sein.« Gleichzeitig gab sie ängstlich zu verstehen: »Bitte schütze mich weiter.« Sie wollte mehr Freiheiten, fürchtete aber eben diese Freiheiten. Das war ihr »Päckchen« von klein auf.

Das sind so die Kosten, die damit verbunden sind. Und diese Kosten will man nicht zahlen. Für Schutz zahlt man mit Einengung. Ich beklage mich dann über das, was ich gewünscht habe. Das ist ähnlich wie bei einem Trinker, der sagt: »Ich möchte weitertrinken, aber meine Fettleber will ich gesund haben.« Die meisten Klienten, die kommen, wollen ihre Probleme behoben haben, aber das, was damit verbunden ist, die Eigenverantwortung, die Veränderung, das wollen sie eigentlich nicht.

Aber versuchen nicht viele Frauen, etwas mehr Selbständigkeit zu erhalten, weil sie älter geworden sind, weil die alten Leitbilder zerbröckeln? Und diese Frauen stoßen mit ihren Forderungen auf Widerstand; es gibt heftige Konflikte, ohne daß diese Frauen »krank« sind.

Sicher; jeder Wunsch nach Veränderung kann beim Partner Widerstände auslösen, vor allem bei demjenigen, der sich in der besseren Position befindet und etwas zu verlieren fürchtet. Das ist normal. Aber »krank« oder sagen wir »neurotisch« ist es, wenn ich die Forderung stelle und mich gleichzeitig gegen die Forderung verhalte. Wenn ich Selbständigkeit fordere und mich weigere, diese Selbständigkeit an irgendeinem Punkt zu üben, zu leben. Weil ich mich scheue, dabei zu stolpern, Fehler zu machen. Weil ich unfähig bin, Fehler zu korrigieren. Der Neurotiker ist nicht mehr lernfähig in diesem Bereich. Das ist der Hauptunterschied zwischen »innerlich sicher«, »halbwegs verunsichert« und andererseits »neurotisch«. Wieweit ist jemand noch flexibel und lernfähig. Wenn einer in jeder neuen Partnerschaft immer die gleichen schmerzhaften Erfahrungen durchlebt, liegt der Verdacht nahe: Er ist in seinem persönlichen Problemkreis festgefahren. Solche Menschen bleiben in ihren Handlungen und Erwartungen so unverändert starr, daß sie genau die Situationen herstellen, unter denen sie leiden. Alles, was sie sehen und erfahren, wird in einer einzigartig beschränkten Weise erlebt: als Bestätigung für das erwartete Scheitern. Es ist, als ob sie ihren Mißerfolgen hinterherlaufen. Sie stellen sich ihre Fettnäpfchen hin, stolpern da hinein und schimpfen dann über die anderen. In jeder neuen Partnerschaft rennen sie in den Teufelskreis. Nicht nur im Bereich der Selbständigkeit, auch wenn es um die Angst vor dem Verlassen-Werden geht. Da stellen sie ihre Niederlagen und ihr Verlassen-Sein her. Aus Angst und der Erwartung, verlassen zu werden, klammern sie immer mehr. Und der andere fühlt: Ich werde eingeengt. Und zieht sich zurück. Je mehr sie klammern und Liebesbeweise wünschen, desto mehr zieht sich der andere zurück. Sie suchen Nähe und Geborgenheit, aber auch den Beweis für die tief verwurzelte Überzeugung: Ich bin nicht liebenswert. Unfähig, die inneren Zusammenhänge zu durchschauen, wird der »lieblose« Partner verantwortlich gemacht. Und dann gibt es andererseits diejenigen Menschen, die nur zum Teil neurotisch sind, und wer ist das nicht. Jeder schleppt so ein Bündelchen mit sich herum. Aber diese Menschen haben noch genügend unterschiedliche Gefühle und haben den Mut, neue Wege zu gehen. Auf andere zuzugehen, sich zu öffnen. Denen bleibt die Chance, andere Erfahrungen zu machen. Und dann gibt es noch die mit einem »ziemlich gesunden Selbstwertgefühl«. Die kommen sowieso nicht in diese Gefahr, weil sie *ihre* Gefühle kennen und die Verantwortung für ihre Gefühle übernehmen. Diese wissen und fühlen, daß Einsamkeit eben *ihre* Einsamkeit ist. Sie wissen, daß nur sie selbst sich aus dieser Einsamkeit fortbewegen können. Sie warten nicht auf Erlösung.

Wie kommt es denn, daß die einen ihre Lernfähigkeit eingebüßt haben und die anderen sich selbstverantwortlich weiterbewegen können?

Vereinfacht könnte man sagen: Die Lernfähigkeit nimmt ab mit dem Gefühl, minderwertig zu sein. Dieses Gefühl entsteht in den ersten Lebensjahren eines Menschen. Fehlen einem Kind in diesen Jahren Menschen, die auf seine Gefühle und Wünsche eingehen, dann bildet sich in ihm eine Grundüberzeugung, nicht geliebt zu werden, minderwertig zu sein. Je ausgeprägter diese Überzeugung ist, desto intensiver sucht ein solches Kind nach Mitteln und Wegen, um recht schnell die Liebe und Anerkennung zu bekommen und sich zu erhalten. Es macht z. B. die Erfahrung: »Wenn ich mich anpasse, wenn ich etwas leiste, lieb und brav und klein bin, dann mag man mich.« Und später als Erwachsener wird es dieses »bewährte Mittel« immer wieder dann gebrauchen, wenn es fürchtet, nicht anerkannt zu sein. Wie in der Kindheit wird dann so ein Erwachsener sich bemühen, lieb und brav und fleißig zu sein, in der Hoffnung, sein Ziel zu erreichen; das schmerzliche Erlebnis, minderwertig zu sein, zu vermeiden. Und in diesem Moment hat er seine Lernfähigkeit eingebüßt. Gebannt, wie das Kaninchen auf die Schlange starrt, so beobachtet er das Ergebnis seiner Bemühungen, ohne auf die Idee zu kommen, daß seine Bemühungen selbst den Fehlschlag beinhalten und ihn immer mehr in Abhängigkeit und Selbstverachtung führen.

In dem erfolglosen, zerstörerischen Erwachsenenverhalten liegt ja ein Sinn. Nichts passiert aus dem Zufall heraus.

So entsteht in den ersten Lebensjahren eine innere Erlebniswelt, werden die »Lebenspläne« entwickelt, in denen festgelegt ist, auf welche Weise Geborgenheit und Anerkennung zu erhalten sind. Je weniger ein solcher Mensch auf anderen Gebieten, z. B. im Sport oder in Freundschaften, Bestätigung findet, desto starrer werden die frühen Muster festgehalten. Das zentrale Problem ist: »Wie erhalte ich Anerkennung, wie erhalte ich ein gutes Selbstwertgefühl?« Und die Mittel, die einmal erfolgreich waren, werden auch dann beibehalten, wenn andere Lebensbereiche hierdurch geschädigt werden. Nach diesen Mustern werden auch die Partner gesucht und festgehalten. Das läuft auf die Dauer nicht günstig weiter. Denn gleichzeitig verstärken sich die eigenen Ohnmachtsgefühle.

Dieses frühe Alter, in dem die Weichen gestellt werden, wird doch überwiegend von der Mutter gestaltet. Ich bin nun selbst Mutter und wehre mich dagegen, heute als Mutter als Sündenbock für alles und jedes herhalten zu müssen. Andererseits läuft dieses Wissen beim Erwachsenen schließlich doch wieder auf ein Abschieben der Verantwortung hinaus: Wenn ich 40 bin und für alle Widrigkeiten meine Mutter verantwortlich machen kann.

Das ist richtig. Das wird auch in den Gesprächen gar nicht so sehr betont. Es wird nicht gesagt: Die Mutter ist schuld. Der Vater ist schuld.

Es gibt eine bestimmte soziale Umwelt, und diese wird von Anfang an auch von dem Kind in einer ihm eigenen individuellen Weise verstanden und gedeutet. Das ist eine aktive Leistung des Kindes. Da ist nichts eindeutig vorbestimmt: Hier ist eine Mutter, die schafft ihr Kind. Das Kind hat auch Chancen, das Verhalten der Mutter anders zu verarbeiten. Wenn man das schon in Zahlen ausdrücken will, steht das 50:50. Die Mutter bietet an. Und das Kind kann auf seine Weise reagieren. Ich gebe aber zu: In Ausnahmesituationen, wenn die Mutter auf jede Äußerung des Kindes ablehnend reagiert, da bleiben dem Kinde geringe bis gar keine Chancen. Es versteht dann nur: *Alle* sind ablehnend; darauf muß ich mich im Leben einstellen. Dann hat das Kind gewöhnlich nur in einer Therapie die Chance, die Erfahrung langsam umzukehren, zu lernen, hier gibt es andere Angebote und Antworten. Dies geschieht durch den Therapeuten, der die Rolle der »guten Mutter« oder des »guten Vaters« übernimmt und sagt: »Nun versuch mal zu gehen. Wir werden gemeinsam sehen, was dabei geschieht.«

Wenn sich in einer Familie mehrere Personen um ein Kind kümmern, bestehen doch für das Kind größere Chancen, unterschiedliche Erfahrungen zu machen. Auf diese Weise werden weniger starre Muster aufgebaut. Ich habe schon Menschen getroffen, die unter schlimmsten äußeren Verhältnissen aufwuchsen. Aber diese Menschen waren selbstverantwortlich und lernfähig, weil sie in ihrer Kindheit im Rahmen einer großen Familie immer irgendeinen gefunden haben, von dem sie sich Liebe holen konnten.

Ja, wenn einer Verbündete findet, die ihm zeigen: »Du hast Bedeutung; du bekommst Anerkennung.« Das ist ein unschätzbarer Ausgleich. Aber so etwas ist nicht ohne weiteres bürokratisch zu lösen, etwa in Kinderkrippen. Das bezweifele ich. In einer großen Familie mit Großeltern, älteren Geschwistern, da ist die gefühlsmäßige Ausrichtung auf das Kind gegeben. Und dieser intensive gefühlsmäßige Bezug, der ist in Institutionen schwerer oder gar nicht herzustellen.

Wenn nun einer in seinem Leben nur Ablehnendes erfahren hat, kann es dem überhaupt gelingen, in einer Therapie ein Stück Leben nachzuholen?

In der Therapie wird herausgefunden, welche Handlungsmuster aus der frühen Kindheit den Lebensstil formen. Damit werden nicht unmittelbar die Ursachen für die Störung erkannt, aber es wird deutlich, welche typischen Problemlösungen bevorzugt werden. Und daß die schädigenden Mittel, über die einer seine Ziele zu erreichen sucht, aus existentieller Not hergestellt werden. Das gelingt nicht von heute auf morgen. Es dauert Monate und manchmal länger. Die Klienten werden versuchen, die »bewährten« Taktiken auch beim Therapeuten anzuwenden. Und erst wenn sie andere als die erwarteten Antworten bekommen, haben sie eine Chance, in einem geschützten Raum, etwas Neues zu erlernen. Ganz allmählich spüren sie: »Ich werde anerkannt; ich bin doch nicht nur schlecht.« Dann wächst die Kraft, sich zu sehen, wie man ist, sich auch einmal von seinen Gefühlen zu distanzieren und zu fragen: »Was mache ich da eigentlich?« Die Klienten erfahren in der Therapie durch die stützende Beziehung zum Therapeuten: »Der mag mich; ich bin wertvoll.« Das wird nicht nur so dahergesagt, das ist stimmungsmäßig gegeben, in einer verständnisvollen, akzeptierenden Atmosphäre. Ohne diese emotionale Sicherheit könnte der Betroffene die Verantwortung für sich selbst gar nicht tragen. Was sollte dieser Mensch mit dieser Verantwortung, die da ganz kalt auf ihn zukommt, auch anfangen? Das wäre wie eine Demaskierung. »Ich bin verantwortlich«, kann nur gefühlt und ertragen werden, wenn auf einer anderen Seite etwas wächst, was Stützung verspricht, Unterstützung außerhalb des zerstörerischen Kreislaufes. »Ich bin verantwortlich für meine Partnerwahl. Ich bin verantwortlich dafür, was ich weiterhin aus dieser Wahl mache. Und ich bin auch bereit, wenn sich der Partner auf meine Veränderung nicht einstellen kann, den Weg alleine zu gehen.« So etwas entsteht nur über eine stützende Beziehung. Das muß nicht unbedingt ein Therapeut sein. Das geht auch über eine Gruppe, eine Frauengruppe, einen Freund.

Dieser Weg zu Eigenverantwortung ist doch sicher recht schmerzhaft. Wünschen sich die Klienten nicht lieber einfache Linderung, Heilung durch eine »Medizin«, ohne die beschwerliche Eigenarbeit?
Am Anfang wird sehr klar besprochen: Was sind die Erwartungen des Klienten. Welches die Möglichkeiten des Therapeuten. Und darauf verweise ich immer: Ich erarbeite mit dem Klienten seine Leitlinien und Ziele, bewußte und unbewußte, warum er so geworden ist und immer in dieselben Sackgassen läuft. Ich fälle aber keine Entscheidungen für ihn, gebe keine Anweisungen. Ich sage ihm nicht, probier mal dieses oder jenes aus. Er muß für sich selbst, für sein Leben verantwortlich werden, bis er sich so annimmt und sagt: »Ich möchte jetzt einmal etwas anderes versuchen.« Oder er sagt: »Ich möchte so bleiben und werde die schmerzhaften Konsequenzen tragen müssen.« Ich kann den Klienten nicht gesund machen und auch nicht glücklich. Ich kann das Pferd zum Wasser bringen. Aber trinken und galoppieren muß es dann selbst. Da gibt es von seiten der Klienten bestimmte Versorgungsansprüche, denen ich nicht zu sehr nachgeben darf. Sie sollen sich gerade noch wohl fühlen, aber sie dürfen nicht abhängig bleiben.

Sie sprachen vorhin von einer Frau, die erkennen mußte: Ich kann nicht gleichzeitig beschützt werden wollen und selbständig sein. Was hat diese Frau in der Therapie lernen können?
Nun, sie hat vor allem gelernt, ihre Wünsche auszusprechen. Während sie früher schon Erstickungsanfälle bekam, wenn sich nur ein Wunsch in ihr regte. Da war es ein Fortschritt, daß sie

einmal einen Teller nach ihrem Mann werfen konnte. Inzwischen kann sie nicht nur sagen, was sie wünscht, sondern erträgt es auch, wenn nicht jeder Wunsch erfüllt wird. Sie hat mit einer Berufsausbildung begonnen, kann allein ins Kino gehen, mit den Lehrern der Kinder verhandeln, alles Dinge, die ihr früher unmöglich erschienen. In ihrem Fall hat die Therapie zu größerer Freiheit geführt. Sie sagt jetzt: »Wenn die Kinder größer sind und wenn der Mann bei seiner starren Haltung bleibt, könnte ich auch alleine leben.« Ihr Mann war auch einige Stunden bei mir. Aber aufgrund seiner starren männlichen Einstellung fiel es ihm außerordentlich schwer, bestimmte Dinge zuzugeben und an sich zu arbeiten. Er fühlt sich in seiner männlichen Potenz bedroht, wenn er versucht, Schwächen einzugestehen und Wünsche nach Geborgenheit auszusprechen. Aber längst nicht in jedem Fall läuft eine erfolgreiche Veränderung des einen auf eine Trennung hinaus. Viele Menschen können das neue Verhalten des Partners ertragen oder fühlen sich sogar dadurch entlastet, wenn sie ihrerseits innerlich stabil genug sind.

Aus welchen Gründen brechen Ihre Klienten eine Therapie vorzeitig ab?
Ich erinnere mich an zwei Klienten, die eine Therapie erfolglos abgebrochen haben. Beide waren außerordentlich passiv. Sie erwarteten hier wie auch im Leben draußen: Die anderen tun etwas für mich oder gegen mich. Sie haben jede Eigenaktivität abgelehnt und mich auch in entsprechende Fallen geführt: »Tu was für mich, kümmere dich.« Und wenn ich dann vorsichtig etwas vorgeschlagen habe, bewiesen sie mir, daß das gar nicht geht. Ich kam da in eine schwierige Situation. Als ich dieses Muster etwas klarer machen wollte, schreckten sie zurück. Da gibt es Dinge, die stecken so tief. Ich will mich gar nicht freisprechen. Vielleicht wäre es bei einem noch intensiveren Bemühen meinerseits gegangen. Die beiden wünschten zwar eine Veränderung, jedoch ohne Anstrengung und Auseinandersetzungen mit ihren schmerzlichen Erfahrungen. Die momentanen Beschwerden sollten wie durch Zauber behoben werden und eine neue Welt an deren Stelle treten. Beide hatten schon gescheiterte Therapieerfahrungen hinter sich. Sie wanderten von Therapeut zu Therapeut in der Hoffnung, jemanden zu finden, der das Leben für sie regelt.

Welche Bedeutung hat denn heute die Sexualität für das Scheitern oder den Bestand einer Beziehung?

Die Sexualität vollzieht sich ja auf diesem persönlichen Hintergrund von erprobten Zielen und Mitteln. Ich lebe die Sexualität so, wie sie in mein persönliches Schema paßt. Der Mann, der seine Männlichkeit in den Vordergrund spielt, der wird natürlich auch eine forcierte Sexualität wünschen. Der wird Kontakte außerhalb suchen, um dieses Männlichkeitsideal abzudecken. Auch die Frau lebt ihre Sexualität auf diesem ihrem persönlichen Hintergrund. Nun ist es biologisch bei der Frau so, daß sie sich öffnet und der Mann dringt ein. Dazu gehören bestimmte Persönlichkeitseigenschaften, dieses Eindringen auch zuzulassen. Einer Frau, die verschlossen, kontrollierend und selbstunsicher ist, die Sorge hat, sich auf jemanden einzulassen, weil sie fürchtet, in eine total abhängige Position zu kommen, der ist es oft auch gar nicht möglich, sich körperlich zu öffnen. Ich bin deshalb auch sehr dagegen, diese Frau durch allerlei Training und Techniken, durch irgendwelche Übungen zum Öffnen zu bringen. Da findet letztlich eine Art Vergewaltigung statt. Und wenn eine solche Frau in der Therapie erlebt, daß sie sich einlassen kann, mitschwingen kann, ohne daß eine Vergewaltigung stattfindet, daß sie ihren Platz behält, dann kann sie sich auch öffnen. Es geschieht manchmal, daß eine Frau mit ihrem Partner bis vor der Verheiratung eine gute Sexualität erlebt. In dem Augenblick, in dem der Partner den Wunsch nach einer Ehe mit ihr äußert, ist es, wie wenn ein Schalter abgestellt wird: Sie erlebt keinen Orgasmus mehr. Es entwickeln sich langsam Ekelgefühle, Distanz, Abwehr, schließlich Erstickungsanfälle, immer wenn der Partner auf sie zukommt. Sie kann Nähe nur zulassen, solange keine offizielle Verbindung und Bindung da ist. Weil sie in einer nicht festgelegten Verbindung noch mehrere Möglichkeiten sieht. In dem Augenblick, wo die Ehe, die Festlegung gegeben ist und wo die kulturellen Erwartungen keine weiteren Außenkontakte dulden, wird sie die Einengung empfinden. Ihr geringes Selbstbewußtsein läßt keine Nähe zu. Insofern ist Sexualität für mich Symptom, nicht aber das Problem. Diese Angst vor Nähe könnte sich prinzipiell auch anders äußern.

Ob einer seine Sexualität zerstörerisch oder befreiend lebt, hängt davon ab, wie lernfähig und veränderungsbereit er in seinem Leben sonst ist.

Der neurotische Mensch lebt sein starres System aus Angst. Für ihn bringt auch ein Experimentieren mit Sexualität – sei es ein Leben zu dritt oder in Gruppen – keinen Gewinn, solange er bleibt, wer er ist. Das Leiden an sich selbst, das bleibt ihm. Experimentieren in einem kranken System hilft auch nicht weiter. Neues tun, garantiert nicht, daß Neues geschaffen wird. Und wenn er alles, was er sich wünscht, von seinem Partner verlangt, wird er scheitern. Der einzelne kann nicht stellvertretend durch seinen Partner geheilt werden.

Die Arbeit am aktuellen Geschehen: Ehe- und Lebensberatung

Gespräch mit Dr. Elmar Struck:

Was sind die Anlässe für ein Paar, Ihre Beratungsstelle aufzusuchen? Gibt es da immer wiederkehrende Muster?
Für mich gibt es drei auffällige Hauptquellen von Spannungen. Einmal liegen diese in Unverträglichkeiten zwischen den beiden Partnern, auch in den aufgebrochenen Verschiedenheiten zwischen der eher männlichen Sicht von Welt und der mehr weiblichen Sicht von Welt. Einen weiteren Anlaß für Spannungen liefert unser gesellschaftlicher Rahmen, der die Kräfte für ein partnerschaftliches Zusammenleben zerstört. Und drittens gibt es Belastungen, die bringt der einzelne aus seiner individuellen Lebensgeschichte mit. Die sind vorher vorhanden, und die sind auch nach einer Trennung weiter da. Wir beschränken uns in unserer Arbeit zwar auf das Paar. Aber wir sagen es dem einzelnen auch, wenn solche Probleme aus der Vergangenheit aufgetaucht sind. Dadurch wird die Vorwurfshaltung etwas abgebaut: »Nur weil ich mit dir verheiratet bin, habe ich meine Probleme.« Das ist ja häufig eine Illusion.
Heute kommen die Paare auch schon früher, wenn sie sich noch nicht unbedingt trennen wollen. Wenn sie merken, da ist Sand im Getriebe. Früher kamen sie erst fünf vor zwölf. Aber heute werden Störungen früher bemerkt. Wir verstehen unsere Arbeit nicht so, daß Partnerschaften um jeden Preis gekittet werden müssen.

Der Laie hat vielleicht doch noch andere Vorstellungen von den Gründen für das Scheitern einer Partnerschaft. Da denkt man ans »Fremdgehen«, an sexuelle Schwierigkeiten. Diese Gründe wurden mir bisher in keinem Gespräch genannt.

Ja, das ist auch etwas zurückgetreten, das hat sich verschoben. Die Aufgeklärtheit, also das Wissen über die Tatsachen ist heute größer. Insofern wird Sexualität nicht mehr so leicht als das bezeichnet, was die Krise verursacht hat. Man weiß im Grunde schon: Es steckt mehr dahinter. Natürlich sind es dann in einer mittleren Ebene der Beratung auch massive sexuelle Probleme. Aber diese haben sich verändert. Waren es früher tiefe Ängste vor diesem Bereich, so sind es heute massive Leistungszwänge, die sexuelle Störungen verursachen. Oder auch die Naivität, mit der man glaubt, Sexualität benutzen zu können wie jedweden anderen Gegenstand. Dieser Glaube, Sexualität sei technisch handhabbar: »Wir sind doch aufgeklärt; Eifersucht hat nichts mit Liebe zu tun.« Das sind Halbwahrheiten. Die stimmen und stimmen auch wieder nicht. Das wird gefährlich, wenn mit dem Bestreben, eine perfekte, tolerante Partnerschaft zu führen, alle Gefühle weggeschoben werden. Wenn Gefühle unterdrückt werden, geht jede Lebendigkeit verloren. Es wird gar nicht mehr zugelassen, Gefühle zu spüren, aus Angst vor den dunklen Gefühlen, die damit auch auftauchen können. Es gehört ja auch dazu, mal etwas miteinander zu tragen, was nicht ganz rund ist.

Wie arbeiten Sie mit den Paaren?
Meistens hat sich nur einer von beiden an die Beratungsstelle gewandt. Da wäre so ein denkbarer Anfang, daß ich danach frage, ob es mit den Schwierigkeiten zusammenhängt, daß gerade dieser eine angerufen hat. Wir gehen von dem aus, der im Moment den Leidensdruck erlebt und die Verantwortung übernimmt. Oder wer den Veränderungswillen am stärksten verspürt. Oder wer auch gedrängt worden ist. Da fängt dann die Auseinandersetzung an: Wer hält sich in dieser Beziehung für was für zuständig? Wir vermeiden in der Paarberatung, auf die Einzelgeschichte einzugehen. Wir bleiben eng an dem, was sich zwischen den beiden abspielt, wenn möglich im Aktuellen. Also wir gehen nicht so darauf ein, was etwa vor zwei Wochen bei dem Besuch der Schwiegereltern geschehen ist. Sondern wir hellen am Beispiel dieser Szene auf, was die Kernkonflikte zwischen den beiden berührt; z. B. widersprüchliche, verwirrende Forderungen, Fehldeutungen, was er gemeint haben würde, wenn sie gesagt hätte, was nicht gesagt wurde.

Kann denn diese Aufhellung von Konflikten genutzt werden?
Gibt es Personen, die damit nichts anzufangen wissen?
Ja, wenn einer der Partner nur unwillig oder aus Pflichtgefühl
mitkommt. Das sind oft die Männer. Bei denen fehlt dann die
wirkliche Betroffenheit. Es müssen schon beide Partner in
gleichem Umfang an ihrer Situation leiden. Wenn jemand noch
nette Nebenschauplätze hat, wie einen interessanten Beruf
oder Freunde, dann kann er dem Leidensdruck weitgehend
entkommen. Die Frau kann das seltener, wenn sie nicht erfüllt
berufstätig ist. Die hängt da mehr drin. Und wenn er noch
Nebenverhältnisse unterhält, die sehr befriedigend sind, dann
fehlt auch meistens der notwendige Leidensdruck. Da läuft
dann nichts. Da fließt die Energie voll in die Nebenschauplätze.

Können Sie als Berater schon irgendwelche Prognosen wagen
und sagen: Unter bestimmten Bedingungen kann man mit einem
positiven Ausgang rechnen. Oder: Hier ist nicht mehr viel zu
erwarten?
Das ist ein sehr tiefer Eingriff in ein Paar, wenn man solche
Meinungsbildungen macht. Natürlich denkt sich ein Berater so
etwas, aber er muß sich auch der Grenzen solcher Prognosen
bewußt sein. Es kann immer wieder etwas Unvorhergesehenes
eintreten, was die eigenen Überlegungen über den Haufen wirft.
Da braucht nur unerwartet der Vater oder Schwiegervater zu
sterben; das kann eigenartige innere Geschehnisse in Gang
setzen. Man darf nicht Schicksal spielen wollen. Trotzdem gibt es
gewisse Kriterien, die auch eine Vorhersage gestatten. Wenn
man erkennen kann, daß zwischen zwei Menschen von Anfang
an nie etwas Warmes und Herzliches entstanden ist, dann ist der
gemeinsame Boden zu dünn. Es muß mindestens einmal eine
Zeit gegeben haben, wo man miteinander glücklich war. Wenn
da so gut wie nichts vorhanden ist, bis auf die erste Begegnung am
Rosenmontag, und wenn sich nie etwas aufgebaut hat, das ist ein
sehr ungünstiges Zeichen. Die gute gemeinsame Zeit braucht
man, um die Enttäuschungen tragen zu können.

Ich werde oft gefragt: »Was soll ich jetzt tun? Mein Mann hat
sich einer anderen zugewandt. Was soll ich jetzt machen, um ihn
zurückzugewinnen, um ihn zu halten?« Meine Erfahrung ist: Ich
kann gar nichts tun. Ich kann mich abstrampeln, auch so toll zu
werden, aber die Konkurrentin ist eben viel toller.
Da bin ich Ihrer Meinung. Das Sinnvollste wird in diesen Fällen

sein: Diese Zeit nutzen für eine gewisse Ferne des Partners, eine gewisse Distanzierung, eine Besinnung auf die eigenen Möglichkeiten. Oft ist sogar ein anteilnehmendes Verständnis möglich, ohne Selbstaufgabe. Aber bei dem krampfhaften Versuch, ihm zu gefallen, springt nichts heraus. Es sei denn, man hat direkt massive Gründe geliefert, also z. B. einen extremen Putzzwang. Aber es führt zu nichts, wenn man der Konkurrentin durch etwas noch dicker aufgetragene Schminke zuvorkommen will. Die Qualität einer Ehefrau nach vielen Ehejahren ist eine andere als die, es einer jüngeren Frau gleichzutun. Das wird nie ihre Stärke sein. Das ergibt dann Zerrbilder. – Was hilft, ist: Erkunden der eigenen Möglichkeiten in anderen Bereichen. Allerdings sollte man, wenn möglich, nie ganz den Boden der Gemeinsamkeiten verlassen. Und ein Verständnis für die Situation schaffen, wie wenn der Partner zwei Jahre in Gips rumlaufen würde. Das ist ja der Wert einer älter werdenden Partnerschaft, daß ein Verständnis für diese Daseinsprobleme entwickelt wird. Daß der gemeinsame Boden nicht verraten wird. Viele Menschen haben es verlernt, diese Stärke der älteren Ehe als wertvoll zu erleben, weil ihnen in allen Lebensbereichen der Wert des neuen Objekts in höchsten Tönen gepriesen wird.

Andererseits habe ich auch erfahren, wie absurd es ist, Forderungen nach mehr Gefühl zu stellen, Zuwendung einzuklagen.
Sicher, das macht Schuldgefühle, wenn überhaupt Gefühle zustande kommen. Und die kann man nicht ertragen. Die umgeht man, indem man den Partner betrügt. Man sieht ihn leiden und stiehlt sich davon. Diese alten Gefühle sind nicht einklagbar und auch nicht wiederherzustellen. Da muß auch der Berater aufpassen, daß da nicht, künstlich von ihm angeregt, irgendwelche verlorenen Gefühle wieder aufflackern, Scheingefühle, die keinen Bestand haben.

Gibt es auch für die ältere Ehe Möglichkeiten des Zusammenbleibens, wenn die Gefühle der ersten Zeit nachzulassen beginnen?
Das Wichtigste ist: die gemeinsam gebildete Geschichte. Darum geht es. Was ist gemeinsam gewachsen? Eine Chance ist, daß man sich auch die Konfrontation mit dem Anderssein leisten kann. Das Ich ist nicht mehr so bedroht wie in jungen Jahren. Man hat doch hoffentlich eine gewisse Stabilität er-

reicht mit 40 oder 50 Jahren. Man braucht doch nicht mehr zu erschrecken, wenn man erkennt: Es gibt diese Verschmelzung nicht. Beim Verliebtsein ist ja diese rauschhafte Verschmelzung ein wesentliches Motiv. Gleichsam als gäbe es keinen Unterschied zwischen »dir« und »mir«. Als könne nochmals die Glücksillusion der Kindheit aufleben. Das Eins-Sein. Darin sehe ich gerade eine Chance der älteren Ehe: das Nicht-Ausweichen vor dem Anderssein des anderen, auch nicht vor dessen dunklen, schmerzvollen Seiten. Dies ist ein wesentliches Moment für den Bestand einer Ehe.

Bei den 20jährigen, die noch glauben, auf die alles umfassende Liebe eines einzigen Menschen angewiesen zu sein, bei denen besteht das starke Bedürfnis, über eine solche Liebe Anerkennung und Bestätigung zu erhalten. Aber dies sollte ja im Idealfall mit 40 Jahren in den Hintergrund getreten sein. Ist es natürlich oft nicht. Das ist ein depressives Thema: Ich muß fühlen, daß ich lebe, und das fühle ich nur, wenn ich ausschließlich geliebt werde. Da ist Einsamkeit sehr eng mit Depression verbunden. Um das zu bekämpfen, werden furchtbar viele Anstrengungen unternommen, furchtbar viel Freunde, immer ein großes Haus führen. Und wenn das immer hektischer wird, kommt es über kurz oder lang zum Einsamkeitsgefühl in der Masse, zum Heulausbruch, wenn 20 Leute im Wohnzimmer sitzen.

Wenn ich nun schon meine, nicht genügend Liebe von meinem Partner zu erhalten, kann ich meine Bedürfnisse nach Zuwendung nicht auch auf mehrere Menschen richten? Kann ich das als gleichwertig erleben?

Das wäre ja der Idealfall. Der Idealfall einer älterwerdenden Ehe ist ja der, daß sich die Breite des Lebens vergrößert. Nicht verengt, sondern daß es ein Mehr an Beziehungen gibt durch die breitere Lebensgeschichte. Daß man Freundschaften hat und von daher Bestätigung und Anregung erfährt.

Früher wurde die Ehe bei einem 50jährigen angereichert durch andere Aufgaben. Da war die Ehe nicht mehr das Zentrale. Andere Sorgen, andere Themen lösten das Kreisen um sich selbst ab. Da scheint ja heute wenig an Alternativen angeboten zu sein. Da fehlen neue Sinngebungen. Man hat ja lange die Vorstellung gehabt, daß sich Eltern und Kinder tunlichst trennen sollen, weil das alles sehr schwierig und störend ist. Dadurch geht ein Sinn verloren, der Sinn, daß die Generationen sich aneinander reiben und aneinander teilhaben. Das

klammert man ab. Das wird aus dem Lebensganzen herausge-
brochen, das Wissen über Krankheit und Tod.

*Das klingt in vielen Bereichen unseres Themas wieder an: Die
dunklen Seiten des Lebens werden ausgeklammert. Im Leiden
wird ein Betriebsunfall gesehen, den es zu beheben gilt.*
Es ist eine Illusion zu glauben, alles sei technisch machbar. Jedes
Problem sei restlos zu lösen. Diese Vorstellungen tauchen auch
als Forderungen in der Beratung auf. Dabei ist es gerade die
Aufgabe der Psychotherapie, die Kreisprozesse wiederherzustellen: Freude und Trauer, heiß und kalt, daß es wieder fließt.
Das gehört doch zusammen. Das freie Schwingen von Lust und
Unlust. Da gibt es Leute, die sich gern die Ärmel hochkrempeln
und meinen: »Das kriegen wir alles in den Griff.« Im Moment
haben die zwar keine große Konjunktur, weil man merkt, wie
begrenzt die Dinge sind. Aber noch vor zwei Jahren glaubte man,
alles sei machbar, alles in ein paar Jahren hinzukriegen. Das sind
auch in der Ehe solche Versuche, mit Kursen und Büchern die
Ehe top-fit zu machen, möglichst schnell und mit sicherer
Erfolgsgarantie. Als gehöre nicht auch das Warten, das Scheitern zum menschlichen Leben.
Durch dieses Bestreben, alles Dunkle wegzuschieben, zuzudek-
ken, verbaue ich mir die Chancen, mich vollständig im Leben zu
erfahren, in Auseinandersetzungen mit Krankheit, Begrenzun-
gen und Tod. Die dunklen Seiten der eigenen Geschichte werden
geleugnet, so als könnten wir jederzeit in den Zustand der
Unschuld zurückkehren. »Wir wollen noch mal von vorn
beginnen.« Das sind die Redewendungen, mit denen das alles
umschrieben wird. Als wäre so etwas möglich. Was ist das
überhaupt für eine Aussage über mein Leben. Wenn ich die
Meinung habe, ich kann noch einmal von vorn beginnen, dann
schmeiß ich 40 Lebensjahre weg. Wenn ich das nicht sehen will,
wird mich die Depression über kurz oder lang erschlagen. So
vielfältig die Muster für die ältere Ehe auch sein mögen, bei aller
Buntheit der Entwürfe werde ich bestimmte Grundthemen nicht
ausschließen dürfen: das Vertrauen und die Geschichtlichkeit.
Der radikale Bruch mit der eigenen Geschichte ist etwas im
letzten Unmögliches. Das ist zutiefst riskant. Was entwerte ich
da? Soll ich den Sinnzusammenhang meines Lebens total
zerreißen? Wo bleibt da die Sympathie zu mir selbst? Ohne diese
Sympathie zu mir selbst, ohne ein Annehmen meiner Geschichte
haben die Neuentwürfe keine Erdung. –

Grenzen

Es gibt eine wachsende Zahl von Einrichtungen, denen wir die schwierigen Teile unseres Lebens überlassen können. Das, was stört, wird weggeschoben, dorthin, wo sich die Spezialisten zuständig fühlen: Die Langweile im Urlaub vertreibt der Animateur; den Streit mit dem Nachbarn zu schlichten, übernimmt der Rechtsanwalt; die Persönlichkeit wird im Zentrum für psychosoziale Techniken entwickelt, Wiedergeburt im Preis eingeschlossen; die Großmutter kommt ins Altersheim; den Tod besänftigt die Sterbeklinik.

Bevor es zu schmerzen beginnt, wird das Problem vom Leben abgetrennt und dem zuständigen Sachbearbeiter anvertraut. Alles sei erlernbar, und zwar spielend und ohne Anstrengung, wird verkündet. Der Sozialarbeiter möchte die passende Gesprächstechnik erlernen, um mit alkoholisierten Frauen im Asyl reden zu können – und verschwendet keinen Gedanken daran, *was* ihnen zu sagen sei. Ein Mann bittet mich, dabeizusein, wenn er seiner Frau die endgültige Trennungsabsicht mitteilt. Als könne meine Anwesenheit diese Entscheidung entschärfen, verharmlosen. Ich soll ihm die Schuld tragen helfen, am besten alles Weitere selbst übernehmen. Er sucht Bestätigung, richtig zu handeln. Als gäbe es nur dieses: richtiges oder falsches Handeln. – Ein 17jähriger fragt, mit welcher Methode er die Liebe seiner Freundin zurückgewinnen könne. Der Glaube an Technik ist ungebrochen.

Wer nicht mehr weiter weiß, wende sich an seinen Therapeuten, die Telefonseelsorge, das Amt für Seelische Gesundheit, erhebe einen Anspruch auf ein Leben, frei von dunklen Seiten, fordere sein Recht auf halbiertes Leben.

Man will es nicht wahrhaben: Trennungen sind ein Bestandteil unseres Lebens, unlösbar verknüpft mit Geborenwerden, Wachsen und Sterben. Kinder entwerten ihre Eltern, um Angst und Schuldgefühle bei der Ablösung vom Zuhause zu ertragen. Eltern erklären ihre Kinder für verrückt, um das, was geschieht, begreifen zu können. Kein Spezialist befreit uns von Trennungen. Im günstigsten Fall ermutigt er uns, das Ganze zu sehen: In den Trümmern von Wut und Selbstzerstörung beginnt eigenständiges Leben zu wachsen.

Der verantwortungsbewußte Therapeut wird die Glückserwartungen seiner Klienten frühzeitig enttäuschen. Er wird zuhören, sich um Verstehen bemühen, weder verurteilen noch bestrafen; aber er wird streng sein müssen. Unter diesen Voraussetzungen kann sich der Klient etwas erarbeiten: wenig bekannte Bilder über sich selbst, Bilder, die er sympathisch finden könnte; die Wirklichkeit ein Stück weit annehmen, ohne in Kinderträume flüchten zu müssen.

In einer guten Therapie erweitert der Klient sein Erleben und seine Handlungsmöglichkeiten. Dazu gehört, daß er die abgetrennten dunklen Seiten wieder leben lernt. Trauer zulassen, Schmerzen spüren. Daß er aufhört, sich über den Preis für Wunscherfüllungen zu beklagen: Wer Selbständigkeit fordert, muß auf Schutz verzichten; wer Karriere wünscht, gewinnt keine Freunde. Zwischen Unvollkommenem wählen lernen.

Es können auch einige nützliche Fertigkeiten eingeübt werden: Einen Passanten nach dem Weg fragen; ein Geschäft, ohne etwas gekauft zu haben, verlassen; auf Schokolade essen verzichten; einen fremden Mann in ein Café einladen. Dies alles sind minimale Stützen, einfache Krücken, die gerade eben das Umfallen verhindern bei einem Klienten, der sich eigentlich danach sehnt, tanzen und fliegen zu können. Und dieses auch nur bei günstigem Therapieverlauf. Über mißglückte Therapieversuche schweigen die Betroffenen, wenn sie darin einen erneuten Beweis für eigene Unzulänglichkeiten sehen. Dabei läßt sich nicht jede vorzeitig abgebrochene Therapie auf kleinkindhafte Versorgungsansprüche des Klienten zurückführen.

Ein fruchtbares Arbeitsbündnis zwischen Therapeut und Klient berührt auch die Wertvorstellungen und Lebensansichten der beiden Beteiligten; und das in weit größerem Maße, als Therapeuten es wahrhaben wollen. Ein Therapeut könnte eine ihm unsympathische politische Meinung des Klienten als Krankheitssymptom abqualifizieren. Dagegen kann sich der Klient nur schwer zur Wehr setzen; denn in seiner momentan labilen Lebenssituation neigt er dazu, dem Therapeuten Allwissenheit zuzuschreiben. Allerdings werden politische Meinungen seltener Hauptgegenstand therapeutischer Gespräche sein. Wesentlich enger verknüpfen sich Bilder über »männliche – weibliche« Lebensmöglichkeiten mit unseren Vorstellungen von »gesund« und »krank«. Dabei können sich beim Klienten Bilder auszuformen beginnen, die außerhalb der Wahrnehmungsfelder des Therapeuten liegen. Wird sich der Therapeut öffnen können und dem noch verschwommenen Bild zu Konturen verhelfen? Oder wird er sich durch die fremde Lebensform so sehr bedroht fühlen, daß er sie nur »krankhaft« nennen kann? Ein verantwortlicher Therapeut weiß um seine Grenzen. Er kann den Klienten zum Therapieabbruch befähigen, ohne dessen Selbstwertgefühl zu beschädigen.

Die fruchtbarsten Therapieverläufe entwickeln sich, wenn Therapeut und Klient in ihren Werten und Lebensansichten weitgehend übereinstimmen. Ein hohes Maß an Übereinstimmung im Fühlen und Wünschen – wenn auch nicht in den Werten – wird bei Menschen in ähnlichen Problemsituationen beobachtet. Diese Beobachtung ist Anlaß für Selbsthilfegruppen, die manchmal erfolgreich arbeiten – mit oder ohne Therapeuten. In Selbsthilfegruppen, etwa den Seminaren für Getrenntlebende[7], finden sich Menschen zusammen, die sich gegenseitig in ihrem Recht auf Angst und Wut bestärken. Sie lernen Haß und Trauer als »normale« Gefühle in einem lang dauernden Prozeß zu begreifen. Solche Gruppen bestehen gewöhnlich drei bis sechs Monate. Nach diesem Zeitraum kann der Trennungsschmerz nicht länger verdecken, welches individuelle Lebensproblem den einzelnen wirklich gefangenhält, ganz gleich, ob allein oder zu zweit, mit oder ohne Trennung. Dann geht es um die Frage: Lasse ich mich auf eine Lebenslinie voller Brüche festschreiben? Oder versuche ich, mir Klarheit zu verschaffen über meine Beziehung zu mir, zu der Welt und den anderen? Zu dieser Zeit ist der Betroffene besonders anfällig für die verlockenden Angebote der Sinngebungsindustrie: Sekten, Körner, Psycho-Wellen, Leben aus zweiter Hand. Da es für jeden Menschen unzählige Wahrheiten gibt, wird der Betroffene in all diesen Angeboten die eine oder andere Wahrheit über sich entdecken können. Gut für ihn, wenn er diese kleine Wahrheit nicht zu seiner einzigen Wahrheit erhebt, sondern sie an ihren Platz in einen größeren Zusammenhang stellen kann. Besser noch, wenn er diese Wahrheiten im wirklichen Leben suchen lernt. Für alle Wahrheitsangebote aber gilt: Wer mit bunten Verheißungen wirbt, wer die Schwierigkeit unterschlägt und leichtes Gelingen verspricht, der hat nichts von Bedeutung zu bieten – auch, wenn er viel Geld dafür fordert.

11
Zwei Frauen

*Ist der Vater eine Frau? Ist die Mutter ein Mann? Ist der Vater
eine Mutter? Sind zwei Männer eine Mutter? Können Mutter,
Vater Menschen sein?*
Oder:
*Woran läßt sich die Wertschätzung bemessen, die unsere Gesell-
schaft zwei miteinander lebenden Menschen gleichen Ge-
schlechts zugesteht? Wenn diese beiden Menschen sich anschik-
ken, ihre Vorstellung von einem sinnvollen Leben zu verwirklichen, indem sie zwei elternlosen Kindern eine Heimat bieten. Ist
es mehr als nur gedankenlose Mißachtung, wenn man dieser
verpönten Lebensgemeinschaft gerade jene Kinder überläßt,
denen als »hoffnungsloser Fall« ohnehin nur das Vergessenwer-
den bleibt?*
*Solchen Fragen haben sich Paula und Nelly stellen müssen, als
sie vor sieben Jahren allen Anfeindungen zum Trotz ihr Ziel im
Auge behielten. Zuerst kam die fünfjährige Lena zu ihnen; in
einer unbegreifbaren Außenwelt war sie verstummt. Ein Jahr
später nahmen sie Bea zu sich, die mit ruhelosen Ausbrüchen die
Beständigkeit des neuen Zuhauses überprüfen wollte.*
*Die heute 17jährige Karin kam eher zufällig ins Haus und
erschütterte das eben gewonnene Gleichgewicht durch ihre un-
stillbare Sehnsucht nach Sicherheit.*
*Heute hat mich eine fröhliche Bilderbuchfamilie zum Abend-
essen eingeladen. Fünf Fahrräder vor der Haustür. Mutter-Vater
Paula, Mutter-Vater Nelly und drei Kinder. Lena und Bea
albern herum. Karin erklärt mir die Lücken eines komplizierten
Punktsystems, um ungefährdet ins Abitur zu rutschen.*
*Als sich die Kinder zurückgezogen haben, möchte ich mit Paula
und Nelly über die Geschichte ihrer Beziehung sprechen. Wir
sprechen über die Kinder. Wie in jeder Kinder-Familie das
Thema Nummer eins, aber nicht das einzige Thema.*
*Nelly und Paula leben seit dreizehn Jahren zusammen. Sie sind
jetzt beide 41 Jahre alt. Nelly arbeitet als Krankengymnastin in
einer orthopädischen Praxis. Paula ist bei einer Sozialbehörde
angestellt. Dort halfen ihr Kollegen gegen die unzähligen büro-
kratischen Hürden auf dem Weg zu den Kindern.*

Gespräch mit Nelly und Paula:

P.: Wir arbeiten beide ganztags, allerdings mit Früh- und
Spätdienst, wobei der Vorteil ist, daß wir abwechselnd gegen
Mittag Schluß haben. Damit die Kinder nie allein sind, wenn sie
aus der Schule kommen. Früher gingen sie in den Hort. Das
machte aber so viel Schwierigkeiten, daß wir jetzt mittags zu
Hause sind. Nelly kann sechs Stunden in der Woche hier zu
Hause arbeiten, Abrechnungen erledigen, und ich darf ab und
zu Akten zu Hause bearbeiten. Auf diese Weise läßt sich das
gut regeln. Wenn natürlich die Arbeit auch zu tun ist, das ist
eine ziemliche Beanspruchung.
N.: Aber immerhin haben wir es irgendwie immer geschafft,
daß die Kinder nie mit 'nem Hausschlüssel um den Hals in die
Schule müssen.

*Wenn Sie eine »normale« Familie wären, würde das wahrschein-
lich nicht automatisch so gleichwertig verteilt und abgesprochen
sein.*
N.: Das habe ich auch schon gemerkt. Eine Kollegin mit nur
einem Kind, die hat mich schon mal unter Tränen gefragt: Wie
machen Sie das bloß? Die hat einen Mann, der will nebenbei
noch seinen Doktor machen, der ist einfach nicht zuständig für
den Haushalt und das Kind. Der ist so verwöhnt, hat früher
seine Mutter gehabt und jetzt eben seine Frau.
P.: Der einzige Nachteil ist, daß manchmal 'ne Informations-
lücke da ist. Also bin ich montags und freitags für die Schularbeiten zuständig. Und wenn eines von den Kindern am Diens-
tag etwas Neues in Mathematik durchnimmt, das ist schon
richtig komisch, daß ich das dann erst mal gar nicht kann. Aber
einerseits ist das auch manchmal gut. Wenn wir beide gleichzeitig zuständig sind, dann redet immer einer dazwischen. Dann
erziehen eigentlich immer zwei. Zwei Antworten kommen
dann. Und wir sagen dann: die armen Kinder. Wenn sich einer
ärgert, dann sind es plötzlich zwei, die sich ärgern.
N.: Die Haushalts- und Kinderpflichten sind gleich verteilt.
Und das Gemeinsame findet an den Wochenenden statt, am
Abend und morgens. Wir frühstücken von jeher recht lange.
Wir stehen alle um sechs Uhr auf und frühstücken alle ausgiebig
miteinander. Intensiv sind die Wochenenden. Das geht oft
freitags schon los. Jetzt hat es sich so eingebürgert, daß die
Kinder sonnabends länger aufbleiben dürfen. Das hatten die

bei Freunden so gesehen. Erst haben wir gedacht, oje, jetzt haben wir auch den Sonnabend nicht mehr für uns, um uns was vorzunehmen. Aber es hat sich eigentlich bewährt. Es läuft lockerer und konzentriert sich nicht so auf uns. Die Kinder spielen alle ein Instrument und führen dann schon mal was vor. Da haben sie auch ein bißchen Bestätigung. Und dabei macht Karin recht gern mit, was mich eigentlich erstaunt. Die ist ja schon 17, aber so sieht sie nicht aus. Doch für sie ist es gut. Sie holt da auch ein bißchen was nach, was sie vorher nicht hatte. Sie kommt aus einem Alkoholikerhaushalt. Wo kurz hintereinander beide Eltern gestorben sind. Sie war damals 13 und hatte grade angefangen, sich in die Schularbeit zu stürzen, weil sie die letzten beiden Jahre auf der Grundschule sehr von einer Lehrerin gefördert wurde.

P.: Na, und 13 ist ein Alter, wo einen keiner mehr will. Das sagte auch die Sozialarbeiterin: »Da kann man nichts machen. Das geht jetzt kaputt.« So geschäftsmäßig sagte die das. Das war gar nicht beabsichtigt, daß wir Karin nehmen, aber als wir das hörten; sie hätte ja automatisch wieder vom Gymnasium heruntergemußt.

N.: Im Anfang hatten wir schon mal das Gefühl, wir hätten uns übernommen. Aber dieses Gefühl hatte ich bei Bea auch gehabt. Da gibt es schon mal 'ne Krise, wo man denkt: Jetzt ist es zuviel gewesen. Also mit Karin war es im Anfang sehr schlimm.

P.: Ja, für dich mehr als für mich.

N.: Ja, ich bin nach Hause gekommen. Da saß sie schon auf der Treppe und lauerte nur darauf, daß man kam, daß sie sich mitteilen kann. Dieses Überrolltwerden habe ich nicht ausgehalten. Sie hatte ja auch soviel nachzuholen. Und war auch so anhänglich. Sie hatte 13 Jahre lang noch niemals in einem geheizten Zimmer gewohnt. Noch nie ein warmes Mittagessen erhalten. Andererseits hatte sie für drei jüngere Geschwister zumindest so weit gesorgt, daß diese nicht verhungert sind. Und das hier bei uns in Köln. Nur ein paar Straßenbahnhaltestellen von uns entfernt. Ich bin im ersten Vierteljahr, als sie hier war, regelmäßig zu spät zur Arbeit gekommen, weil ich nie ins Bad konnte. Wir sind erst mal nicht dahintergekommen, warum Karin nicht aus dem Bad kam. Das war das schöne warme Wasser aus der Wand, das sie sich stundenlang über die Hände und Arme laufen ließ. Mittlerweile hat sich das arrangiert. Erst mal waren wir zwei, die das auffangen konnten. Dann kann man ja auch miteinander sprechen und dem anderen sagen, warum man nicht gleich reden will, wenn man abgehetzt nach Hause kommt und das Essen aufwärmt. Es verändert sich in einer solchen Situation auch laufend etwas. Jetzt ist sie selbst es, die etwas Ruhe braucht, wenn sie aus der Schule kommt.

Für ein 13jähriges Mädchen ist so eine Konstellation mit zwei Frauen zunächst sicher etwas ungewöhnlich.
P.: Ich glaub' kaum. Nach dem, was sie vorher erlebt hatte – sie spricht niemals darüber –, konnte sich ihre Situation nur verbessern. Sie hatte auch Angst vor Alkohol und lautem Gebrüll. So daß die Abwesenheit von einem Mann für sie eher beruhigend war und entlastend.
Sie hat wohl ihrem Vater die ganze Schuld an ihrer Situation zugeschoben, obwohl das sicher ungerecht ist. Und gegenüber ihren Klassenkameraden empfindet sie es im Augenblick noch als Vorteil, daß sie nicht in diesen Ablösungsquerelen drin ist. Sie ist ja nächstes Jahr 18 und könnte dann theoretisch allein wohnen. Aber wir sind jetzt mit ihr übereingekommen, daß sie erst mal bei uns bleibt, bis sie ihr Abitur hat. Das Alleinleben macht ihr jetzt noch zuviel Angst. Das ist zu anstrengend für sie. Andererseits unterstützen wir das. Wir sprechen darüber mit ihr, und sie kann sich unheimlich freuen, wenn sie mal Bestecke oder Handtücher geschenkt bekommt.

Es wäre vielleicht auch schwer für sie, wenn sie alles auf ihren Vater schiebt, sich in ihrem Alter an einen Mann in der Familie zu gewöhnen?
N.: Es wäre gut, gut für sie, wenn sie andere Männer kennenlernen würde, andere Familienväter. Oder auch einen Freund. Das ist ihr Problem. Das hat mit »Mann« oder »Frau« überhaupt nichts zu tun. Sie hat das nie gelernt, von sich aus eine Beziehung aufnehmen zu können. Sie hat niemals jemanden zu sich einladen können, nie ihren Geburtstag gefeiert. Sie hat sich nie getraut, jemanden mit nach Hause zu bringen. Ein Freund ist natürlich überfällig oder eine Freundin, aber das ist in der Zeit, die wir hatten, noch nicht nachzuholen gewesen. Da kann man jetzt auch nichts mit Gewalt dran machen.

Viele wünschen sich keine Gemeinschaft, sondern nur eine bessere Wohnung

P.: Wir haben ja vor anderthalb Jahren noch mal intensiv daran gedacht, mit anderen zu wohnen. Zwei Versuche haben wir unternommen, so mit mehreren Familien zusammenzuwohnen, damit die Kinder auch andere Formen kennenlernen. Dieses Defizit auszugleichen. Familie mit Gleichaltrigen, Jungen, Männer. Das hat sich nie verwirklichen lassen. In der naheliegenden Gemeinde – wir gehen nicht in die Kirche, aber die sind sehr aktiv –, also da wollte man ein Haus bauen für gemeinsames Wohnen von mehreren Familien. Von vornherein planen mit mehr Gemeinschaft. Jeder sollte seinen Wohnbereich haben, aber auch etwas Gemeinsames. Und wir hatten uns auch überlegt, wie weit wollen wir gehen mit diesem Gemeinschaftlichen. Aber da war mein bescheidener Vorschlag schon zu revolutionär. Da war ich richtig verblüfft. Ich hatte nur vorgeschlagen, außer einem Gemeinschaftsraum im Haus noch einen gemeinsamen Raum auf jeder Etage einzurichten. Das war schon nicht mehr zu akzeptieren. Es stellte sich heraus, daß die Leute eigentlich gar nicht Gemeinschaft wollten, sondern eben besser wohnen, bessere äußere Verhältnisse, Swimmingpool, billiges Einkaufen. Darum ging es uns nicht.

N.: Ein anderes Mal gab es im Gemeindeblatt einen Aufruf: Junge Leute, die unkonventionelle Wohnformen suchen usw. Aber da stellte sich heraus, daß nur der Pfarrer 'ne neue Wohnung suchte, und sonst war da auch nicht mehr. Etwas war ja auch falsch dran. Die Leute sind umgekehrt herangegangen. Zuerst war der Wunsch nach der Wohnform, und die kannten sich gar nicht. Das ist denn auch gestorben.

P.: Wenn man alleine ist, kann man das ja machen. Aber für uns mit den Kindern ist das Risiko zu groß. Da kann soviel kaputtgehen.

Für euch war auch der Wunsch ausschlaggebend, den Kindern Einblick zu geben in das Leben von Familien mit einem Mann.
N.: Wir haben drei befreundete Familien, mit denen wir engen Kontakt haben. Wo sie schon Beziehungen zu allen Familienmitgliedern aufbauen können. Wir verbringen mit denen oft mal ein Wochenende. Und wo das ganz Positive besteht, daß zumindest in zwei Fällen die Väter auch für uns die wichtigeren Gesprächspartner sind. Das ist gut, weil die Kinder in der

Schule ja auch viel über Ehescheidungen mitkriegen. Das bedrückt sie auch sehr.

Könnt ihr euch auch scheiden lassen?

P.: Sie haben uns auch schon gefragt, was wir denn machen, wenn wir uns streiten, ob wir uns auch scheiden lassen können. Wir haben gesagt, das haben wir nicht vor. Das sind also recht beängstigende Erlebnisse bei den Klassenkameraden.

Das ist natürlich auch eine Frage, wie das ist, wenn ihr euch streitet. Man geht so stillschweigend davon aus, zwei Frauen würden sich nicht streiten, aber das stimmt so sicher nicht.
N.: Keine Frage. Ich weiß nicht, wie es bei anderen ist. Aber wir streiten uns auch manchmal um Alltägliches.
P.: Aber das ist anders als so aggressive Dauerstimmungen bei manchen Familien.
N.: Es sind keine Auseinandersetzungen um grundsätzliche Dinge. Das ist das Entscheidende. Daß das Leben, so wie es jetzt ist – daß wir damit beide einverstanden sind. Und wenn es Meinungsverschiedenheiten gibt, dann sind es mehr organisatorische Dinge. Nun muß man mal unterscheiden. Ich habe zu Hause ganz andere Dinge kennengelernt. Mein Vater hat rumgebrüllt, hat meine Mutter angebrüllt, uns Kinder angebrüllt; das war eine andere Art Streit.

Anlässe für Streit entstehen doch oft auch deshalb, weil zwei Menschen einander nicht sicher sind oder weil sie unzufrieden mit ihrer Beziehung sind. Gibt es solche Anlässe bei euch?
N.: Was heißt das: Unzufrieden mit ihrer Beziehung? Ich könnte mir denken: unzufrieden mit dem Leben. Aber unser Leben ist nicht die Beziehung; das Leben ist viel mehr.

Aber zunächst war da eure Beziehung miteinander, bevor die Entscheidung für die Kinder kam. Wie hat das angefangen?
P.: Angefangen hat es bei mir, daß ich vorher mehrere Jahre mit einer Freundin zusammengelebt hab', die mich von einem Tag auf den anderen verlassen hat, um zu heiraten. Danach bin ich wie leblos gewesen. Ich dachte, ich bin unfähig, je wieder einem Menschen vertrauen zu können. Wußte auch gar nicht mehr, wie ich bin. Dann habe ich eine Gesprächstherapie gemacht und langsam herausgefunden: Ich kann allein leben;

ich kann mit einem Mann leben; ich kann mit einer Frau leben; ich bin nicht festgelegt darauf, auf nur eine Weise zu leben.

N.: Aber als ich dich kennenlernte, wirktest du schon so sicher auf mich. Ich fühlte mich so unselbständig, so impulsiv und chaotisch. Ich mußte mich damals aus mehreren Verbindungen herauslösen, Verbindungen mit Männern und Frauen.

Wie ist es gekommen, daß eure Verbindung stabil wurde?

P.: Ich fühlte mich stark, weil ich fühlte, daß mich jemand mochte, ohne daß ich etwas dafür leistete. Ich merkte: Sie meint mich. Vorher habe ich immer geglaubt, man könne mich gar nicht selbst lieben um meiner selbst willen, sondern nur für das, was ich tue. Das kam wohl daher, weil ich vorher eigentlich nichts anderes erfahren habe. Meine Schwester war als Kind an Leukämie erkrankt, und meine Mutter liebte die Schwester so sehr; alles nur für diese Schwester. Ich habe dann immer viel geholfen. Aber es hat irgendwie nicht gefruchtet. Es war immer zu wenig. Als meine Schwester gestorben war, erkrankte meine Mutter. Ich habe sie nur noch als Kranke gehabt, habe sie zwei Jahre bis zu ihrem Tod gepflegt, habe auch da nie genug gegeben – so fühlte ich es damals. Ich mochte mich nicht leiden.

N.: Paula wirkte auf mich so ruhig. Ein ruhender Pol nach all dem Chaos vorher. Bei uns zu Hause wurde viel getrunken. Da flogen auch mal Teller durch die Luft. Ich hab', so schnell ich konnte, versucht, von zu Hause fortzukommen. Mein Bruder übrigens auch.

Wie habt ihr mit diesen belastenden Erfahrungen aneinander sicher werden können?

P.: Das Merkwürdige war die Erkenntnis, daß Nelly so verschieden von mir ist. Der andere ist ganz anders. Man denkt sonst immer – auch bei Ehepaaren konnte ich das beobachten: Der andere ist wie man selbst. Man sieht nur das, was einem ähnlich ist. Und ist dann so erschrocken, wenn der andere plötzlich ganz fremd ist. Nellys Verschiedenheit von mir hat mich eigentlich davor bewahrt zu glauben, sie sei mir gleich. Daß ich annahm, sie denke das gleiche wie ich.

N.: Deswegen hast du es auch ertragen können, wie ich mich verändert habe, daß ich selbständiger wurde. Du hast mich auch dabei unterstützt, den Beruf zu wechseln. Eigentlich bin ich zuerst als Laborantin ausgebildet. Ich bin ziemlich isoliert und niedergeschlagen gewesen in dem Labor, in dem ich den ganzen

Tag arbeitete, immer nur Röhrchen, Probenwechseln, Prüfen, Messen, kaum Kontakt zu Menschen. Ich hatte mich zwar schon vor Jahren an einer Krankengymnasten-Schule angemeldet. Aber die haben so lange Bewerbungsfristen. Erst war es eine große Umstellung, wieder zur Schule zu gehen. Aber der Wechsel hat sich gelohnt.

War der Entschluß, Kinder zu adoptieren, nicht wieder eine Gefahr, sich aufzuopfern? Gerade für dich, Paula?
P.: Es war zuerst gar nicht so geplant. Das hat sich so ergeben. Vorgenommen hatten wir uns, so etwas wie ein »sinnvolles« Leben zu führen. Zeit nicht zu verplempern. Aber wie das aussehen sollte, das kam erst nach und nach. Und inzwischen hatte ich auch viel gelernt.
N.: Es ist auch nicht richtig, von »Aufopferung« zu sprechen. Wir geben doch nicht nur etwas von uns. Wir bekommen auch viel zurück. Allein, wenn ich sehe, daß Lena sich heute bei Tisch an der Unterhaltung mit Fremden beteiligt. Sie hatte doch früher niemals gesprochen. Es existierte nichts für sie außerhalb von ihr.

Auch Frauenbeziehungen können gefährdet sein

Woran liegt es, daß gleichgeschlechtliche Zweierbeziehungen so stark gefährdet sind?
N.: Ich kenne eine Frau, die denkt immer nur an ihre Beziehungen, die redet von nichts anderem als von ihrer Beziehung und wen sie wieder hat und von ihrer Angst darum.

Ist die Angst deshalb so groß, weil die Chancen, jemanden zu finden, geringer sind als bei anderen?
P.: Es hat sich in den letzten zehn Jahren viel geändert. Seit der Frauenbewegung. Da ist es leichter, jemanden kennenzulernen. Aber solche Beziehungen sind gefährdet. Viele machen einen Fehler, wenn sie die gleiche Rollenverteilung wie in einer Ehe wollen. Eine spielt die Männerrolle, eine die Frau. Das stimmt nicht zusammen. Es muß etwas Neues sein. Oder die einzige Gemeinsamkeit ist Männerhaß. Das ist auch keine Grundlage. Männerhaß und Selbstverwirklichung als einzige Themen. Aber Selbstverwirklichung geht nicht über eine Beziehung. Und dann gefällt mir auch nicht, daß sich bei denen alles um Sexualität dreht.

Welchen Stellenwert hat die Sexualität in eurer Beziehung?
P.: Es war nie die Hauptsache und wohl auch nie die Basis unserer Beziehung. Ganz zu Anfang haben wir es ausgeklammert aus Scheu, etwas kaputtzumachen. Es hat sich langsam entwickelt. Jetzt sind wir wieder unsicher, wie wir uns den Kindern gegenüber verhalten sollen. Wie wir es ihnen mitteilen.

Viele Kinder in »normalen« Familien halten ihre Eltern auch für asexuelle Wesen, auch wenn sie aufgeklärt sind und Gegenteiliges gesagt wurde.
N.: Wir haben den Kindern alle Fragen beantwortet, was Sexualität und Zeugung betrifft. Wir möchten sie nicht einseitig beeinflussen, im Gegenteil, wir wären froh, wenn Karin einen Freund fände. Aber ich finde es schade, daß ein schöner Teil unseres Lebens für die Kinder ausgeklammert bleibt.
P.: Wir machen uns auch Sorgen, daß die Kinder von irgendeiner Seite auf gemeine Weise darauf hingewiesen werden. Andererseits können wir doch nicht die Kinder zusammenrufen und sagen: Hört mal, wir sind nicht normal. Wir halten uns doch für normal. Wir könnten genausogut ein Mann und eine Frau oder zwei Männer sein; wir sind zwei Menschen.

Für die Kinder ist es zunächst doch wichtiger: Sie haben die Sicherheit, ihr bleibt zusammen. Das ist eine Frage, die sie beruhigen könnte, wie ihr vorhin selber sagtet. Dann die Zuverlässigkeit, es ist immer jemand da. Ihr könnt die Kinder nicht vor allen Gemeinheiten schützen.
P.: Sicher nicht. Es wird wahrlich noch genügend andere Probleme geben. Zur Zeit ist alles recht ruhig und ausgeglichen. Aber die nächste Krise kommt bestimmt.

Habt ihr noch Platz in euch für andere Dinge als die Kinder?
P.: Das haben wir uns auch schon gefragt. Es gab ja Zeiten, da konnten wir abends nicht weggehen. Die Angst der Kinder war noch zu groß. Und schon gar nicht, mal irgend jemanden spontan besuchen; das hätte die Kinder richtig verstört. Dann haben wir festgestellt, daß wir ja nicht überall zu zweit hinrennen müssen. Zu Elternabenden in die Schule oder zu Konzertbesuchen. Eine Zeit war es mal so weit, daß wir sagten: Nach acht Uhr sind wir zwar zu Hause, aber wir wollen dann für uns sein, nur in Notfällen gestört werden. Dann merkten wir: Wir

sitzen zwar allein, reden aber doch nur über die Kinder. Da war
es höchste Zeit, daß jeder für sich allein in sein Zimmer ging
und sich mit etwas beschäftigte. Nelly mit Musik, ich mit
Lesen.
Wir haben natürlich für vieles nicht so viel Zeit, wie wir
brauchten, um gut informiert zu sein. Religion, z. B.; wir sind
sehr katholisch erzogen worden, d. h., wir waren katholisch.
Das haben wir jetzt auch bewältigt. Was für uns beide wichtig
war. Und wenn man sich mit Religion beschäftigt hat, ist man
auch schnell bei der Politik. Da find' ich es schade, daß wir noch
nicht genügend Wissen haben über Südamerika, über das wir
auf einem Dritte-Welt-Forum manchmal etwas gehört haben.
Da wir im Augenblick noch nicht so viel Geld haben, überall
dorthin zu fahren, wohin man nun fährt, machen wir das so:
Einmal im Jahr laden wir jemanden aus diesen Ländern ein,
z. B. eine Studentin aus Argentinien letztes Jahr. Und auf diese
Weise erfahren wir eine ganze Menge darüber.

12
Wenn der Preis zu hoch wird

*Langjährige Alkoholiker wissen gewöhnlich um ihre Selbstver-
antwortlichkeit. Auch wenn sie sich gegenüber Außenstehenden
zu rechtfertigen versuchen: »Meine Frau, die Kinder, der Vater,
die Mutter, die Arbeit haben mich zum Trinken gebracht.« Bleibt
die ersehnte Bestätigung aus, fragt einer zurück: »Und du?«
dann besinnen sie sich auf die furchtbare Wahrheit: »Ich bin es,
der trinkt.«*

*Angehörige von Alkoholikern durchschauen selten, wieweit sie
in diesen zerstörerischen Kreislauf eingebunden sind. Die Frau
des Alkoholikers ist ratlos, sie weiß nicht mehr weiter. »Ich habe
ihm doch alles gegeben«, klagt sie. Eben drum. Sie soll nicht
darüber grübeln, warum er trinkt. Sie soll sich fragen, warum sie
bleibt, warum sie nur existieren kann, wenn sie alles gibt. Das ist
ihr Anteil an ihrem eigenen Leben.*

*In ihren klaren Momenten werden Alkoholiker zu Meistern im
Bezaubern, Versprechen und Überzeugen. Sie schließen dein
Herz auf.*

*Vor mehr als 20 Jahren erkannte die heute 62jährige Gertrud G.,
daß die immer kürzer werdenden Glücksmomente die lebensbe-
drohlichen Phasen voller Verzweiflung nicht mehr lindern halfen. Drei Jahre brauchte sie, um eine Entscheidung für sich selbst
zu treffen, eine Entscheidung, die ihrem Mann jeden Ausweg in
die Sucht versperrte.*

Gespräch mit Gertrud:

Die allererste Zeit, da hat er noch nicht soviel getrunken. Aber
dann wurde es sehr schwer, dann hat er mit der Zeit immer
mehr getrunken. Zuerst hab' ich noch nicht den Gedanken
gefaßt, mich scheiden zu lassen, ehrlich. Da hab' ich immer
gedacht, mein Mann hat noch einen guten Kern, der sitzt noch
drin. Den kann man doch nicht einfach im Stich lassen. Und
nachher, da merkte ich immer mehr, der braucht mich, wenn ich
den fallen lasse, dann geht der vor die Hunde, da kann ich ihn
auch nicht fallen lassen. Es war noch nicht mal wegen Christ-
lichkeit, daß ich dachte, ich habe kirchlich geheiratet, da muß

ich bleiben; das war es nicht. Darüber hab' ich überhaupt nicht nachgedacht. Und hinterher war ich nervlich so kaputt, daß ich mich überhaupt nicht traute, mir allein ein Leben aufzubauen. Ich hab' mir immer gedacht, das schaffst du nie, das schaffst du nie, hab' ich mir gedacht. Und da fing der immer mehr an zu trinken, immer mehr zu trinken. Natürlich wurde der dann handgreiflich. Da hab ich auch gedacht, ich laß' mich einfach scheiden, hab' es aber nicht gemacht. Weil er immer wieder gebettelt und gebeten hat. Bleib doch bei mir, bleib doch bei mir. Da hab' ich das auch immer wieder versucht. Bis zum Schluß. Wie, daß es gar nicht mehr ging, wenn er handgreiflich wurde. Da hab' ich gedacht, ist doch besser so; dann bin ich dazu gekommen – also ich mußte immer nach dem Krankenhaus zum Putzen bei den Schwestern. Da sagte die eine Schwester: »Sie haben doch Kummer. Kommen Sie mal mit.« Und dann hab' ich mit ihr darüber gesprochen, über alles. Sie hat auch immer ein Gutes für mich gehabt, weil ich ja damals wenig Geld hatte. Sie sagte eines Tages zu mir: »Sie müssen beten« und so. Ich bin irgendwie zu der Erkenntnis gekommen, vielleicht hilft Gott mir. Dann hab' ich gebetet und gefleht. Es hat zwar eine Zeit gedauert. Ich hab' gedacht: »Lieber Gott, du kannst mich doch nicht so einfach sitzen lassen.« Dann habe ich eine neuntägige Andacht gemacht. Da habe ich versprechen müssen, eine gute Tat zu tun, wenn meinem Mann geholfen wird. Ich hab' es versprochen, und ich hab's gemacht. Gott hat mir ja auch geholfen am Ende, reell gesagt. Es war verdammt schwer damals, wirklich schwer.
Wie ich geheiratet hab', war ich 39 Jahre. Die ersten Jahre habe ich mit dem ja so zusammengelebt. Da wurde ich ja von allen für verrucht gehalten. Stell dir das mal vor, vor 26 Jahren war das noch so. Das war ja direkt ein Verbrechen damals. Man hat mich gemieden. Meine eigenen Verwandten. Ich war für die Luft, weil ich mit dem so zusammenlebte. Und einmal hatte ich den schon durchs Fenster mit den Koffern rausgeschmissen, weil ich dachte, das machste nicht mehr mit. Und wenn ich den vorne rausgeschmissen hab', dann kam der hinten wieder rein. Wirklich wahr. Und er hat gesagt: »Laß mich doch bei dir. Ich weiß doch auch nicht, wohin.« Und damals hat er noch nicht soviel getrunken. Ich habe gesagt: »Dann müssen wir aber heiraten.«
Dann haben wir geheiratet. Dann habe ich gedacht, wie jede Frau denkt, die einen Trinker hat: »Ich schaff' das schon.« Das

schafft man nicht. So einfach ist das gar nicht. Jemanden, der viel trinkt, einfach davon abzuhalten, das geht nicht. Das wird ja mit der Zeit immer schlimmer. Und das wurde auch immer schlimmer. Das wurde so furchtbar, daß ich dachte, ich kann nicht mehr weiterleben, und ich will auch gar nicht mehr weiterleben. Trotzdem hatte ich nicht mehr die Kraft dazu, etwas anderes zu tun. Ich hatte tatsächlich nicht mehr die Kraft dazu, ein neues Leben zu beginnen. Ich war nervlich zu sehr kaputt. Ich hatte nicht mehr den Mut dazu. Und trotzdem, wir konnten haben, was wir wollten, Streit und alles, wenn mein Mann zwei Tage frei war vom Trinken, wenn er mir gestern in den Hintern getreten hat, und morgen hat er mir ein gutes Wort gegönnt, da war ich schon wieder obenauf. Da schien für mich schon wieder die Sonne. Das war mein Glück, daß ich immer wieder gedacht habe, es geht aufwärts. Daß ich mich nie so ganz habe fallen lassen. Viel Mut hatt' ich ja trotzdem, alles in allem. Das muß man auch sagen. Ich habe immer mitverdient. Die Löhne waren ja niedrig damals. Im Anfang hab' ich noch Geld von ihm gekriegt. Aber nachher wurde es auch immer weniger. Oft ist er nach Hause gekommen und hat nur noch drei Mark mitgebracht, von dem Wochenlohn. Da mußte ich dem immer nachrennen, damit ich überhaupt ein paar Mark kriegte. Faul war der nie zum Arbeiten. Er hat immer, immer gearbeitet. Aber das Geld brauchte er für sein Trinken. Der brauchte soviel für sich. Da habe ich es immer so gemacht: In dem Lebensmittelgeschäft habe ich für Sachen gearbeitet. Wir haben ganz miserabel gelebt. Wochenlang von Pellkartoffeln. Und wenn ich wirklich mal was übrig hatte, für ein Stück Fleisch, dann hab' ich das für meinen Sohn und mich fertiggemacht. Und mein Mann, der hat dagesessen, der kriegte seine Pellkartoffeln. Dann sagte der auch: »Verdammt noch mal. Jetzt bin ich es aber leid. Ich will was anderes zum Fressen haben.« – »Ja«, sagte ich, »bringste Geld, kriegste auch was zum Essen.« Ich hab' dem auch nur Margarinebrot mit zur Arbeit gegeben. »Du kannst ein besseres Leben haben, wenn du mir Geld gibst«, hab' ich ihm gesagt. So ging das ja auch gar nicht.

Einmal hat er dann einen Versuch gemacht, davon wegzukommen. Da hab' ich ihn weggebracht, bin aber nicht mit hineingegangen. Und ich bin gegangen, hab' gedacht, es ist alles in Ordnung. Fahre nach Hause, und eine halbe Stunde später kommt der auch nach Hause, mit seinen Koffern wieder. Das war vielleicht ein Tiefschlag. Dann hat er gebettelt. Er hat mir immer alles versprochen. Die Sterne vom Himmel wollt' er mir holen. So ist das mit Menschen, die trinken. Die versprechen alles. Die wollen das auch. Die können einfach gar nicht anders. Die möchten schon. Dann kriegen die auch ihren Moralischen und denken, stopp, was machste alles für Blödsinn. Aber wenn sie wieder Alkohol trinken, wenn sie wieder an der Theke stehen und ein paar aus haben, dann ist das wieder vergessen. Das ist furchtbar.

Daß es von alleine geht, das gibt es nie. Ein richtiger Trinker, der läßt das nie. Einer, der das jeden Tag haben muß, der läßt es nie. Der will das wohl. Aber der kann das nicht. Die brauchen eine Stütze und eine Faust im Nacken. Man darf sich nicht von Mitleid übermannen lassen. Die versuchen das ja auf jede Art. Wie der weg sollte, da hat der bis zuletzt immer noch gefragt: »Bleibst du bei mir?« – »Ja, ich bleib' bei dir.« Einmal lag ich ja schon in Scheidung. Dann hab' ich mich wieder von dem beschwätzen lassen. Versprochen, versprochen, 14 Tage ist es gutgegangen. Und vorbei. Da fing genau dasselbe wieder an. Und dann zwei Jahre weiter, da war es mir bis übern Kopf, ich konnte nicht mehr. »Jetzt gehst du in Kur oder die Scheidung«, hab' ich gesagt. Der wollte bei mir bleiben. Lieb hat er mich auch wohl gehabt, sonst könnt' es ja nicht sein. Da bin ich richtig froh drum, daß ich damals durchgegriffen hab'. Der Ausschlag war, daß er mir mit einem Messer gedroht hatte.

Im Anfang hab' ich immer geschimpft mit ihm. Ich konnt' mich einfach nicht beherrschen. Den hab' ich dann zur Sau gemacht. Wenn ich innerlich das Kribbeln hatte, hab' ich mir immer vorgenommen: Jetzt sagste nichts. Aber der hat mich dermaßen zur Weißglut gebracht, daß ich den Mund losmachen mußte.

Und dann ist er – als ich schon fast nicht mehr konnte – für ein halbes Jahr bei den Blaukreuzlern in die Klinik gegangen. Und der Hausvater da, der war ein ganz wunderbarer Mensch. Der war wirklich für die Männer da. Der hat sich mit den Männern abgegeben. Das ist bei denen so, der eine hilft dem anderen. Da sind welche, die schon den fünften Monat haben, die helfen dann diesen, die neu kommen. Somit geht das. Wenn drei Monate vorbei sind, das sagte der Hausvater schon, dann kriegen die den Koller. Und mein Mann kriegte auch den Koller. Da wollte der partout nach Hause. Da war er auch gerade krank. Und ich hatte mal nicht geschrieben. Ich mußte dem jeden Tag schreiben. Ein kleines bißchen Halt geben, hatte der Hausvater gesagt. Damit der nicht denkt, ich bin verloren, ich steh' allein. Diese Menschen schaffen das alleine nie. Es muß schon einer hinter denen stehen, wie eine Faust im Nacken. Aber dann ist es gutgegangen.

Dann, als er nach Hause gekommen ist, war es auch nicht so leicht. Wenn man in dem Ding sitzt, dann sind alle gleich. Aber nach Hause kommen und der ganzen Sache treu bleiben, das ist das Schwerste, was es gibt. Die erste Zeit, wenn der dann wieder in die Wirtschaft geht, was man denen so alles sagt, »du Limonadenheini« und so was. Das ist gar nicht so einfach. Und diese Angst, die dann in einem ist, diese Angst darf man nicht zeigen. Nach sechs, sieben Jahren hatte ich die überwunden. Ehe man die Angst los wird, ist es schlimm. Vor allen Dingen, man darf das den Männern nicht vorwerfen. Es kommt überall mal ein Streit vor, da kann man denen das dann nicht vorwerfen. Das darf man nicht machen. Man muß tun, als ob das nicht wahr gewesen ist alles. Sonst werden die zurückfallen, hat der Hausvater gesagt. Bei denen, wo mein Mann war, das waren 100. Von diesen 100 sind mindestens 80 zurückgefallen. Es sind höchstens 20 übriggeblieben. So schwer ist es, durchzuhalten.

Wir durften die alle vier Wochen besuchen. Und da, wenn wir gekommen sind, hatten wir auch eine Stunde. Da hat der Hausvater mit uns gesprochen. Wie wir uns verhalten sollen, wenn die zurückkommen. Damit die fühlen, da ist jemand da. Die brauchen dann eine Stütze. Die haben zuviel von der Außenwelt drauf. Ich bin prima damit fertig geworden. Nachher schon. Ich vergesse die Worte nicht, die der Hausvater sagte; daß der Mann ein neuer Mann werden muß. Daß der Mann, der das Trinken sein läßt und ein Schweinehund bleibt, der hat nichts gewonnen. Und das ist das. Mein Mann hat sich von Grund auf geändert. Schlecht war er nie. Ich hab' ja Glück gehabt und es gut getroffen. Ich hab' heute ein wunderbares Leben. Er war in allem und jedem anders. Er hat mich auf einmal direkt als Frau geachtet. Vorher war ich für ihn ein Waschlappen, ein Putzlappen. Worauf er getreten hat, wenn er etwas hatte. Wenn er getrunken hat, ist er sich vielleicht selber schäbig vorgekommen. Und da mußte er jemanden haben, wo er sich mal auslassen konnte. Ich als Frau mußte hinhalten. Die anderen haben sich das auch nicht alles bieten lassen. Wenn er von draußen kam, der war noch nicht ganz drin, da war er schon am Schimpfen. Die alte Hure und all diese Sachen. Was die mal so alles vorbringen in ihrem Suff. Das wollen die, wenn sie wieder beikommen, gar nicht hören, daß das alles wahr ist.

Ich habe erst Sorge gehabt, weil, ich bin ja neun Jahre älter als mein Mann. Denn das ist ja nicht von der Hand zu weisen, sexuell war ich auch ein bißchen auf Draht. Und ich brauchte auch mal einen Mann. Aber ich habe gedacht, den Ansprüchen kann ich niemals gerecht werden. Denn ein Mann, der acht Jahre jünger ist, wie soll das bloß werden. Und das hat so wunderbar geklappt. Jetzt hilft er auch im Haushalt mit, ich kann ihn überall hinschicken. Konnt' ich vorher nicht. Da vergeß' ich nie eine Episode von früher, als ich ihn mal die Schulden im Geschäft bezahlen schickte. Als er zurückkam, hatte er nicht bezahlt, und das Geld hatte er auch nicht mehr. Da wußte ich schon, daß er das versoffen hatte. 15 Mark waren damals sehr viel Geld für mich, das war für mich ein Haufen Geld. Ich hatte ja nie Geld. Aber es gab viel schlimmere Sachen. Da will man ja auch nicht an alles das wieder denken.

Man muß vor allen Dingen tun, als wär' nie was gewesen. Wenn man wirklich helfen will. Sonst soll man es gleich ganz lassen. Nach vier, sechs Wochen erst, vorher hat er gar nicht gewagt, wo reinzugehen. Ich hab' ihm gesagt: »Du mußt doch mal Kartenspielen gehen. Du kannst dich doch nicht immer vergraben. Du brauchst dich doch nicht zu schämen deswegen.« Und man muß vertrauen, daß er es schafft. Und das ist immer gut gelaufen. Nun ist es 17 Jahre her.

Das wichtigste ist, daß wir von den Blaukreuzlern monatlich eine Zusammenkunft haben. Dann wird so über all diese Sachen ein bißchen gesprochen. Dann merkt derjenige, da sind noch mehr, die genauso weit sind wie ich. – Beten allein tut es auch nicht. Lieber Gott, ich möchte gern einen Haufen Geld haben, geht ja auch nicht.

Man muß auch schon vorher wissen, worauf man hinterher verzichten muß. Ich war ja sehr lebendig und bin immer gern mal ausgegangen. Das geht nun nicht gleich wieder, wenn einer zurückgekommen ist. Ich kann ja nicht beides haben: Ruhe und Frieden und Remmidemmi mit Vergnügen. Das muß man wissen und sich nicht drüber beklagen. Wenn ich meinen Mann zu so einer Kur schicke, muß ich wissen, hinterher muß man auf einiges verzichten. Ich kann den ja nicht gleich überall mit hinschleppen und meinem Vergnügen nachgehen. Obwohl der schon manchmal sagt: »Frau, geh doch ruhig dort mal hin.«

Also 14 Tage im Jahr fahre ich alleine weg, um alles zu vergessen und abzuschalten. Das brauch' ich auch.

Abends sind wir jetzt viel zu Hause. Wir haben immer Gesprächsstoff. Es sind so viele Sachen, worüber man diskutieren kann. Und wenn ein Musikabend ist, schnapp' ich mir meinen Mann und mach' mit dem ein Tänzchen. Andere leben sich auseinander im Alter. Das kennen wir nicht, wegen all der Sachen vorher. Ich versteh' meinen Mann auch zu nehmen. Der sagt: »Du hast mich schon längst am Kragen, ehrlich.«

Eines muß ich wegen der Wahrheit auch noch sagen: Daß mein Sohn verkommen ist im Alkohol. Und meine Schwiegertochter, die hat bei mir alle Unterstützung, daß die sich haben scheiden lassen. Ich hab' für meine Schwiegertochter und die Enkelkinder gesorgt. Und meine größte Freude ist, daß meine Schwiegertochter jetzt wieder einen ordentlichen Mann gefunden hat. Weil der auswärts auf Montage ist, hat die ein großes Glück: Da ist der Mann nur immer zwei Tage in der Woche zu Hause.

Wer nachgibt, wird ein Komplize der Sucht

Wie Gertrud erzählte, haben es 80 Prozent der Männer nicht geschafft, nach der Entziehungskur »trocken« zu bleiben. Ich gab Gertruds Bericht einer 46jährigen Buchhalterin zu lesen, die vor acht Jahren einen anderen Weg gehen mußte: Sie verließ ihren Mann nach elfjähriger Ehe. Zu Gertruds Bericht meinte sie:

Vieles war bei mir ähnlich. Da kamen aber gegen Ende noch die Schulden hinzu, von seinem Unfall. Es sollte alles gepfändet werden. Ich war auch völlig mit den Nerven fertig. Ich dachte, das schaffst du nie, arbeiten und die drei Kinder erziehen. Aber das waren falsche Sorgen: Ich hab' es sogar besser geschafft allein, weil die ganzen Aufregungen wegfielen. Wenn die Kinder nicht gewesen wären, hätte ich es nicht geschafft, wegzukommen. Da war dieses verdammte Pflichtgefühl, daß ich dachte, ich kann ihn nicht fallen lassen. Dieses verdammte Pflichtgefühl, daß ich ihm helfen mußte; was keine echte Hilfe ist. Denn bei solcher »Hilfe« hat er keinen Grund, vom Trinken wegzukommen.

Genau wie Gertruds Mann war auch er in seinen trockenen Phasen sehr zerknirscht, hat geweint und geschworen, hat uns beschenkt. Lange Zeit habe ich es nicht wahrhaben wollen, daß es immer schlimmer wird, weil ich zuerst dachte: Er ist so weichherzig und gutmütig, er wird von anderen zum Trinken angestiftet. Später, wie er nicht mehr gearbeitet hat, dämmerte mir schon, wie es weitergehen würde. Trotzdem hab' ich immer noch gehofft.

Aber als die Kinder auch in den Streit und den Krach mit hineingezogen wurden, fiel mir die Entscheidung leichter zu gehen. Aber »leichtfallen« ist zuviel gesagt; ich war so erschöpft, daß ich nur noch zitterte und Beruhigungstabletten schluckte. Ich wurde dann zur Erholung verschickt. Dort merkte ich erst, daß ich nun schon selbst fast abhängig war von den Tabletten. Auch, daß es jetzt gar nicht mehr darum ging, jemanden zu retten – weder ihn noch die Kinder –, sondern erst mal mich selbst. Nach der Erholung bin ich gleich zu einer Beratungsstelle gegangen. Dort hat es mir die Ärztin bestätigt: Mein Pflichtgefühl soll ich mal für mich selbst verwenden. Ich hätte die Pflicht, mich zu retten. So einfach ging das nicht. Aber nach einem Jahr war ich wieder so weit gesund, daß ich arbeiten konnte.

13
Freunde

Heidrun A., 45 Jahre alt, zwei erwachsene Kinder. Lebt in Berlin, arbeitet als Sachbearbeiterin an der Universität. Sie lebt seit Jahren allein.

Gespräch mit Heidrun:

Trennung muß sein, glaube ich. Wobei ich noch nicht genau weiß, woran das liegt. Ich versuche das gerade auch für mich ein bißchen aufzuarbeiten, weil ich mich gerade getrennt habe – allerdings auch nicht mit dem Mann zusammengelebt habe. Bei mir ist es bisher immer so gewesen, daß ich diejenige war, von der der Wunsch nach Trennung ausging, weil ich mich in einer Beziehung in kurzer Zeit eigentlich immer wahnsinnig eingeschränkt gefühlt habe, ohne daß ich das an bestimmten Sachen aufhängen kann.

An einer Beziehung, die ich früher mal gehabt habe – mit dem Mann habe ich auch drei Jahre zusammengelebt –, da kann ich das schon festmachen. Da war ein Unvermögen da, mich zu akzeptieren mit meinen vielen Aktivitäten und meinem gewerkschaftlichen und politischen Engagement. Da habe ich schon gemerkt, daß er das, obwohl er selbst ähnlich engagiert war, nicht verkraftet hat. Und manchmal frage ich mich, ob das nicht wirklich das Problem ist bei Frauen wie mir: Ich bin vor 15 Jahren geschieden worden und war, als ich mich scheiden ließ, richtig ein Häschen. Ich bin aus einem gutbürgerlichen Elternhaus in eine kleinbürgerliche Ehe reingerutscht, ohne jemals allein gelebt zu haben – eigentlich auch, ohne je einen Beruf gehabt zu haben. Ich bin Sängerin gewesen, habe das zwar gelernt, war aber wie so viele mal hier und mal da so ein bißchen beschäftigt, habe also nie auf eigenen Füßen gestanden.

Mit meinem Mann habe ich dann in einem Reihenhaus in der Nähe von Bamberg gelebt, und ich habe innerhalb der ersten anderthalb Jahre unserer Ehe die beiden Kinder bekommen, wußte nicht, wie ich mit dem Haushalt und den Kindern fertig werden sollte, war müde und unbefriedigt, wenn mein Mann nach Hause kam, und wollte etwas anderes, nur nicht grüne Witwe sein.

Ich weiß noch, daß ich den ersten Schock kriegte, als ich bemerkte, daß ich zum Küchenfenster rannte, weil die Nachbarn Besuch kriegten, und da wollte ich gucken, was das für Menschen waren. Das hat mich selber so erschreckt, daß ich gedacht habe: Mein Gott, jetzt wird dein Horizont immer enger und immer enger. Jetzt guckst du schon, was Nachbars für Besuch kriegen. Dann habe ich meine Kinder gepackt und bin nach Berlin zurückgefahren zu meinen Eltern und habe gesagt: Ich gehe nicht mehr zurück, ich bleibe hier. Dann war ich vier Monate hier, aber mein Mann hat mich sehr unter Druck gesetzt – hat mir gedroht, daß er mir die Kinder wegnimmt, und da bin ich wieder zurück, ein Jahr lang, habe ich eigentlich auch viele Diskussionen mit ihm gehabt und habe ihm auch gesagt, was ich ihm vorwerfe. Ich konnte es verstehen, daß er wenig zu Hause war, aber ich fand, daß in der Zeit, in der er zu Hause war, wir mehr miteinander hätten machen müssen. Gemeinsam was lesen, gemeinsam Formen finden, wie man auch seine Intelligenz schult und erhält. Oder sich auch mit irgendwelchen Fragen auseinandersetzen – damals fing es gerade an mit dem Vietnamkrieg. Und ich wollte schon wissen, was das war.
Aber er war nicht interessiert. Er kam nach Hause, zog sich seine alte Hose an und seine Pantoffeln, und setzte sich vor den Fernseher. Und das konnte ich nicht.

Habe ich wirklich mit dem zwei Kinder gezeugt?

Nun kam noch dazu, daß er mit den Kindern eigentlich gar nicht gut auskam, und jetzt ist es offenbar mit seiner neuen Frau dasselbe. Er ist eigentlich völlig ungeeignet für Kinder, aber er mußte fünf in die Welt setzen.
Nach dem Jahr habe ich gesagt, daß ich so nicht mehr weitermachen kann und daß er einer Trennung zustimmen soll. Das hat er dann auch so mit Hängen und Würgen gemacht, aber er hat nie eingesehen, warum das überhaupt sein mußte.
Und ich muß ehrlich gestehen: Mir ist es im Lauf der Zeit eigentlich auch so ein bißchen abhanden gekommen.
Wenn man sich überlegt, daß der Mensch in seinem Leben und in seiner Entwicklung von einem Punkt zum anderen geht, dann haben wir uns, von verschiedenen Punkten kommend, gerade auf einer Schnittlinie getroffen, und das ging eine kurze Zeitlang. Das ging nur drei Jahre, und dann fingen wir an, uns

wieder voneinander wegzuentwickeln. Ich könnte dir noch nicht einmal Gründe nennen. Er hat mich nicht geschlagen, er hat keine anderen Frauen gehabt – wir haben nichts mehr miteinander zu tun gehabt. Wir haben überhaupt keine Beziehung mehr zueinander gehabt.

Wenn er jetzt kommt, dann erkenne ich ihn zwar, und ich erkenne auch vieles, Formen, die mich früher sehr gestört haben, über die ich jetzt lachen muß – aber er ist mir völlig fremd, und ich frage mich immer, habe ich wirklich mal mit dem geschlafen und zwei Kinder gezeugt – das ist mir alles abhanden gekommen. Das liegt aber sicher auch daran, daß ich während meiner Ehe überhaupt keine Möglichkeit der eigenen Entwicklung hatte und das alles erst nachher gemacht habe. Ich bin danach erst ein erwachsener und denkender Mensch geworden. Mir fehlen richtig Teile meiner Entwicklung, und ich habe Gedächtnislükken. Ich empfinde diese zehn Jahre Ehe eigentlich als verlorene Zeit, um die es mir leid tut. Ich denke, wenn ich die zehn Jahre noch hätte, was ich dann alles hätte machen können.

Und dann habe ich versucht, mich ein bißchen besser kennenzulernen. Ich wußte damals überhaupt nichts, und damals gab es ja auch noch nicht die Frauenbewegung – jedenfalls nicht in der Form, wie es das jetzt gibt. Ich bin so unbewußt großgeworden. Ich bin 1935 geboren, bin jetzt also 45. Bei Kriegsende war ich neun. Die Schule hat uns nicht besonders gefördert und entwikkelt, hat uns auch keine besondere Gelegenheit gegeben, sich mit Politik oder Lebensformen oder Frauen oder sonst irgendwas auseinanderzusetzen – ich habe da unglaublich unbewußt gelebt.

Als ich mich scheiden ließ, hatte ich plötzlich zwei Kinder und mußte auf eigenen Füßen stehen. Mußte mir also auch Arbeit suchen, die mit meiner alten Arbeit wenig zu tun hatte, denn nach zehn Jahren kannst du nicht in den Beruf zurückgehen mit zwei Kindern, die du ernähren mußt. Das ist völlig unmöglich. Und damals hatte ich mich auch entschieden, meinen Mann nicht mit mir zu belasten, weil ich gesagt habe: Jeder muß die Chance haben für einen neuen Anfang – er auch. Die Entscheidung halte ich auch heute noch für richtig. Das war gut, denn mir hätte das ein furchtbar schlechtes Gewissen gemacht, wenn ich von ihm gelebt hätte oder so.

Mit den Kindern war das zu Anfang sehr hart. Ich hatte zwar Unterstützung von meinen Eltern gehabt, aber die wollte ich eigentlich nie so richtig annehmen, weil ich es für mich selber gebraucht habe zu sehen, wo meine Grenzen sind. Ich habe dann weiter freiberuflich gearbeitet – fünf Jahre lang –, und dann habe ich mich umschulen lassen. Das war sehr komisch, weil das Arbeitsamt das zuerst nicht wollte, weil ich vorher zu wenig gearbeitet hatte. Dann habe ich also doch ein Dreivierteljahr die Umschulung gemacht, und das war sehr schön, weil ich nur den halben Tag in die Schule gehen mußte und die übrige Zeit für meine Kinder da war – das fand ich herrlich. Ich wollte das dann auch sehr gern verlängern, aber das ging nicht, denn ich hatte dummerweise schon die Abschlußprüfung.

Wir, die Kinder und ich, lebten damals in einer kleinen Zweizimmerwohnung, und eigentlich war das sehr eng, aber ich bin damals richtig aufgelebt. Ich hatte noch einige Freunde aus meiner Studienzeit, und eine Freundin nahm mich damals mit ins »Reichskabarett«, und das hat mich unglaublich beeindruckt, weil ich da zum ersten Mal eine andere als die herrschende Meinung hörte. Das hat mich völlig umgedreht und umgeschmissen und umgewirbelt. Damals war es noch so, daß der hintere Teil des Reichskabaretts nach der Vorstellung abzutrennen war, und da konnte man die Sitze so ummodeln, daß man da auch sitzen konnte, und ich bin da abends nach den Vorstellungen oft noch hingegangen, wenn ich wußte, daß meine Kinder schliefen. Ich konnte die nicht gut alleine lassen – ich bin also da, wenn sie schliefen, hingegangen und habe anfangs nur zugehört. Ich habe überhaupt nicht mitgeredet, ich habe nur zugehört. Und habe dadurch sehr viele Anregungen zum Lesen bekommen.

Damals fingen auch die ersten Demonstrationen an, und irgend jemand sagte dann auch, als die ganz große Vietnam-Demonstration war: Geh doch mal mit. Das habe ich eigentlich auch für notwendig gefunden und bin da mitgegangen, und bin dann so – damals habe ich ja noch nicht an der Uni gearbeitet, bin aber trotzdem so etwas in die Studentenbewegung hineingerutscht, einfach weil ich dann anfing, viel zu Veranstaltungen zu gehen. Ich war auf dem großen Vietnamkongreß und so weiter, lernte dann auch einen Studenten kennen, mit dem ich dann auch lange befreundet war, mit dem ich auch nicht zusammengelebt habe, der nach drei Jahren nach Paris ging, um dort sein Studium zu beenden. Das war dann eine Trennung, die sich so auseinanderläpperte. An dem haben meine Kinder sehr gehangen. Von dem sprechen sie heute noch. Er schickt auch immer noch Ansichtskarten, wenn er mal irgendwo ist.

Ich habe ihn mal gesehen, vor drei Jahren auf einer Silvester-
fete, und da hatten wir eigentlich sehr schnell wieder einen
Draht zueinander, obwohl wir damals politisch in völlig verschiedenen Ecken waren und wir erst einmal fürchterlich
miteinander stritten. Aber im Prinzip würde ich das gut finden,
wenn wir uns wieder austauschen würden. Denn er hat mir
unglaublich viel gegeben, er hat mir viel beigebracht, und er hat
mich akzeptiert. In den Diskussionen – ich konnte ihn alles
fragen, und er hat auf alles geantwortet mit einer unglaublichen
Geduld. Das war für mich schon meine wichtigste Beziehung –
wichtiger als meine Ehe, weil er mich beteiligt hat in einem
wirklich starken Maß. So, wie es hinterher auch niemand mehr
getan hat – obwohl er auch seine Freiräume brauchte, aber die
brauchte ich ja auch. Er hatte seine eigene Wohnung, und er ist
oft tagelang nicht gekommen. Das hat mich überhaupt nicht
gestört. Wir haben auch Krisen durchgestanden – so nach zwei
Jahren hatte er sich sehr heftig in eine andere Frau verliebt. Da
war ich sehr unglücklich drüber, aber er hat mit mir gleich
darüber gesprochen, was ich sehr gut fand. Wir haben das
zusammen durchgestanden. Er hat mir irgendwann gesagt: Ich
möchte doch lieber bei dir bleiben.
Ich glaube, man kann eine ganze Menge vertragen, wenn man
weiß, worum es sich dreht. Das Schlimmste ist für mich
mangelnde Offenheit. Für mich ist das so selbstverständlich,
daß man sagt, was mit einem los ist. Mit einer mangelnden
Offenheit werde ich nicht fertig. Damit komme ich nicht zu
Rande.
Ich glaube, der Peter ist für mich so wichtig gewesen, weil ich
mich auf ihn verlassen konnte und weil er sich intellektuell mit
mir beschäftigte. Peter forderte mich, und er ließ mich merken,
daß ich ja auch jemand bin. Er zeigte mir sehr deutlich, daß er
bereit war, diese Beziehung zu akzeptieren, mich zu akzeptieren.
Ich hatte die Sicherheit, daß man gleichberechtigt miteinander
umgeht.

*Die spannende Frage ist ja nun, wo das aufhört, daß man sich
aufeinander verlassen kann, und die Schwierigkeit besteht doch
wohl oft darin, daß man eine gutgehende Beziehung am besten
dann aufrechterhält, wenn man selbst ganz sicher ist, also ruhend
in sich selber, ganz rund und glücklich. Aber das kann man
wiederum ganz schlecht ohne den anderen sein.*

Mir fällt dabei aber ein, daß manche Menschen große Angst vor Ansprüchen haben. Die sagen: Ich will nicht, daß an mich ein Anspruch gestellt wird. Ich habe mal zu einem Freund, der so was auch gesagt hat, dem habe ich gesagt: Wenn man keine Ansprüche mehr aneinander haben darf, dann kann man sich auch ein lebensgroßes Bild in den Spind stellen – das ist doch dann dasselbe. Das muß doch wenigstens sein. Ich möchte schon, daß an mich ein Anspruch gestellt wird. Sonst komme ich mir vor wie ein Möbelstück oder irgendwas. Dann bin ich gar nicht lebendig.
Und lebendig werde ich erst, wenn ich meine Grenzen ausweite.

Wer hilft dir, die Grenzen zu überspringen?
Das war für mich kein Mann, das war der Freundeskreis. Da ist es manchmal zu Situationen gekommen, wo gesagt wurde, daß ich das unbedingt machen müsse. Und dann lernt man es auch. Und irgendwann bringt man es sogar fertig zu sagen, wenn einem jemand gegenübersitzt, der Schwachsinn redet, dann auch wirklich zu sagen: Das ist Schwachsinn.

Meine politischen Freunde
sind auch meine privaten Freunde

Ich weiß nicht so recht, welchen Stellenwert die Beziehungen zu den Männern in deinem Leben haben. Ich glaube, daß du in deinen politischen und deinen Gremien-Betätigungen eine gute Basis gefunden hast...
Eine sehr gute, aber das bedeutet auch, daß ich fast nur Männer kennenlerne, die mich bewundern, die in mir die starke Frau sehen. Aber irgendwann habe ich auch den Wunsch, etwas anderes draus zu machen als so ein Verhältnis stark–schwach. Weil das auch wieder eine Ungleichheit ist und weil ich oft auch nicht so stark bin, wie ich nach außen hin wirke, sondern vielleicht nur ein bißchen anders bin als andere Frauen. Oder eher mit meinen Schwächen zu Rande komme. Ich weiß nicht genau. Ich habe schon den Wunsch, die Beziehung auf eine andere Basis zu stellen, und die Männer haben das im übrigen auch.
Es gibt eine Phase, wo ich meine Rolle als starke Frau nicht mehr akzeptiere und wo der Mann seine Rolle als schwacher Mann nicht mehr annimmt. Nur da den Weg zu finden, wie man

das ausgleichen kann – das ist mir bisher noch nicht gelungen, sondern bisher ist es eigentlich immer so gewesen, daß der Mann versucht hat, mich in meinen Aktivitäten einzuschränken, auch in meinen Freundschaften einzuschränken. Ich habe einen großen Freundeskreis, der mir auch wichtig ist – oder sagen wir mal, ich hatte bis vor kurzem einen großen Freundeskreis. Der ist dann dadurch, daß ich mich anders politisch orientierte, sehr eingeschränkt worden. Das heißt, meine politischen Freunde waren auch meine privaten Freunde, und das hat für mich einen großen Einbruch bedeutet. In diese Zeit kam auch meine letzte Beziehung, die dann in der Zeit, als ich mich politisch anders orientierte, kaputtging, und das war so, daß mir doch der Boden ziemlich unter den Füßen weggezogen wurde.

Ich habe nie Perioden des absoluten Durchhängens gehabt, wobei ich mir gegenüber auch schon etwas mißtrauisch bin, ob ich das wirklich nicht gehabt habe oder ob ich das nicht einfach nur überspielt habe. Wenn du Kinder hast, hast du einen Ladestock verschluckt. Da ist es nicht gestattet, daß du irgendwann einmal zusammensackst. Ich bin aber nicht ganz sicher, ob ich das nicht eigentlich doch getan habe. Jedenfalls war mir manchmal sehr danach.

Als ich mich von meinem Mann getrennt habe, waren die Kinder fünf und vier Jahre alt. Da hatte ich keine Gelegenheit, irgendwie solchen Formen des Durchhängens nachzugeben. Irgendwie habe ich das so in mir drin, daß ich mir das auch jetzt nicht gestatte, und ich weiß nicht genau, ob das eigentlich gut ist. Ich bin mir nicht sicher.

Also erst mal das Scheitern dieser Beziehung, dann der nicht mehr vorhandene Rückhalt bei meinen Freunden, den ich davor, wenn eine Beziehung nicht mehr klappte, immer hatte.

Ich versuche nun in der neuen politischen Gruppierung, in der ich mich jetzt bewege, neue Freunde zu finden, was so einfach nicht ist, denn wir kennen uns einfach nicht lange genug. Da gibt es große Probleme und Schwierigkeiten, mit denen ich nur sehr schwer fertig werde. Und vielleicht auch, daß meine Kinder jetzt selbständig sind, erwachsen, unabhängig von mir. Das führt nicht zu einem völligen Zusammenbruch. Ich kenne mich gut genug, als daß ich nicht weiß, daß ich mich auch aus so einer Situation wieder rausrappeln würde, daß ich Schwerpunkte finden werde, die mir erst mal so eine Durststrecke erleichtern.

Mir hat im übrigen nie eine neue Beziehung geholfen bei der Überwindung solcher Sachen. Ich habe das auch nie gekonnt. Ich habe einen Mann nie verlassen, weil der nächste da war, oder mich, kurz nachdem eine Beziehung zu Ende war, einem neuen zugewandt. Ich brauche immer ein paar Jahre, bis ich so etwas wieder angehen kann. So zwei, drei Jahre brauche ich schon.

Dazu kommt, daß ich finde, Frauen haben es in den letzten Jahren viel besser gelernt als Männer, mit ihren eigenen Ansprüchen und Gefühlen umzugehen. Ich habe nie irgendwie in einer Frauengruppe gearbeitet, aber trotzdem glaube ich, daß die Frauenbewegung auf jeden abgefärbt hat und einem auch ein Stückchen Selbstbewußtsein gegeben hat. Einfach, daß Frauen in der Lage sind, ein Stückchen ihrer Interessen in die Hände zu nehmen, sich durchzusetzen, auch gegen extreme Widerstände. Das gibt uns eine Portion Selbstbewußtsein.

Das ist so wahnsinnig schnell gegangen in den letzten zehn Jahren, und Männer haben das eigentlich so überhaupt nicht im Griff. Die haben überhaupt noch nicht gelernt, auf ihre Gefühle einzugehen.

Merkwürdigerweise ist in einer Beziehung ja auch immer Kampf. Ich weiß eigentlich nicht, warum der Mann gegen die Frau und die Frau auch immer gegen den Mann kämpft. Warum die sich so wenig solidarisch verhalten können. Auch in meinen Beziehungen erlebe ich das immer. Wenn ich das nicht verwirklichen kann, was ich will, werde ich – ich kann das gar nicht anders bezeichnen – bösartig. Und das tut mir selber weh.

Und ich verstehe eigentlich nicht, warum du das mit Freunden kannst, solidarisch zusammen sein, ohne zu kämpfen. Ich habe einen langjährigen guten Freund, mit dem ich auch ganz kurze Zeit ein Verhältnis hatte, wenn man so will, aber ich war eigentlich nie so besonders verliebt in ihn. Ich habe ihn immer sehr gern gehabt und habe ihn immer akzeptieren können. Das ist aber auch der einzige Mann, mit dem ich über Gefühle reden konnte. Mit dem kann ich mich unglaublich gut auch über Schwierigkeiten, über eigene Unzulänglichkeiten auseinandersetzen. Der akzeptiert das auch, wenn ich ihm sage, er macht unmögliche Sachen. Er akzeptiert das offenbar auch als eine Anregung für sich selber, sich damit auseinanderzusetzen. Und umgekehrt ist das genauso.

Aber da fehlt die sexuelle Gemeinsamkeit?

Nein, gar nicht mal. Sondern das ist oft so, daß wir, wenn wir die halbe Nacht verquatscht haben, Lust haben, miteinander ins Bett zu gehen, und das tun wir dann auch. Und das ist immer sehr schön.

Aber wir leben nicht zusammen, und er ist nicht in mich verliebt und ich nicht in ihn. Wir mögen uns einfach. Da geht das. Da geht das ohne Kampf und ohne solche sicher auch teilweise falschen Verletzlichkeiten. Und ich denke immer, so was müßte man auch in einer Beziehung können, wo man sich auch noch liebt. Warum da eigentlich nicht. Da müßte es doch eigentlich erst recht gehen.

Das hat, glaube ich, doch etwas mit den Ansprüchen zu tun. Und zwar nicht nur mit den Ansprüchen, die man an sich selber hat, sondern mit den Ansprüchen, die man an diesen abstrakten Begriff Beziehung hat. Du erwartest – oder ich erwarte – von einer Beziehung, daß sie eine Partnerschaft ist. Es ist schwierig, diese Partnerschaft, die uns vollständiger machen soll, als wir es sind, im tagtäglichen Alltag zu leben. Wir erwarten vom Alltag mehr, als er uns geben kann, und wir erwarten daher von einer Beziehung auch mehr, als sie uns geben kann. Oder anders gesagt: Der Alltag und unsere überhöhte Vorstellung von einer Zweisamkeit passen in den seltensten Fällen zusammen. Die Konsequenz müßte eigentlich sein, daß wir den Alltag ändern, aber wir ändern meistens die Beziehungen und hoffen so, auch noch den Alltag zu verändern.

Die größere Freiheit

Mette und Bettina leben in einer Frauenwohngemeinschaft zusammen. Mette ist erst seit zwei Monaten von ihrem Mann getrennt, hat einen knapp einjährigen Sohn. Bettinas Tochter ist sieben Jahre alt, und Bettina hat sich gerade – zum 25. Mal, sagt sie – von einem Mann getrennt. – Mette verarbeitet die Trennung, löst sich von ihrem Mann, indem sie Bestätigung bei anderen sucht. Bestätigung, daß sie das Richtige getan hat, und Bestätigung, daß sie jemand ist und auch ohne ihn gut zurechtkommen kann. Dabei hilft ihr Bettina, dabei hilft ihr die Gemeinschaft.

Gespräch mit Mette:

Ich hätte es ganz gut gefunden, wenn Erich mit mir eine Gesprächstherapie gemacht hätte, aber das paßt nicht in sein Bild. Es war für ihn indiskutabel. Wenn man nicht mehr weiter weiß, meinte er, dann kommen die Frauen eben mit so was. Und dann meinte er noch, wenn die Frauen nicht mehr weiter wissen, dann kommen sie mit Verständnis.
Ich bin in dem Bewußtsein an die Beziehung herangegangen, daß ich dachte: In den und den Punkten paßt mir der Erich nicht, aber das kriege ich schon hin. Ich war 23, als ich ihn kennenlernte, und irgendwie ist man da auch noch idealistisch, und wenn die Voraussetzungen gut sind, kann das auch gehen. Ich glaube, daß ich in der Beziehung zu Erich zu viel von ihm angenommen habe – Lebensführung etwa, den Bekanntenkreis usw. Ich habe mich einfach sehr angepaßt. Es ist uns zum Beispiel nie gelungen, unsere Bekanntenkreise zu vermischen. Da waren seine Bekannten, und da waren meine, und dann gab es noch die, die wir gemeinsam kennengelernt haben. Er hatte sehr viel Kontakt zu etablierteren Leuten als ich. Er war damals schon fertig mit dem Studium, während ich erst am Anfang war. Meine Bekannten waren viel jünger, und er sagte irgendwann einmal, ach, müssen wir schon wieder zu diesem Kindergarten.
Als ich mit dem Studium fertig war, zogen wir raus aus

Hannover. Ich war zweieinhalb Jahre als Referentin an verschiedenen Gerichten, und die meisten Kontakte zu meinen Leuten schliefen ein. Die Leute, die man von früher her kannte, waren irgendwo anders, und ich hatte keine Lust, am Wochenende, wenn ich nach Hause kam, auch noch Besuche zu machen. Und als ich dann die Möglichkeit dazu hatte, wurde ich schwanger, und da war das auch nichts mehr. Erich hat das nicht so sehr gestört, daß wir so ganz für uns lebten – der braucht den äußeren Rahmen, seine Wohnung, und wenn der stimmt, dann stimmt alles.

Wir sind damals in ein Hochhaus gezogen, außerhalb der Stadt, und das war eben doch auch noch etwas schwieriger. Eigentlich wollte ich nicht da hin, aber die Entscheidung fiel zu einer Zeit, als ich da in den Gerichten rumhockte und sowieso nicht viel Energie für was anderes hatte, und ich dachte, ich bin ja sowieso nur am Wochenende da.

Erich hat das Hochhaus nicht gestört, er hatte da eine ganze Reihe von Kontakten über seine Arbeit, und die habe ich zum Teil dann auch übernommen, so daß ich mich dann auch nicht so isoliert fühlte.

Während meiner Schwangerschaft habe ich dann einen anderen Mann kennengelernt, für den ich mich sehr intensiv interessiert habe und wo ich auch lange überlegt habe, ob ich mir diese Beziehung aufbauen sollte, aber erstens war mir das sehr riskant, weil ich den praktisch überhaupt nicht kannte und auch durch meine Schwangerschaft nicht meinte, das Recht zu haben, so eine Beziehung zu einem anderen Mann auszuprobieren, weil ich nicht wußte, wie das ist, wenn man ein Kind hat und ob man nicht sehr festgelegt ist.

Irgendwie erschien mir da der Vater des Kindes die bessere Lösung zu sein. Ich wollte mir hinterher nichts vorwerfen oder mir von meinem Kind nichts vorwerfen lassen. Ich fühlte mich sehr unfrei in meiner Entscheidung, und das lag sicher nicht zuletzt daran, daß Erich mich sehr bedrängte, so psychisch. Er wollte mir das Recht absprechen, mit einem anderen Mann während der Schwangerschaft ins Bett zu gehen. Er sagte, wenn ich das täte, dann sei ich selbst dran schuld, wenn das Kind einen Schaden nimmt.

Das war der psychische Druck während der ersten Schwangerschaftsmonate. Für ihn war das ja auch wirklich schwierig, denn nach außen sah das so aus, als ob er mich in meinem schwangeren Zustand verlassen wollte. Das war natürlich auch schwierig für mich, denn ich hatte Schuldgefühle, und das hat mich im Grunde auch bewogen, es noch einmal mit dem Erich zu versuchen.

Es lief eine ganze Zeitlang auch wirklich gut, nur es war von meiner Seite aus ein Versuch. Ich habe mit »versuchen« auch »versuchen« gemeint und nicht, daß alles so weiter laufen sollte wie bisher.

Wir haben uns damals natürlich gesagt, daß unsere Schwierigkeiten vielleicht daran lagen, daß wir uns nur am Wochenende sahen. Die Schwierigkeiten, die wir so miteinander hatten, konnten am Wochenende nie ausgeräumt werden, und wir resignierten eigentlich so ein bißchen, denn man wollte sich ja auch nicht jedes Wochenende vergällen. Wir hatten die Hoffnung, daß es besser sein würde, wenn wir zusammenleben und auch mehr Zeit füreinander haben.

Das war aber eine Illusion, denn dadurch ist überhaupt nichts besser geworden. Im Grunde hat sich nur manifestiert, daß die Schwierigkeiten, die wir vorher hatten, das Symptom waren für viel größere Schwierigkeiten, die dahinterstanden. Wir hatten einfach sehr verschiedene Vorstellungen von dem, was wir vom Leben erwarteten. Erich wollte, daß ich zu Hause bleiben und das Kind versorgen soll, während er das Geld heranschafft. Er hat da schon sehr zu knabbern gehabt, als ich wieder zu arbeiten anfing. Das Kind, meinte er, sei meine Aufgabe. Schließlich hat er dann noch seine Vaterschaft angezweifelt, und ich reagierte natürlich darauf sauer und auch etwas hilflos. Ich war schon enttäuscht, weil ich mir auch gedacht hatte, daß wir doch die Pflichten und die Rechte teilen. Erich meinte immer, er habe keine Rechte an dem Kind, weil wir nicht verheiratet waren; also hatte er auch keine Pflichten.

Ich habe nachher selber dann für mich Aktivitäten entwickelt, weil ich das nicht mehr aushielt, aber ich war da natürlich sehr abhängig von ihm. Er mußte ja, damit ich diesen Aktivitäten nachging, auf das Kind aufpassen, und da war er sehr unzuverlässig. Schließlich bin ich fast nicht mehr weggegangen, bin immer zu Hause geblieben, und das machte mich natürlich auch nicht zufriedener.

Ich war eigentlich nie hundertprozentig überzeugt gewesen, daß ich mit Erich zusammensein wollte. Ich habe nie ganz ernsthaft mit dem Gedanken gespielt, Erich zu heiraten. Durch meine Verliebtheit in den anderen Mann war ich auch sehr unsicher, was meine Beziehung zu Erich anbelangt. Daß ich mit ihm ein Leben gemeinsam versuchen wollte, das war tatsächlich als ein Versuch gemeint.

Nach der Geburt ging es mir dann sehr schlecht, und ich dachte, es wäre vielleicht doch besser, ihn zu heiraten, damit das Kind dann tatsächlich nicht so viele Schwierigkeiten hat, wenn ich nicht mehr da wäre. Er kam dann sofort mit einem Formular vom Standesamt an, und das habe ich damals dann auch unterschrieben. Ich war ihm da auch sehr nahe. Ich habe ihn dann aber doch nicht geheiratet.

Mir fällt auf, daß dein Wille, dich von Erich zu trennen, damals offenbar schon größer gewesen ist als der Wunsch, dem Kind einen Vater zu geben.

Für mich war das eher ein Beweis dafür, wie wenig das mit Erich gegangen wäre. Denn ich habe schon an Konventionen gehangen, und es war mir auch nicht gleichgültig, daß das Kind eventuell ohne Vater aufwachsen würde. Aber ich hatte doch mehr Angst davor, festgenagelt zu werden und dann zu sehen, wie ich damit fertig werden würde. Irgendwie erschien mir die Heirat doch ziemlich endgültig.

Und irgendwann habe ich mir überlegt: Entweder akzeptiere ich die Vorstellungen von Erich, wenn ich mit ihm zusammenbleiben will, und für mich war das eigentlich gleichbedeutend mit Resignation. Und da habe ich mir irgendwann gesagt, ich sehe das eigentlich nicht ein. Das ist mein Leben, mein Weg, und ich bin nicht verpflichtet, mir vorschreiben zu lassen, wie ich leben soll. Trotzdem ist mir die Trennung natürlich schwergefallen. Ich habe gemerkt, daß viele bereit waren, mit mir darüber zu sprechen, und das hat mir doch viel gegeben. Ich habe nie jemanden getroffen, der mir gesagt hat, das kannst du nicht machen. Erich hat bei der Geburt viel für mich getan, aber ich denke, daß ich nicht aus Dankbarkeit und einem Schuldgefühl bei ihm bleiben kann.

Vielleicht habe ich auch gehofft, mit dieser Trennung Druck auf Erich auszuüben – das war aber nicht so. Dann bin ich über verschiedene Umwege in diese Wohngemeinschaft gekommen. Ich habe mich etwas mit Bettina unterhalten und das Gefühl gehabt, es könne vielleicht ganz gut sein, hier zusammen zu wohnen. Inzwischen glaube ich nicht mehr, daß die Trennung von Erich rückgängig gemacht werden kann. Ich hab's am Anfang anders gesehen. Da habe ich manchmal einen ziemlichen Horror davor gehabt zu denken, es sei aus. Aber inzwischen habe ich, glaube ich, auch schon einen größeren Abstand.

Erich und ich haben seit drei Wochen keinen Kontakt mehr miteinander, aber ich möchte schon, daß er zu meiner Tochter eine Verbindung behält. Jetzt ist mir dieses ganze Problem mit meinem und seinem Leben und der Trennung so ein bißchen abhanden gekommen, weil ich aufgefangen werde in der Frauenwohngemeinschaft. Als ich hier einzog, haben Bettina und ich nächtelang darüber geredet. Das hat mir sehr viel gebracht. Beim Erich hatte ich das Gefühl, der drängt mich in eine Rolle, in die ich überhaupt nicht will. Er hat mir nicht den Raum gegeben, in dem ich mich entwickeln konnte – jedenfalls nicht in die Richtung, in die ich wollte. Er hat es immer beklagt, daß ich seine Interessen nicht teile. Er hätte alles mögliche gemacht, wenn ich mit ihm etwas hätte machen wollen.

Aber ich wollte etwas anderes, ich hatte andere Interessen.

Und ich wollte mich nicht immer nach seinen Interessen richten.

Er hat, glaube ich, gehofft, daß hier überhaupt nichts läuft. Daß ich mich hier unwohl fühle.

Diese Wohngemeinschaft mit der Bettina ist für mich für das nächste Jahr ein Ziel, ist meine Art zu leben.

Wie siehst du das, Bettina?

Gespräch mit Bettina:

Ich möchte gern, daß wir hier zusammenwohnen, wenn es irgend geht. Auch wenn ich wieder einen festen Partner haben wollte, würde ich gern mit jemandem zusammenwohnen. Ich habe das zwar als schwierig und konfliktträchtig, aber auch als bereichernd erlebt – ich habe eigentlich immer, seit ich erwachsen bin, in Wohngemeinschaften gelebt. Bereichernd ist es dadurch, daß verschiedene Familien oder Familienteile zusammenwohnen, mit ganz anderen Ausgangspositionen, mit ganz anderen Mentalitäten, mit ganz anderen Interessen. Das fand ich immer gut, und das würde ich auch gerne weiter beibehalten. Diese Konstruktion Mann-Frau-Kind ist für mich schrecklich. Das könnte ich nie wollen.

Werden die Beziehungen dadurch besser, daß man miteinander wohnt?

Für Frauen mit Kindern – vor allem, wenn sie klein sind – ist es eine größere Möglichkeit zur Freiheit. Man kann abends weggehen, ohne einen Babysitter besorgen zu müssen. Das finde ich unheimlich wichtig. Bei meiner letzten Wohngemeinschaft war das so, daß wir vieles zusammen unternommen haben. Wir sind zusammen an die See gefahren, sind zusammen weggegangen, haben die Kinder alle erzogen, haben verschiedene Kontakte gehabt, und die Kinder haben sehr viel direkter in der Erwachsenenwelt gelebt, als das in einer Mann-Frau-Kind-Beziehung der Fall ist. Auch die Erwachsenen haben die Kinder sehr viel stärker respektiert als normalerweise. Ich finde, das ist eine Bereicherung. Für mich ist aber wichtig die größere Freiheit und daß meine Tochter mehr Erwachsene sieht als nur mich. Sie sieht, man kann so oder so oder so leben. Sie sieht, die eine Frau ist lustig und fröhlich und macht Musik, die andere Frau interessiert sich nur für Probleme und macht dieses und jenes, ist Lehrerin oder Krankenschwester. Meine Tochter hat einfach ein größeres Spektrum. Wir hatten allerdings all die Jahre, in denen wir in Wohngemeinschaften zusammengelebt haben, keine Partner, von denen wir sagen würden: Mit denen möchten wir ein Leben lang zusammenwohnen. Ich glaube, das spielt eine Rolle. Die Partner, die in mein Leben kamen, mußten sich einfach mit der von uns Frauen vorgegebenen Situation abfinden, und sie haben sich eigentlich auch ganz gut eingefügt in die schon vorhandene Wohngemeinschaft. Eine Bereicherung für die Partnerschaften waren diese Wohngemeinschaften aber eigentlich nicht. Doch ich stelle mir vor, bei einer endgültigen Wohngemeinschaft, also mit Partnern zusammen, müßte das auch für die Partner eine Bereicherung sein, sonst würde ich das auch gar nicht aushalten.

Wir hatten immer eine Frauenwohngemeinschaft, und die Männer kamen dazu. Ich glaube aber, daß es trotz allem auch ganz schön war für die Männer. Denn immer, wenn Schwierigkeiten oder Krisen da waren, konnte jemand sagen: Na hör mal, das hat sich doch aber so und so abgespielt, da hat der oder die vielleicht doch auch recht. Da hat sich einfach viel relativiert durch Gewichtsverschiebungen und so.

In dieser Frauenwohngemeinschaft empfinde ich es als sehr erleichternd, daß hier die Ansprüche, die in einer Zweierbeziehung bestehen, wegfallen. Mette ist mir gegenüber keine Rechenschaft darüber schuldig, wann sie weggeht, was sie macht oder nicht macht, und bei mir ist das das gleiche. Mette hat mir grad heute erzählt, daß sie gestern eine Freundin traf, die ihr sagte: Mensch, ich finde das richtig schön, daß du mal wieder häufiger Zeit hast, so richtig mal wieder Zeit hast.

Diese Wohngemeinschaften sollten viel mehr gefördert werden. Ich habe das erlebt, als ich anfing in Wohngemeinschaften. Wir hatten überhaupt kein Geld, wir studierten beide, und Vermieter gibt es wenige, die eine Wohngemeinschaft aufnehmen. Zum anderen gucken sie schon wieder komisch bei zwei alleinstehenden Frauen mit Kindern, wo die entweder geschieden sind oder wo das Kind sogar nicht ehelich ist wie bei mir – das ist also sehr schwierig. Diese Wohnung habe ich nur durch Beziehungen bekommen. Und da haben wir jetzt eben auch versucht, über den Staat einen Wohnberechtigungsschein zu bekommen, aber das geht nicht. So wenig risikofreudig ist der Staat, so wenig wird dafür getan, solche Sachen, die ja schließlich den Staat fast gar nichts kosten, auch wirklich zu unterstützen. Das ist doch viel teurer, wenn er einen Zuschuß für Tagesmütter und so gibt. Außerdem ist doch wirklich nicht gesagt, daß die Verheirateten, die ja die Unterstützung kriegen, auch wirklich ewig zusammenbleiben.

Eine Frauenwohngemeinschaft, denke ich, ist eine praktische Form des Lebens – zumindest für Mette, aber auch für Bettina, denn sie umgehen so die Schwierigkeiten, als alleinstehende Frauen mit Kindern allein auftreten zu müssen. Ich denke, daß es Mette leichter fällt, in dieser Frauenwohngemeinschaft zu leben, weil sie hier den Ansprüchen an sie festere Formen geben kann. Ansprüche, die an sie gestellt werden, sind in erster Linie Ansprüche an ihre Funktion: Sie muß da sein, wenn sie die Kinder betreuen soll; sie muß aufpassen, daß in der Küche keine zu große Unordnung herrscht usw. Ansprüche, die ihren persönlichen Lebensraum betreffen, sind zunächst ausgeklammert. Die Frauenwohngemeinschaft, so habe ich das Gefühl, ist für Mette eine Übergangslösung, ist eine Möglichkeit, sich zu stabilisieren. Mit ihren Wünschen und mit ihren Forderungen an das Leben hat diese Frauenwohngemeinschaft allerdings recht wenig zu tun.
Anders bei Bettina, die eine Wohngemeinschaft als solide Basis für ihr Leben betrachtet – nicht nur aus praktischen Erwägun-

gen, sondern aus Überzeugung, daß sie durch diese solide Basis eine Grundlage für die von ihr vorgezogenen komplizierten Beziehungen zu Männern hat. Für sie ist die Frauenwohngemeinschaft nicht eine Alternative, sondern eine Lebensform, auf der sich aufbauen läßt.

14
Tagsüber ist die Arbeit, abends das Glück

Henriette B., 37 Jahre alt, Jornalistin, lebt in München. Sie hat
sich vor einiger Zeit von ihrem ersten Mann, Manfred, getrennt
nach einer langen Phase des Zusammenlebens. Ihren zweiten
Mann, Jan, hat sie vor sieben Monaten geheiratet. Sie hat, sagt
sie, ihn gesucht und wiedergefunden. Wenn sie allerdings nicht so
lange und auch in so schwierigen Situationen mit ihrem ersten
Mann zusammengelebt hätte, meint sie, wäre ihr der Wert der
zweiten Beziehung nie bewußt geworden:

Gespräch mit Henriette:

Bei mir war es so, daß ich nicht erst nach der Trennung, sondern
in der langen Zeit, in der ich mit dem Gedanken spielte, mich zu
trennen, natürlich auch mich selber immer noch fleißig belogen
habe. Richtig ehrlich habe ich die Situation erst geklärt, als ich
fest entschlossen war, von Manfred wegzugehen.
Ich wußte immer, daß ich in der Beziehung, an der ich sehr lange
festgehalten habe, eigentlich nicht richtig aufgehoben bin und
daß ich mich und Manfred auch begrenzt habe in der Entwicklung, daß ich mit meinen falschen Erwartungen mich selber
festgenagelt habe und auch ihn, so daß sich zwischen uns nichts
Neues mehr entwickeln konnte. Das lag zum Teil an meiner
Lebensangst. Ich war oft daran, mich zu trennen, und habe es
dann nicht gewagt. Ich habe nicht gewagt, allein zu sein, nicht
gewagt, überhaupt das Leben allein zu bewältigen. Das war
wahrscheinlich immer eine eingebildete Angst, die aus einem
ganz tiefen alten Rollenverständnis kommt – daß man eigentlich
nur mit anderen zusammen richtig leben kann und daß man als
Frau allein eben auch nichts wert ist. Unbewußt war das eben
alles drin, aber auch meine Angst, ganz praktische Dinge nicht
bewältigen zu können und für mich daran festzuhalten, daß es
mit jemand anderem – nicht allein – leichter ist.
Diese Beziehung zu Manfred hat ja sehr lange bestanden, in
mehr oder weniger lockerer oder fester Form. Wir haben uns
kennengelernt, als wir beide noch Studenten waren. Ich war
Anfang 20 und war eigentlich in einer anderen, ganz festen

Beziehung, die ich nicht aufgelöst hatte, sondern aus der ich weggegangen war – so ein bißchen aus Opferwut, weil ich meinte, dieser Mann fühlte sich ein bißchen eingeengt und belastet von der Vorstellung, daß er mich eines Tages würde heiraten müssen. So habe ich das gesehen.

Wir waren beide Bürgerkinder, bei denen die Vorstellung ganz klar war: Man läßt sich nicht so tief aufeinander ein, ohne den anderen nachher auch zu heiraten. Und vor dieser Vorstellung hatte er Angst bekommen. Er hatte sowieso große Angst vor vielen Dingen im Leben, und dies belastete ihn. Und ich habe gedacht: Bevor *ich* ihn auch noch belaste, den einzigen Mann, den ich wirklich liebe, gehe ich weg. Also ich habe Helden- und Opfermut bewiesen, der sicher auch typisch weiblich war. Ich bin weggegangen – richtig aus der Stadt weggegangen – und bin nach München gekommen und habe aber nur äußerlich diese Beziehung aufgelöst und nicht wirklich innerlich. Innerlich habe ich ganz daran festgehalten. In dieser Situation habe ich Manfred kennengelernt, aber ihn gar nicht wahrnehmen wollen und habe das alles mehr als ein charmantes und kameradschaftliches und freundschaftliches Spiel betrachtet.

Er hatte mich gewählt, aber ich ihn nicht – ich bin nur an ihm hängengeblieben. Dann ist der andere Mann gestorben, ist verunglückt und war tot, und da ist eigentlich so mein ganzes Ich mit ins Grab gegangen. Ich hatte mich so identifiziert mit ihm, also aus einer ganz uralten falschen Rollenerziehung heraus, daß ich gar nicht mehr vorhanden war. Ich habe auch aufgehört zu studieren damals – ich bin noch ein paarmal zur Uni gegangen, aber ich habe überhaupt nichts mehr getan. Ich habe mich aufgegeben, und weil irgendwas bleiben mußte, habe ich das alles übertragen auf die Mutter des Mannes, der nun gestorben war. Ich habe mir dann am Schluß gesagt: Das imponiert der Mutter überhaupt nicht, wenn ich mich jetzt fallenlasse. Ich habe sie also zu meinem großen Über-Ich gemacht und habe dann ganz langsam wieder angefangen, teilzunehmen am Leben. Aus dieser Zeit habe ich fast keine Erinnerung.

Es lag an meiner Lebensangst

Es gibt lange Strecken in meinem Leben, die ich nicht richtig gelebt habe, und da haben mich Manfred und eine Freundin richtig rausgezwungen. Die haben für mich Termine gemacht bei der Psychiatrie, haben mich da angemeldet, haben mich praktisch hingeschleift, und ich hatte gar keinen Widerstand – gegen gar nichts; hab' gedacht: Na gut, dann gehe ich auch da hin. Und habe da erst angefangen, Widerstand zu zeigen, als man mir sagte: Na gut, wir nehmen Sie auf – anders war das nicht zu bezahlen, man mußte sich stationär behandeln lassen. Und da habe ich gedacht, bevor ich mich hier einsperren lasse, schaffe ich das selber. Das war der Anfang, wieder teilzunehmen am Leben.

Es kam viel zusammen: Dankbarkeit gegenüber Manfred, dieses Gefühl, der meistert das Leben; der ist lieb, der ist freundlich, der meint es gut mit dir – das waren alles sehr positive Eigenschaften, die ich natürlich auch in meiner Erziehung als positiv kennengelernt hatte.

Meinem Empfinden nach war das zwar hilfreich, aber auch ungenügend, denn im Grunde bin ich immer in meinen Gedanken ganz ganz woanders gewesen. Ich hatte immer die Vorstellung: Das ist gar nicht mein Leben, das ist auch nicht meine Wahl, und ich hatte so einen Kleinmädchendünkel: Das ist auch gar nicht gut für mich. Ich habe diesen Dünkel nie richtig erklärt. Ich habe das dann versucht, so hilfsweise zu erklären, aber gelungen ist es mir nie. Was heißt das eigentlich, daß es nicht gut genug ist für mich. Das hört sich immer so albern an, aber gemeint habe ich damit, daß ich nicht genug lebe – das habe ich gespürt, aber das habe ich nicht richtig erklären können.

Dann habe ich versucht, mir das zu erklären mit unterschiedlicher Sozialisation, auch mit unterschiedlichen Ansprüchen, bin aber gar nicht drauf gekommen zu fragen, ob meine Ansprüche oder meine Erwartungen eigentlich falsch sein könnten. Denn was er mir gab, das war ja sehr viel. Er hat mir Zuneigung gegeben, Freundschaft, Treue, Zuverlässigkeit, hat einfach auch akzeptiert, was er nicht verstand an mir – war also sehr weitherzig, und trotzdem war mir das alles nicht genug.

Ich hatte also, wenn man so will, Rosinen im Kopf, aber ich hatte ein großes Ungenügen, das mir keiner erklären konnte und ich mir selber auch nicht. Ganz spät, nachdem ich mich ganz und gar von ihm getrennt habe, habe ich auch gelernt, was das war – etwas, das ich auch nicht wiederholen darf, wenn eine andere Beziehung gutgehen soll: daß ich nämlich Erwartungen habe an jemanden, die ich mir eigentlich selber erfüllen müßte. Solche kompensatorischen Bedürfnisse, die ich nicht durch eigenes Leben und durch eigenes Lernen und durch eigenes

Sortieren irgendwie irgendwann mal befriedige, sondern die ich immer erwarte von dem anderen. Das habe ich jahrelang gemacht. Das ist geradezu verrückt gewesen.

Ich habe erwartet, daß er ritterlich sein soll und abenteuerlich; treu und begeistert für alle Welt, und ich habe gar nicht erkannt, daß das überhaupt nicht zusammenpaßt. Ich habe also wirklich erwartet, daß er fünf Personen in einer ist, damit ich mich nicht anstrengen muß zu erklären, wer *ich* eigentlich bin.

Bist du selbst denn janusköpfig?

Ja, ich bin das schon. Das weiß ich auch. Ich habe in all diesen Jahren sehr viel Neugier auf die Welt gehabt z. B. und gleichzeitig das Bedürfnis nach Geborgenheit. Ich habe ihm das alles zugemutet – daß er damit fertig wird, daß ich Abenteuer außerhalb unserer Beziehung suchte, und er ist auch damit fertig geworden, ohne zu begreifen, warum ich das tue. Und ohne auch richtig eine Erklärung dafür zu suchen. Er hat sehr gelitten daran und hat sich das einfach nachher nicht mehr erlaubt zu sehen.

Ich habe ihm unendlich viel zugemutet und habe nur zum Schluß immer gewünscht, er möge doch auch einmal untreu sein – also ganz einfach mal eine Nebenbeziehung haben, damit ich mich entlastet fühlen konnte. Denn ich hatte natürlich immer ein ganz schlechtes Gewissen. Ich habe gedacht, das ist unfair. Der ist freundlich, der ist treu, der ist so ein Prinz Eisenherz, und der hilft dir auch immer, steht immer hinter dir, und ermutigt dich auch. Ich hatte immer das Gefühl, ich kann dies nicht, ich kann das nicht – auch im Beruf: Ich wag dies nicht, ich wag das nicht in Angriff zu nehmen, und er hat immer gesagt: Du kannst das. Er hat immer hinter mir gestanden und hat dran geglaubt. Nur – es hat mir wenig geholfen. Es hat mir nicht geholfen, daß der Manfred sagte, du kannst das, weil er mir ja auch nicht sagen konnte, warum ich das können müßte.

Ich war nicht dadurch verändert, daß der Manfred sagte, ich kann das. Dazu hätte ich ihn viel mehr akzeptieren müssen und viel mehr eigentlich anerkennen müssen, was er ist und wer er ist und was er tut. Er hat mir keinen Glauben an mich gegeben. Ich habe es schließlich immer getan, weil ich dachte: Na ja, gut, er wird enttäuscht sein, wenn du das jetzt nicht machst. Ich hab's also immer gemacht, und hinterher hat sich herausgestellt, daß ich es auch kann – mindestens genauso gut wie alle, die da vor mir waren. Er hat mir trotzdem nicht geholfen für den nächsten Schritt. Da war immer Manfred, der mir sagte, du kannst das, und ich habe den nächsten Schritt gewagt. Aber eigentlich nur, um ihn nicht zu enttäuschen. Ich hab's getan, weil er drängelte und weil es mir peinlich war, es nun überhaupt nicht zu versuchen. Aber ich hab's gemacht ohne Glauben und ohne daß ich es wollte.

Und das ist heute anders. Wenn mir heute jemand sagt, du kannst das, dann weiß ich es besser, ob ich es kann oder nicht. Dann weiß ich es selber. Wenn ich jetzt etwas in Angriff nehme, weiß ich, ob ich es kann oder ob ich pokere. Heute bin ich auch in der Lage, etwas zu machen, von dem ich weiß, du spielst da vielleicht ein bißchen hoch, aber dann weiß ich auch, daß ich auf die Nase fallen kann und daß mich das nicht furchtbar zurückwirft. Ich kann meine Kräfte besser einschätzen. Das kommt sicher auch durch die lange Phase des Sich-Trennens und des Getrennt-Lebens und daß ich dadurch gezwungen war, überhaupt mal zu sortieren: Wer bin ich, wenn ich allein bin – welche Teile sind wirklich meine eigenen und welche habe ich nur geliehen, welche habe ich mir immer erfüllen lassen durch den anderen, und was habe ich eigentlich dargestellt dadurch, daß ich zu jemandem gehörte und daß ich jetzt nur sagen kann: Ich bin die Henriette B. Bin ich dann mehr oder bin ich dann weniger? Und ich habe gelernt: Ich bin gar nicht weniger.

Ich mache mir nicht mehr solche Illusionen über das, was ich bin und bin zufriedener mit dem, was ich bin – auch in dieser von dem großen Bild reduzierten Form. Ich finde, daß ich mich akzeptieren kann. Ich habe nicht mehr so große Probleme.

Die weitreichenden Wirkungen alter Rollenklischees

Wichtig finde ich die Frage, warum man eigentlich all diese irrsinnigen Ängste hat und warum wir eigentlich so wenig an uns glauben. Ich sehe das bei meinem Bruder – ich komme aus einer Familie mit vier Kindern, drei Schwestern, ein Bruder. Mein Bruder war als Kind relativ labil, in der Schule schlecht, ein Junge ganz ohne Selbstbewußtsein. Der hat aber nie im Leben Probleme gehabt wie wir Mädchen. Der hat im Beruf keine Probleme gehabt wie wir Mädchen, der hat keine Selbstfindungsprobleme gehabt, während wir alle drei Schwierigkeiten hatten, obwohl wir mit Sicherheit nicht weniger intelligent sind – da ist kein Überflieger und kein Nachzügler. Die Probleme müßten also eigentlich gleich sein, sind sie aber nicht. Alle drei Töchter haben Probleme mit ihrem Beruf gehabt – jedenfalls, was den Selbstwert angeht –, der Junge nicht.

Das heißt, ich weiß, daß meine Mutter für uns alle – Mädchen und Junge – Ausbildung unerhört wichtig fand. Sie mußte auch gar nicht erkämpft werden. Das Studium war selbstverständlich für uns alle, auch wenn die Eltern sich dafür krumlegten – Beruf war auch selbstverständlich. Meine Mutter hat immer gesagt, das muß sein, das ist notwendig, denn man hat ja gesehen im Krieg, daß eine Frau auch notfalls ihre Familie allein ernähren muß.

Da drin stecken zweierlei Sachen: erstens, daß die Frau selbstverständlich Familie hat, und zweitens, daß sie notfalls die Familie ernähren muß. Also notfalls hieß nicht für mich selber, für mein Glück, daß es mein Leben trägt, sondern eben notfalls. Aber das erste und Wichtigste ist die Familie. In diese Rolle sind wir hineinerzogen.

Für den Sohn war es vielleicht auch selbstverständlich, daß er eine Familie ernährt, aber für ihn war klar, daß er einen Beruf erwählt, der ihn ein Leben lang ausfüllt, und möglichst einen guten Beruf, der auch Geld bringt, der auch Freude macht, der jedenfalls Reputation bringt – all dies, wie eben in bürgerlichen Familien üblich.

Mein Bruder wurde Arzt, aber auch zwei meiner Schwestern wurden Ärztinnen. Aber sie haben ganz andere Probleme als er. Ich bin ohnehin ein Außenseiter, aber auf mich war immer die Rolle gefallen – ich war so sehr feminin als Kind, sehr mädchenhaft –, von mir wurde immer angenommen und erwartet, daß ich als erste heirate und natürlich Kinder habe. Und das trat nicht ein. Irgendwann war es soweit, daß man sagte: Das ist ja nicht so, es gibt ja ganz andere Lebensläufe. Und unversehens – oder auch ohne es zu bedenken – steckte ich in so einem anderen Lebenslauf drin. Ich wurde berufstätig, war nicht verheiratet und hatte keine Kinder. Da wurde es ja plötzlich ganz notwendig, sich damit auch irgendwie, wenn nicht glücklich, so doch zufriedenzugeben. Diese Zufriedenheit ist aber bei mir nie eingetreten. Doch das kam nicht daher, daß ich traurig war darüber, daß ich nicht verheiratet war, oder daher, daß ich keine Kinder hatte – ich merkte nur: Ich bin mit dem, was ich tue, nicht glücklich. Ich hatte mir aber nie etwas anderes gewünscht.

Es hat in meinem Leben keine Phase gegeben, wo ich gewünscht hätte, statt dessen doch lieber verheiratet zu sein, versorgt zu sein und Kinder zu haben.

Aber meine Unzufriedenheit, die kam eben doch von der Rollenverteilung her. Ich war nicht dazu erzogen worden, diesen Beruf selbstverständlich zu finden und daraus Glück und Freude zu gewinnen oder Sicherheit oder Genugtuung oder irgendwas, das mich selber stark macht. Ich habe es immer so empfunden, daß mein Glück aus anderen Bereichen kommen mußte und Beruf zwar selbstverständlich ist, aber der Beruf nicht die Quelle von Glück sein kann. Und so habe ich lange Jahre, ganz lange Jahre erwartet, daß das Glück einsetzen muß, wenn ich abends von der Arbeit nach Hause komme. Tagsüber ist die Arbeit, aber das Glück muß abends aus der Beziehung kommen – zu Hause, weil man frei ist von der Arbeit. Ich habe also eine scharfe Trennung gemacht zwischen Arbeit und Privatleben, die eigentlich in meinem Beruf gar nicht möglich ist. Ich habe versucht, das ganz genau abzustecken, um abends Glücksbereiche herzustellen. Das ging schief.

Von daher die riesige Erwartung an meinen Partner, der das alles ja erfüllen sollte. Wenn Abend oder Wochenende war, sollte er plötzlich dafür verantwortlich sein, daß wir glücklich sind.

Ich wollte zwar auch ganz viel dafür tun, aber für ihn war diese Trennung ja gar nicht so notwendig. Für ihn war wie für alle Knaben der Beruf etwas Selbstverständliches und auch Befriedigendes und Freimachendes, was er für mich alles nicht war. Also habe ich auch das alles noch in die Beziehung mit hineingeworfen – durch die ganz starke unbewußte Trennung von Arbeit und Privatleben, die aber eigentlich gar nicht in mein Leben paßte.

Das hab' ich viel zu spät erkannt. Ich bin hereingefallen auf die vorgeprägte Rolle, obwohl ich diese vorgeprägte Rolle nie gelebt habe. Sie war aber doch im Hinterkopf und in meiner Erwartung. Ich habe unbewußt erwartet, daß all das, was mir anerzogen worden ist, eintreten würde – und als es dann nicht so war, war ich unglücklich, ohne zu wissen, woran es liegt.

Es zeigt mir, wie sehr man reinfällt auf etwas, das man unverarbeitet in sich trägt. Die unbewußten Erwartungen, die man ans Leben richtet, an die Welt richtet, auch wenn man überhaupt nicht so lebt, daß die ungeklärt mit einem mitlaufen und auf jeden Fall sehr stark das prägen, was man Glücklichsein nennt.

Ohne Skrupel geht es nicht

Und ich glaube, daß es da tatsächlich einer zweiten Beziehung
bedurfte – oder eines tiefen Einschnittes –, um dies bewußt zu
machen. Für mich war die Trennung notwendig. Ich konnte das
nicht mehr in dieser Beziehung ausbauen. Mir war vieles von
dem natürlich klargeworden, bevor ich mich getrennt habe,
aber es war einfach in dieser Konstellation ein ganz neuer
Anfang nicht mehr möglich. Es hätte uns überfordert, und es
hätte tatsächlich Manfred ein anderer sein müssen. Er war
wichtig in dieser Phase meines Lenbens für mich und hat mir
auch ungeheuer geholfen, und er wäre für das, was ich dann
erkannt hatte, und so, wie ich mich aus meinen Eierschalen
befreit hatte, weiterhin als guter Freund in der Lage gewesen,
mit mir zu leben, ich vielleicht auch. Aber wir wären nie mehr
fröhlich geworden. Diese Qualität wäre nicht hereinzubringen
gewesen. Wir waren einfach auf Schienen, wo wir mit unseren
Erwartungen uns so sehr ein Bild voneinander gemacht hatten,
daß es nicht mehr völlig umgemalt werden konnte.
Und dann war es auch einfach soweit, daß ich nicht mehr wollte.
Ich konnte das Leben einfach nicht mehr neu anpinseln und
sagen: Ich habe das alles erkannt, jetzt kann ich auch mit
Manfred weiterleben. Das ging nicht mehr. Dazu kommt
vielleicht, daß für verschiedene Entwicklungsphasen verschiedene Partner wichtig werden. Das gilt ja auch sonst, und ich
glaube nicht, daß es zynisch ist zu sagen, daß das auch gilt für die
intimsten Partner wie auch sonst im Leben. Ich meine nicht, daß
man sagt: Ich bin jetzt weitergekommen im Leben, der andere
ist nicht mehr gut genug für mich, den stoße ich ab wie die
Schlange die Haut. Aber es ist wohl so, wenn für den einen die
Beziehung nicht mehr gut ist, sie auch für den anderen nicht
mehr gut sein kann, nämlich überhaupt nicht mehr förderlich,
nicht mehr guttuend. Das heißt, man hindert auch den anderen
in der Entwicklung, wenn man selber wegstrebt.
Das Schwerste ist dann, wenn man an der Schwelle dazu ist, wo
man weiß, man geht weg – wie bringt man es dem anderen bei,
ohne ihn zu zerstören. Denn man kann ja nicht hintreten und
sagen: Du bist ein Teil meines abgelegten Lebens – ich fange
jetzt ein neues an. Ich möchte eigentlich nie, daß man so
miteinander umgeht, aber es geht gar nicht ohne Bitterkeit und
Schmerz. Ich kann nicht etwas so Kränkendes und Trennendes
so freundlich sagen, ohne daß es sehr verletzt. Also alle

Konstruktionen, wie man es jemand anderem freundlich und vernünftig beibringt, nützen mir gar nichts, denn man geht weg. Und der andere, der nicht will, daß man sich trennt, ist unendlich verletzt und gekränkt, und es tut ihm weh, und er versucht womöglich, einen zu halten. Das war bei uns so.

Manfred hat nicht eingesehen, daß wir uns trennen müssen – das heißt, er hat es eingesehen, als der andere Mann, als Jan ins Spiel kam. Was wir bis dahin alles versucht haben..., daß wir uns vorübergehend trennen oder mit allen möglichen Konzessionen doch zusammenbleiben. Aber als dann klar wurde, daß Jan eigentlich der Auslöser für meinen Entschluß war – und das war tatsächlich so, und ich habe sehr lange gebraucht, um das auch umzusetzen – so die drängende Notwendigkeit, das zu tun, war lange nicht da. Denn wir haben uns ja nicht geschlagen, wir haben uns auch nicht unanständig miteinander benommen – wir sind ja sehr freundlich mitteleuropäisch miteinander umgegangen.

Es gibt eben sehr viele Hilfskonstruktionen. Um eben die richtig zwingende Notwendigkeit zum Weggehen zu haben, war es nötig, daß ich den Jan traf, den ich schon lange vorher gekannt hatte. Ich hatte ihn aus den Augen verloren, und ich habe ihn wiedergefunden, und da stellte sich heraus, daß Jan gerade aus seiner Ehe heraus war – die war geschieden worden – , und das hat sich dann ganz von selbst so ergeben, daß es mir irgendwann klar war, daß ich mit Jan zusammenleben will.

Und ich mochte das Manfred nicht antun. Es kam ganz viel raus, denn was hatte er für mich getan: Er hatte mich gerettet in einer Situation, in der es mir ganz schlecht ging. Ohne ihn wäre ich in der Gosse gelandet. Ich hätte niemals versucht, meinen Beruf zu machen ohne Manfred. Er hat zu mir gehalten, als ich häßlich zu ihm war. Er hat mich nie betrogen, er hat mich nie geschlagen, er hat mir überhaupt nichts angetan. Ich kann ihn doch nicht verlassen. Ich hatte furchtbare Skrupel und wollte dennoch weg. Ich war richtig schizophren. Ich habe ihm etwas Böses angetan, und eigentlich war ich längst weg, aber ich wollte eigentlich auch nicht die Frau sein, die böse ist, die so ungerecht ist, einen wirklich liebenswerten, freundlichen und hilfsbereiten Mann zu verlassen.

Also, ich habe mir nicht erlaubt, was ich nun doch tun mußte, nämlich einfach wegzugehen. Ich hatte Angst davor, unanständig zu sein, häßlich zu sein. Natürlich war da auch ganz viel Angst vor mir selber, vor dem, was mich erwartet, vor dem, wie ich damit fertig werde.

Es gibt noch anderes als nur Beziehungsprobleme

Jetzt habe ich vieles anders gemacht. Ich habe mich eingerichtet, was nicht heißt, daß es immer so bleiben muß. Ich habe aber jetzt viel weniger Angst, das alles aufzugeben und auch anderswo hinzugehen, in eine andere Stadt. Früher hätte ich mich geklammert an das Ungestaltete. Ich könnte das jetzt hier alles stehen- und liegenlassen – sicher nicht ganz leichten Herzens, aber ich habe nicht mehr solche Angst davor, das im Stich zu lassen, was ich kenne.

Ich muß mich nicht mehr an diese Sachen so klammern, weil ich mir selber etwas mehr zutraue. Ich habe etwas mehr Freiheit. Natürlich will ich das mit Jan zusammen machen. Ich denke nicht, daß ich allein weggehen würde, sondern diese Beziehung ist eine von mir gewollte und eine auch ganz bewußt so in einer Ehe gelebte – das heißt, wir haben auch öffentlich und vor der Welt bekundet, daß wir zusammengehören. Das hätte ich früher nie getan.

Ich kann besser darüber argumentieren, warum ich etwas akzeptiere oder etwas verwerfe, weil es ein grundsätzliches Gespräch über politische Zusammenhänge ist, das eben früher nicht so stattgefunden hat. Manfred und ich haben uns viel zu sehr verhakelt an Kleintagsproblemen, an Beziehungsproblemen, statt auch über Dinge zu reden, die auf der Welt an uns herankommen, und dadurch letztes Endes auch wieder frei zu werden, die eigene Beziehung darin, in diesem großen Kontext zu sehen. Wir waren nachher zu sehr auf uns selbst geworfen, und ich glaube, das hat uns auch ein bißchen klein gemacht.

Ich war früher gleichgültig. Das habe ich aber auch erst hinterher gemerkt. Ich ging gelangweilt in den Tag. Ich habe überhaupt nichts erwartet von dem Tag, und ich habe mich auch überhaupt nicht angestrengt, aus dem Tag was zu machen. Ich habe überhaupt nichts getan, um Manfred irgendwie fröhlich zu machen, ihn zu begeistern, mitzureißen. Ich habe nichts getan, um das, was zwischen uns ist, überhaupt lebendig zu machen. Also wenn ich hier sitze und da er, dann war zwischen uns nur der Tisch. Und in Wirklichkeit ist dazwischen eine ganze Welt, wenn ich nur Worte finde, irgendwas aus diesem Zwischenraum zu machen. Wenn ich nicht nur sage: Guck mal, der Mond ist aufgegangen, sondern wenn all das, was mir einfällt, tatsächlich auch in Worten ausgesprochen wird. Wenn ich die ganze Welt einbeziehe: dann ist plötzlich ganz viel Welt da auf dem Tisch.

Und das zu tun, bin ich unheimlich animiert. Ich kann das jetzt. Ich schweige nicht mehr morgens in den Tag hinein, sondern ich lebe in den Tag hinein, obwohl ich ein Morgenmuffel bin. Ich freue mich auch wirklich mehr. Das ist zum Teil nicht so, daß es aus mir rausfließt wie aus Sturzbächen, sondern ich muß mich manchmal auch wirklich dazu rufen: Sei nicht so nörgelig und warte drauf, daß was passiert. So wie die Prinzessin – das war ja so ein bißchen meine Haltung: Die Prinzessin wartet drauf, daß ihr jemand den Hof macht. So habe ich es auch gelernt. Da kommt der Mann und wirbt um dich. Das war auch ich: Ich kann das verlangen, denn ich bin schließlich die Frau. Das habe ich natürlich auch so gelernt in meiner Erziehung. Wenn du dich aber so verhältst – das habe ich eben jetzt gelernt –, passiert gar nichts. Wenn du nicht selber was tust, passiert nichts.

Und umworben wirst du um so mehr, je mehr du auch wert bist, je mehr du strahlst. Wenn du dasitzt und nörgelig bist, kümmert sich niemand um dich. Es sieht dich keiner. Es sieht mich keiner, wenn ich dasitze und ein böses Gesicht mache. Aber wenn meine Augen strahlen, weil ich wirklich etwas will – ich will ja auch, ich will den Tag ja auch; ich will den Jan; ich will auch mich. Ich will auch gar nicht mehr sterben. Ich will auch gar nicht mehr unbedeutend zurücktreten und sagen: Na gut, jetzt habe ich den Jan, jetzt ist alles gelaufen, jetzt ist die alte Vorstellung meiner Eltern eingetreten. Das will ich überhaupt nicht. Ich will stark sein, ich will auch was tun. Ich möchte auch für das, was ich richtig finde, kämpfen, aber nicht so unheimlich groß – ich bin ja gar nicht so stark –, aber ich möchte dafür eintreten. Und ich möchte dafür reden; ich möchte, was meine Möglichkeiten sind, sagen. Ich möchte sagen, was ich wichtig finde. Früher hatte ich gedacht, ich schneide mir dadurch meine Möglichkeiten des Glücklichseins ab, weil das ja sozusagen in den Freizeitbereich fällt, in dem das Glücklichsein aus dem Privaten geschöpft wird – das ist jetzt anders. Ich trete jetzt auch öffentlich für das, was ich wichtig finde, ein. Wenn ich jetzt drum gebeten werde, zu kommen und zu reden, sage ich zwar nicht immer ja – ich rechne auch aus, wieviel dann für mich an Zeit bleibt –, aber ich finde es schon wichtig, daß wir für das, was wir Frauen wollen, auch kämpfen wollen. Daß wir das, was wir wollen, auch durchsetzen und daß wir uns dafür auch anstrengen. Das will ich auch. Ich will mich auch anstrengen. Ich wollte mich bisher nie anstrengen – das habe ich auch zu spät gemerkt. Ich finde auch, daß ich meine Privilegien, die ich durch den Beruf und die Ausbildung habe, nicht nur für mich, sondern auch für andere einsetzen kann. Ich setze mich dafür ein, daß Frauen mehr festen Boden unter die Füße kriegen. Ich setze mich dafür ein, daß sie mehr Rechte haben, und wenn sie sie haben, daß sie nicht nur auf dem Papier stehen, sondern auch gelebt werden können. Ich setze mich dafür ein, daß Frauen Mut zu sich selber finden – so wie es mir selber gegangen ist. Ausbildung und Bildung haben ja auch bei mir nur sehr langsam Früchte getragen. Ich habe ja keineswegs gewagt, sie auch zu beanspruchen. Ich arbeite jetzt dafür, daß Frauen eben auch selber stehen.

15
Leidenschaft – Leben aus der Fülle

Manch einer, der rülpst, hält sich für animalisch. Oder dünkt sich leidenschaftlich, wenn er seine Frau anbrüllt. Wir sprechen vom passionierten Münzensammler und von den Wahnsinnsfarben der Sommerkleider.
Hölle, Wahnsinn, Leidenschaft – Wörter, für die uns Erfahrungen fehlen. Weil wir uns verschließen und abschirmen.
Leidenschaft ist nur für beherzte Naturen, sagt Ivana. Sie liefert sich aus; die Verletzungen dringen tiefer; die Intensität des Schmerzes nimmt zu. Die Liebesfähigkeit wächst. Leidenschaft – Passion – ist Wissen um Leben und Tod. Ivana lebt das Ganze.

Gespräch mit Ivana:

Ich könnte eigentlich zwei Lebensläufe erzählen, und beide sind wahr: ein ganz hartes und schwieriges Leben und auf der anderen Seite intensives Glück. Novalis sagt: Glück ist Talent für sein Schicksal. Objektiv gesehen, habe ich meine Eltern sehr früh verloren. Ich kann das nur so neutral sagen, obwohl ich es wahnsinnig intensiv erlebt habe. Natürlich war einiges schon sehr früh vorgegeben. Meine Mutter hat meinen Vater passioniert geliebt, und er hat sie passioniert wiedergeliebt. Und nach der Scheidung haben sie uns vorgelebt, daß man auch danach tief befreundet bleiben kann, bis zum Tod. Meine Mutter habe ich an Krebs verloren. Da war ich 18 Jahre alt, bin jeden Tag zu ihr ins Spital gegangen. Und das ist typisch für die Handschrift meines Lebens: Gerade in dieser Zeit war ich verliebt, rasend verliebt in einen Künstler. Da zeichnet sich schon das ganze Panorama meines Lebens ab. Ich habe immer schöpferische Menschen geliebt, die immer die Welt umorgeln wollten. In meinem etwas aus der Ordnung fallenden Leben waren sie Rückendeckung und geistige Nahrung für mich. Wenn wir nicht etwas Geld übrig gehabt hätten, wären wir natürlich ins Waisenhaus gekommen. Und so eine Anarchistin wie mich, die hätten sie zu brechen versucht. Mein Bruder war Vormund für mich und meine kleine Schwester. Dadurch waren mein Bruder und ich sehr miteinander verbunden. Später starb auch mein Bruder bei einem Unfall.

Ich war nun mit 18 Waise. Die Liebe war für mich der Gegenpol gegen den Tod. Das ist ganz existentiell, sonst hätte ich das nicht verkraftet. Diesem intensiven Schicksal konnte ich wahrscheinlich nur intensive Liebe entgegensetzen. Wenn man sich diesen Dingen ausliefert, hat man auch mehr davon. Ich finde bei dieser Art »höheren Geizes«, da kommt nichts heraus. Wenn einer meint: »Ich liebe nur, wenn ich auch sicher zurückgeliebt werde.« Diese Art des Geizes verknöchert. Ich habe mich nie für eine Schönheit gehalten, aber das ist mir nie ein Problem gewesen. Denn die Attraktion, die Anziehung, die kommt von der Persönlichkeit, von der Intensität, mit der ich zu leben und lieben verstehe. Ich war eigentlich erstaunt, daß mich die Männer liebten. Daß die so ein rundes Weib wie mich liebten. Aber ich habe mich gefreut.

Und von all meinen Lieben – nicht Liebhabern –, Lieben im umfassenden Sinn, habe ich etwas, das mich hält. Jeder, den man geliebt hat, der hält einen. Egal, ob das ins Erotische geht oder nicht. Es geht um die Nähe. Ob du Nähe lebst. Das kannst du bei einem Waldspaziergang oder beim Essen oder in einer Umarmung. Ich habe mein Leben so genommen: 50 Prozent Schicksal, aber die andere Hälfte, die habe ich schon mitgeorgelt. Als ich meine Familie verloren hatte, sagte ich mir: Ich schaffe mir meine Familie durch alle Rassen und Klassen. Ich suche sie mir nach geistigen und seelischen Kriterien. In meiner Jugend hatte ich noch die Tendenz, alles von einem einzigen zu erwarten und ihm dann seine Unvollkommenheit anzulasten. Jetzt kann ich alles sein; ich versuche, Schwester, Geliebte, Ehefrau, Revolutionärin in einem zu sein. Gut, es kommt auch vor, daß man einem mehreres sein kann. Aber gerade schöpferische Menschen, die brauchen oft einen Menschen für den Rahmen, das Haus, also einen Ehemann oder Ehefrau, und einen, der sie inspiriert. Also gewisse Männer sind nicht für den Hausgebrauch. Eine bestimmte Art schöpferischen Mann kann man nicht ans Haus binden; das ist kein Haustier. Eros ist ein anarchistischer Gott. Die Vertrautheit, die man in der Kontinuität erlebt, auch in der sinnlichen Liebe, die führt zu Nähen, die die Liebe in andere Zustände bringen, in Freundschaft vielleicht, aber das geht nicht mit allen Menschen.

Liebe in jeder Form – Liebe ohne Ende

Jeden, den ich einmal geliebt habe, behalte ich in meiner Seele. Und keinen habe ich je hinausgeworfen. Nur die Form des Zusammenlebens ändert sich. Darum weiß ich auch nicht, was das ist: »Ende einer Liebe.« Es gibt so viele unterschiedliche Liebesformen: z.B. die Freundschaftsliebe, das ist mehr wahrscheinlich zum Zusammenleben. Und die Passion, das ist ein Erwachen zu sich selbst. Aber in allen Formen ist Liebe etwas Heiliges, Anspruchsvolles. Es ist nicht gut, sich am Altar des Eros zu versündigen, Unwahrhaftigkeiten sich selbst und dem anderen gegenüber. Ich tue in der Liebe nur das, was ich auch wirklich will.

Da ist keiner unter meinen Lieben, dem ich nicht gut bin. Wenn man jemanden geliebt hat, dann hat man ein Verwandtschaftsverhältnis zueinander. Da kann man von ihm etwas annehmen oder ihm etwas geben, ohne zu fragen, bekomme ich das zurück. Wenn sich das Erotische erfüllt hat, ist doch die Botschaft nicht unbedingt zu Ende.

Ich nenne das: »verschiedene Aggregatzustände der Liebe«. Man kann mit einem Mann auch Freund sein. Es gibt so viele Lieben. Man kann nur Freund sein mit ihm oder auch beides. Es ist auch schon vorgekommen, nachdem ich lange mit einem Mann befreundet war, daß es plötzlich geschah, wir liebten uns ein einziges Mal; es war wie eine Taufe der Freundschaft. Wir wußten, man rührt sich hinterher nicht mehr an, wir sind jetzt kein Liebespaar. Man muß das nicht alles ordentlich in Schubkästen packen. Wir sind jetzt tiefer befreundet als zuvor. Das Erotische ist wie die Paradiesvögel, nicht steuerbar, und wenn man es packen will, weicht es. Ich bin auch immer etwas mißtrauisch gegenüber der einseitigen Bewertung des Sexuellen. Ich weiß eigentlich nicht, was das ist, ehrlich gesagt. Es ist doch immer so viel an Kommunikation zwischen zwei Seelen. Das kann man gar nicht reduzieren. Es ist wie eine andere Sprache. Das kann man nicht intellektuell einschränken.

Es gibt einfach alles. Liebe läßt sich nicht bürokratisieren. Man kann Liebe auch nicht aufteilen, in Ehe einerseits und in die leidenschaftliche Freundschaft andererseits. Es gibt so viele Verästelungen. Und das gilt auch für diese Glücksmomente. Es gibt Freunde, wir haben uns nie berührt und erlebten doch solche Glücksmomente. Die müssen nicht unbedingt über das Sinnliche gehen. Ich würde gar kein Werturteil abgeben, was besser oder schlechter ist. Die großen Momente, die habe ich schon manchmal in Gesprächen, wenn es plötzlich zum Leuchten kommt; in Gesprächen mit Wahrheitssuchern aller Art, die dauernd im Prozeß bleiben wollen, die sich ihr Universum schaffen. So wie es jetzt im Gespräch mit dir ist. Wenn du in irgendeiner Richtung suchst, bist du mit deinem Suchen einsam, bis du bei deinem Suchen plötzlich einen findest, der in der gleichen Richtung sucht. Und das ist das Glück meines Lebens, daß mir diese suchenden Verrückten immer ins Haus flattern. Sicher, die höchste Form von Glückseligkeit habe ich in den Armen eines Mannes erlebt. Aber es gibt Zustände, wo ich das auch mit mir allein empfinden kann. Ich meine Glückseligkeit nicht so moralisch, eher anarchistisch. Das ist so wie mit den Lilien auf dem Felde, die haben ihre Gültigkeit in sich selber. Auch, wenn ich Gesichter fotografiere. Wenn ich spüre, mit wem habe ich es hier zu tun. Wenn ich fotografiere, versuche ich ganz Organ zu sein, zu sehen. Und das geht nur mit Liebe. Der Zug der Sache, die Lokomotive, das ist die Liebe. Und die Wagen darauf, das ist der Intellekt. Lieben im umfassenden Sinn, sonst erkennt man nichts. Daß die Augen überhaupt etwas sehen, das hat mit Liebe zu tun. Das ist auch wieder Begeisterung, die das Leben adelt, um es altertümlich zu sagen.

Jede Liebe hat mir etwas Besonderes gebracht, was mir nur dieser bringen konnte. Nicht aus einem Nützlichkeitsdenken heraus. Sondern ich bin reicher geworden, und er hoffentlich auch. Das ist wie eine Weltumseglung, jede Liebe ist eine Weltumseglung. Man findet neue Inseln und Länder. Ich habe nun viele Freunde, bei denen ich immer das gleiche Problem sehe, das der verschiedenen Lieben. Das mag im Mittelalter noch manchem zugefallen sein, ein ganzes Leben alle Liebe nur mit einem einzigen zu leben. Aber heute sehe ich, den einzelnen Menschen stellt sich die Frage der unterschiedlichen Lieben. Wie sie das gestalten, ob sie mit dem einen zusammenleben und mit dem anderen eine andere Form der Begegnung leben, das ist sehr verschieden. Man kann es im alten Sinne bürgerlich machen: hier die offizielle Ehefrau, die wird gezeigt. Und im Versteckten die Geliebte, die darf dann quasi nur auf der Horizontalen erscheinen. Das ist eine alte, eingespielte Form, die ich hier in Paris noch sehr häufig sehe. Ich probiere eine gewisse Wahrhaftigkeit in mein Leben hereinzubringen. Wenn du verheiratet bist, lernst du z. B. mit deinem Mann in einer bestimmten Weise umzugehen, den Tag zu überdenken, auf ein Kind zu schauen, das Berufsleben durchzustehen und was sonst noch. Aber damit bist du noch nicht gefeit, daß für den einen oder anderen sich nicht etwas ereignen kann. Einmal nimmt es ihn. Einmal nimmt es sie. Und es ist jedesmal ein Einbruch, ein Wahnsinnseinbruch, auf irgendeine Weise. Aber wenn es wahrhaftig ist, braucht der andere nicht unbedingt ausgeschlossen zu werden.

Wir alle sind mit dem Problem der verschiedenen Lieben konfrontiert.

Verliebtheit – Liebe – Leidenschaft

Darüber habe ich oft nachgedacht: Liebe hat etwas Aufwekkendes – die Verliebtheit hat etwas Zudeckendes. Das ist allerdings auch nicht an mir vorübergegangen, daß man ein bissel herumprobiert, was los ist da draußen. Nicht jede Begegnung ist eine Weltumseglung. Aber bei einer großen Liebe, da packt es einen, daß das Leben ab sofort verändert ist. Das ist das Zeichen einer großen Liebe. Es gibt Liebesbegegnungen, die nicht gleich das ganze Leben auf den Kopf stellen, insofern ist diese Unterscheidung ohne Wertung. Aber bei den großen Begegnungen – ich glaube, da habe ich mich nicht getäuscht –, da sieht man in dem anderen in den ersten drei Minuten so etwas wie eine Gestalt, die er selbst noch nicht verwirklicht hat. Man sieht den Entwurf in ihm, seine Zukünftigkeit. Man sieht das Auge Gottes im anderen. Für die übrigen Menschen ist das ein gewöhnlicher junger Mann wie jeder andere auch. Aber der Liebende, der sieht den Auftrag des anderen, dessen Berufung. Nachher rutscht man wieder in die Alltäglichkeit. Treue heißt für mich, diesem inneren Bild treu zu bleiben, dem Bild, das man zum ersten Mal gesehen hat. Im anderen immer wieder das Auge Gottes sehen können, es nicht in der Alltäglichkeit vergessen. Man kann es nicht wollen, es geschieht mit einem. Bei der Verliebtheit sind es oft die mehr »sterblichen« Dinge, die einen gereizt haben. Bei der Verliebtheit hat man den Gedanken Gottes im anderen nicht so stark gesehen. Man hat nicht weit genug gesehen. Das öffnet der Projektion Tor und Tür. Es war irgend etwas Vergängliches, wie schönes Haar, an dem man sich festgemacht hat, nichts gegen das, die Verliebtheit ist die kleine Schwester der großen Liebe. Die großen Linien sind schon da. Aber sie leuchten nicht so stark. Darum haben sie nicht die Kraft, ein paar Stürme zu überstehen. Beim zweiten, dritten Regenschauer sind sie dann überwältigt. Sie ist nicht stark genug. Die Verliebtheit erschöpft sich schnell. Bei der großen Liebe ist immer noch mehr; da ist immer noch ein Raum. In der Liebe ist immer noch ein Unerfüllbares drin. In der Verliebtheit kriegt man bald das, was man gesehen hat, und damit hat's sich dann. Aber auch da – nun kommt die Moral –, auch da probier' ich, wenn ich verliebt war, den hinterher nicht aus meiner Seele zu werfen. An irgend etwas hat sich die Verliebtheit ja entzündet. In einen völlig uninteressanten Mann war ich noch nie verliebt, also jemanden, den ich nachher als einen solchen bezeichnen müßte. Die himmlischen und irdischen Botschaften, die man auszutauschen hatte, die waren schneller erfüllt. Da mußte man seines Weges gehen. In der großen Liebe wird die Sinnlichkeit mit jedem Mal gesteigert. In der kleinen Verliebtheit erfüllt sich das dann bald. Man begegnet niemandem umsonst. Sobald es um Liebe geht, ist immer etwas Heiliges darin. Das darf man nicht zu laut sagen, weil es so fragil ist.

Liebesgeschichten sind Mysterien; die kann man nie vollständig erklären. Weder rein gesellschaftlich noch individuell. Und da ist noch ein Geheimnis um die Leidenschaft. Ich lernte einmal einen Mann kennen, der mich tief begriffen hat in meiner Persönlichkeit und in meinem Frau-Sein. Der wollte mir auch meine Art zu leben nicht ausreden und meine Welt nicht nehmen. Im Gegenteil, eben diese hat ihn in seiner Liebe zu mir bestärkt. Aber je tiefer das Begreifen ging, desto mehr ließ die Passion nach. Der Eros hat sich irgendwie zurückgezogen. Die Leidenschaft hat mit einer Art Fremdheit zu tun. Bei aller innigen Passion, irgendwie bleibt man sich immer ein wenig fremd. Das ist das Geheimnis der Mischung aus Nähe und Ferne. Es ist wie mit den Säulen, wenn sie zu nahe beieinanderstehen, tragen sie schlecht. Zuviel Nähe löst die Leidenschaft auf. Deshalb war es mit diesem Mann auch so: Je tiefer wir uns erkannt hatten und je näher wir uns umfassend kamen, desto mehr hat sich die Passion zurückgezogen. Wir mußten einfach lachen. Wir sind jetzt innige Freunde.

Und wenn ich es je wagen würde mit dem Zusammenleben, für das Beieinanderbleiben im Alter, dann etwas in dieser Richtung. Was machen aber nun die, die keine Passion erleben. Das weiß ich nicht. Ich glaube, jedem ist eine bestimmte Fülle gegeben, daß er einen Reichtum aus seinem Acker machen kann. Das hat nichts zu tun mit Bildung und Geld. Ich habe mal in einer Gruppe gearbeitet, die Gefangene besucht und Haftentlassene bei ihren ersten Schritten draußen begleitet. Das waren fast immer Menschen, die aus sehr armem Milieu kamen, keine Ausbildung hatten. Aber es gab solche, die Passionen durchlebt haben, und solche, bei denen so viel verschüttet ist. Bei mir war es vielleicht dieses: Wir hatten Scheidung und frühe Tode, aber wir wurden von den Eltern geliebt, vorbehaltlos geliebt. Das betrachte ich als ein Geschenk. Und die, die nicht geliebt wurden, oder die, denen es schwerfällt, den ersten Schritt zu tun im Lieben, die bleiben angeschlagen.

Wenn ich von der Voraussetzung ausgehe: Wir sind hier auf der Welt, um uns zu vervollkommnen, uns aneinander erwachend zu vervollkommnen, um sich auszuliefern und dadurch wieder etwas heimzubringen. Gemessen an dem, muß man auch einmal die Erfahrung machen, daß der andere nicht antwortet; daß du nicht wiedergeliebt wirst oder der andere es nicht so tief weiß. Vielleicht braucht man einmal diese Erfahrung. Das ist ein Lernprozeß. In der Liebe, da wirft sich alles durcheinander, das Körperliche, das Seelische, das Geistige. Und dabei kann man am meisten lernen. In anderen Dingen kann man immer noch den Kopf oben halten, die Tassen bleiben im Schrank. Aber in der Liebe nimmt es dich mit vollen Segeln. Und darum kann man da auch am meisten innerlich vorwärtskommen, wenn man liebt, glaube ich. Da fängt dann die Kooperation an, quer durch die Welt, daß Menschen, die in die gleiche Richtung schauen, sich erkennen. Die brauchen gar keinen Club daraus zu machen. In den Augenblicken der Nähe, da schafft man sich sein wahres Kapital. Das ist der Bereich, in dem ich ehrgeizig und »wuchernd« bin, in den Augenblicken der Nähe, die man mit seinen Lieben leben kann. Das sind Momente der Zellbildung, wo man sich seine seelischen Häuser baut. Ich weiß immer mehr, *wer* ich bin durch meine Lieben. Ich weiß immer mehr über mich und über die Welt. Die Liebe ist ein gewaltiges soziales Kunstwerk. Eine großartige soziale Plastik, wenn zwei Menschen ein Leben lang eine schöpferische Weise zu leben finden.

Gefährtin der Männer – nicht ihre Feindin

Als ich meine Ausbildung abgeschlossen hatte, kam ich hier in diese Stadt. Ich lernte hier einen Mann kennen – eine tiefe, innige Lebensfreundschaft, aber keine Passion. Dieser Mann hat mir auch meine Eigenständigkeit, die sich damals schon abzeichnete, gelassen. So etwas geht gut zum Zusammenleben. Und so war es auch gedacht. Ich trug schon einen dicken Ehering. Das Heiratsmenü war bestellt, die Verwandten schon eingeladen. Und auch eine Wohnung war gefunden. Aber das Schicksal wollte es anders.

Also kurz vor der Heirat bin ich einmal zu einer Veranstaltung gegangen, irgend etwas Revolutionäres in einer Theaterwerkstatt. Dort sah ich einen Mann von hinten; der redete über Brecht; dann drehte der sich um, wie im Märchen, ich wußte, das ist mein Mann. Das war Thomas. Es war noch nichts Äußeres passiert. Trotzdem gehe ich heim zu meinem Verlobten und sage ihm: »Ich habe wieder angefangen, mich freizumachen«, wußte noch gar nicht, wie es weitergeht. Gleichzeitig habe ich gefühlt, dieser Thomas ist nicht ein Ehemann, der mir nun wieder ein Heim gibt. Der wird nicht für mich sorgen, sich nicht verantwortlich fühlen für mich. Das ist ein Revolutionär, wie bei Dostowjewski; der schreibt seine Gedanken auf, hält seine Reden, ohne sich um den Verkauf zu scheren. Wenn du mit so einem leben willst, mußt du auf eigenen Füßen stehen. Und dann begannen sieben Jahre höllische, furchtbare und großartige Passion. Irgendwie wußte ich, das ist nichts fürs ganze Leben. Ich habe mir wieder eine eigene Wohnung gesucht. Auch weil ich Angst hatte, die Passion flieht bei allzu organisierter Nähe. Einmal, als Thomas eine Anstellung kriegte, meinte er, wir könnten das ja legalisieren. Da war mein erster Impuls: Aber wir behalten unsere getrennten Wohnungen. Eben um die Passion und die Poesie zu halten. Ich weiß nicht, ob das als Verheiratete gelungen wäre. Und später habe ich es dann erlitten, wie er in eine andere Liebe gefallen ist. Wahrscheinlich habe ich ihn da erst mal sehr gequält. Heute ist der Kreis geschlossen, wir haben uns verziehen und sind wieder gut miteinander. Aber ich bin eben erst in dieses Loch am Ende gefallen, weil ich ein bissel höriger war als er. Ich hab' das durchgestanden, auch wenn es furchtbar war. Aber es ist wichtig, das mal zu erleben. Und später habe ich Dario kennengelernt. Da war ich schon über den Berg. Doch ich bin sehr dankbar für diese höllische Erfahrung. Ich sehe das wirklich vom Lernprozeß her. Nun also der Dario, das ist ein lateinamerikanischer Maler. Der wollte mich gleich zu sich nach Paris nehmen. Aber ich hatte schon wieder begonnen, mich zu verselbständigen, bin wieder auf mein Grundmuster zurückgekommen. Die beiden großen Passionen in meinem Leben, Thomas und Dario, die wollten mir immer meine Lebensweise nehmen, meine Welt, mein Musentum, meinen »Hofstaat«, wie ich es nenne. Aber als ich Dario kennenlernte, hatte ich mir schon wieder mein eigenes Universum aufgebaut. Deshalb konnte ich nicht mehr dahinter zurückfallen, es aufgeben. Aber dieses andere lockte mich auch. Und so begann eine zauberhaft widersprüchliche Beziehung von zehn Jahren: Drei Tage in der Woche war ich Darios »spanische« Ehefrau in Paris; mit allem, was man dafür bekommt und auch dafür zahlen muß. Das ist es, was ich damals schon einsah: Ich wollte auch gern »Weibchen« sein, und das konnte ich bei ihm. Aber das hat seinen Preis. Er war ein südländischer Pascha. Du kannst nicht alles gleichzeitig haben. Ich habe da zum ersten Mal erlebt, wie teuer ich mein Frau-Sein mit meiner Persönlichkeit bezahlen mußte. Aber diese Art Frau-Sein ist es auch wert, gelebt zu werden. Man muß es nur wissen, wie weit man das leben kann und wie weit man sich dafür verlieren will. Jedenfalls waren die beiden letzten Jahre mit Dario immer durchzogen von seinen Forderungen, ich solle ganz zu ihm ziehen. Entscheidungen, Ultimaten. Es hat mich zu ihm gezogen, aber auch gleichzeitig wieder zurückgehalten. Ich hatte Angst um meine Integrität. Ich habe nachher gesehen, daß ich für mich recht hatte. All meine Freunde hier, mein »Universum«, hätte ich aufgeben müssen. Und wenn ich mit Dario darüber habe diskutieren wollen, dann meinte er: »Du hast doch meine Freunde hier.« Er hat das nie ganz begriffen, so genial und aufgeschlossen er sonst war: Die Frau gehört ins Haus. Ich wollte nicht unbedingt allein leben. Ich habe immer nur für meine Integrität gekämpft. Dieses Hin und Her, drei Tage dort, vier Tage hier, das fand ich die schöpferischste Form der Ehe. Aber er wollte mich ganz. Vor einem Jahr haben wir uns getrennt. In Liebe getrennt. Es gibt große, innige Lebenslieben, die nicht zum Zusammenleben gemacht sind. Das äußerste, das ich geben konnte, war die halbe Woche. Das war nicht Egoismus. Ich habe mich auch beruflich daraufhin organisiert. Ich fand das großartig. Aber Dario hat das erlitten. Wir hatten beide die Liebe zueinander und auch etwas zu erleiden.

Dario wollte immer, damit er in Ruhe malen kann, eine Frau, die Ruhe gibt und die da ist. Er könne nur wirklich malen, wenn Ruhe im Haus ist. Und ich bin keine Frau, die Ruhe gibt. Wir haben beide von der anderen Seite her den Widerspruch aneinander geliebt und gelebt. Freunde, die mich in Paris besucht haben, meinten, ich sei dort eine ganz andere Ivana. Beides ist wahr. Dort war ich ganz die »douce femme«. Aber ich mußte auch immer einen Hahn zuhalten bei mir. Um jedes Telefonat mußte ich kämpfen. Wenn ich z. B. am Nachmittag ausgehen wollte zum Fotografieren, dann mußte ich spätestens um sechs Uhr zu Hause sein. Das ging eben nur drei Tage und drei Nächte lang. Die Spanier meinen immer, wenn sie eine Frau nur heftig genug umarmen, dann gibt sie Ruhe. Das war natürlich für meinen auch heute noch heiß geliebten Dario ein ungeheures Phänomen, daß dieses Weib sich trotzdem immer noch nach draußen sehnte. Wenn du so eine Vitalität hast wie ich, dann brauchst du schon ein Kaliber, das das aushält. Dann treffen diese zwei Universa aufeinander. Da ist es schwierig, wenn jeder schon ein ausgeprägtes Weltbild und Leben aufgebaut hat. Welcher Mann frißt das gleich mit? Ich habe das sehr tief erkannt: Die Stärke, die ich an ihm liebte, die kann einen auch erdrücken.

Wenn ich jetzt mit 40 mein Leben betrachte, so hat es doch Methode gehabt: Erst war ich die Jahre mit Thomas zusammen, einem Intellektuellen, der zwar auch etwas Zigeunerisches an sich hatte. Und danach mit Dario, dem Künstler, der mir alles gegeben hat, was mir bei Thomas gefehlt hat. Mit Thomas, da haben wir uns im Geist und im Fleisch gefunden. In der Seele und im Herzen hatte ich trotz allem immer eine gewisse Einsamkeit bei ihm. Und mein lateinamerikanischer Dario, der hat mich für all das entschädigt, was mir bei Thomas gefehlt hat. Bei ihm waren wiederum andere Dinge nicht da. Er war mehr in der Mitte, Herz und Seele. Geistig war ich dem Thomas näher. Aber wenn mir eine Fee sagen würde: Was willst du? Ich wüßte es nicht. Beide haben mich bereichert. Jeder war die Antwort auf den anderen. Darum bin ich auch inzwischen davon abgekommen zu meinen, es könne mir einer alles geben. Ich habe bei Thomas schon darunter gelitten, daß da manches fehlte. Das ist nicht böse gemeint. Aber immer, wenn er seine intellektuelle Brille wieder aufhatte, sich hinter seinen Büchern versteckt, da konntest du vorher das Tollste erlebt haben, das war dann weg, wurde zerpflückt, galt nichts mehr. Jetzt kann ich das anders sehen. Das hat mit der Liebesfähigkeit zu tun. Wenn du Glück mit einer Art Liebe gehabt hast, dann sollte es eigentlich keine Wiederholung des Gleichen geben. In meiner Jugend hatte ich noch mit meiner Leidenschaftlichkeit zu kämpfen, daß ich mich immer gleich ausgießen wollte. Aber wir müssen alle lernen, dem anderen die Freiheit zu lassen, auch in der Passion. Das tönt einfacher als es ist.

Letztes Jahr habe ich also meinen Dario nach Lateinamerika ziehen lassen. Weil er nach 15 Jahren Europa dorthin zurückwollte. Und mir wurde im Verlaufe dieser zehn Jahre dramatischer, gewaltiger Liebe immer mehr bewußt, daß ich nach Europa gehöre. Ich, die ich als Frau schon in Europa recht eigenwillige Theorien habe, ich würde in Lateinamerika krank, wenn man mich in ein Einfamilienhaus einsperren würde. Noch vor zehn Jahren bin ich hier gesellschaftlich mehr angeeckt. Da hat man mich eher für verrückt gehalten. Gerade das, weswegen ich heute geachtet werde. Genau diese Sachen, die mich damals fast den Kopf gekostet hätten, daß ich mich schon fragte, warum bin ich denn so anders als die anderen. Wie ich gelebt habe und mir meinen Beruf und Freundeskreis aufgebaut habe, da dachten manche, das ist ein verrücktes Weib. Das habe ich erlitten, obwohl ich damals hochnäsig drüber hinweggerauscht bin. Glücklicherweise gibt es heute mehr solche Frauen. Als selbständige Persönlichkeit ist man heute als Frau geachtet. So schwimme ich grad auf einer guten Welle. Obwohl ich das nicht deswegen mache. Unsere Zeit ist eine ganz tolle Zeit für selbständige Frauen. Und ein selbständiges Leben als Frau schließt die Liebe nicht aus. Mein im Grunde glückliches Leben führe ich darauf zurück: Ich war Gefährtin der Männer. Nicht ihre Feindin, die aus der Sklaverei heraus Geschlechterkampf macht. Wenn du vier Kinder am Zipfel hast und keinen Beruf und kein Geld, dann mußt du Geschlechterkampf machen. Dann mußt du die Männer bremsen mit allen möglichen Erpressungen. Ich war immer wirtschaftlich unabhängig. Hatte immer gerade noch genug verdient mit meinem Beruf. Da konnte ich mich weiter hinauswagen. Ich suchte keinen, der mich erhält und unterhält. Dadurch konnte ich Gefährtin sein. Mein Traum war: das Paar, das sich erhält und sich nicht bremst. Ich habe meine Lieben immer bei den Wahrheitssuchern und Weltveränderern gefunden; die ziehe ich an, dieses Fußvolk der Genialen. Bei denen lebe ich meine Mütterlichkeit aus und erfülle mich auch über dieses Geburtshelfertum bei den jungen Wahrheitssuchern aller Art. In dieser Hinsicht fühle ich mich der Anaïs Nin und George Sand nahe.

Wandlung durch Verluste

Wachsen an Verlusten – das kann nicht leichtfertig gesagt werden, kann gar nicht gesagt, nur durchlebt werden. Jetzt sieht alles so idealistisch aus. Aber der Verlust meines Bruders: Ich hatte immer gedacht, wenn alle Stricke reißen, er ist da; er war meine Rückendeckung. Und dann mußte ich allein stehen lernen. Dieses Netz von Freunden, die haben mich gehalten. Jeder, der mal etwas persönlichkeitsmäßig sein will im Leben, der wird so etwas erlebt haben. Das Leben schlägt einen schon aus den Hemden. Wohin ich greife, da greife ich in Staub. So kam es mir damals vor. Die Literatur, die Poesie, die Kunst, die haben mich gerettet. Bei mir war das schon existentiell.

Und die Tode meiner Eltern: Das tönt jetzt sehr eigenartig, aber wie ich das Gesicht meines Vaters gesehen habe, hat das geleuchtet. Es war nicht nur schrecklich im Tode. Ich habe die Dinge immer von zwei Seiten gesehen. Das schreckliche Erlebnis des Verlustes habe ich gesehen. Und auf der anderen Seite wuchs mit diesen Verlusten etwas Neues, wie eine Verwandlung.

Das Ende der Passion mit Thomas, das war die blanke Hölle. Da war es ein bis anderthalb Jahre lang, daß ich mit blutender Seele eingeschlafen bin. Und mit blutender Seele bin ich aufgewacht. Nur aus dieser Verzweiflung heraus habe ich hinterher etwas über mich entdeckt. Ich sehe das einmal altersmäßig und einmal grundsätzlich. Bei allen um mich herum ist es etwas ganz Fundamentales: Spätestens um 30 herum gibt es die großen Katastrophen. Das Kartenhaus stürzt zusammen. Ich kam mir vor wie zerfetzt in die vier Windrichtungen des Weltalls. Gut, ich neige dazu, das etwas pathetisch auszudrücken. Ich fühlte mich zerstückelt. Und nachher habe ich nichts anderes gemacht, als mich Stück um Stück wieder hereinzuholen. Ich bin durch das Nadelöhr des Fast-nicht-mehr-Seins gegangen. Aber auch da hatte ich zwei, drei Freunde. Und deswegen habe ich noch nie – toi, toi, toi – einen Psychiater gesehen. So laut sagen würde ich das aber nicht; ich weiß nicht, was einem noch passiert. Eines ist bei alldem ganz wichtig. Bei all meinen Freunden und Lieben quer durch die Welt: Wirklich kommunizieren kann ich nur mit Menschen, die irgendwann einmal ihr Leben verloren haben. Ich kann das so biblisch sagen, ohne dabei unangenehme Gefühle zu kriegen.

Das Allein-Leben liebevoll leben

Mein Leben ist wohl nicht unbedingt aufs Allein-Leben entworfen; es ist auf beides hin entworfen. Daß ich allein lebe, habe ich mir nicht zur Philosophie gemacht. Aber ich glaube, man kriegt das Schicksal, an dem man optimal die Erfahrungen machen kann, die man braucht. Ich mag das nicht, dieses egoistische Allein-Leben, weil da einer stört, weil man fürchtet, teilen zu müssen. Vieles, was damals in der Spiegel-Serie über die »Singles« geschrieben wurde, das kam z. T. aus einem Nützlichkeitsgedanken heraus, einem kleinlichen Nachrechnen, Abwägen. Man will sich abschirmen gegen Störungen, absichern vor Risiken. Den anderen für die Lust haben und sonst abschieben. Das Haben und Geben ausgewogen halten, möglichst mehr bekommen als investieren. Das ist mir eher fremd. In der Liebe gibt es keine Demokratie. Daß ich allein wohne, bedeutet nicht Allein-Leben. Es ist mehr eine andere Art des Zusammenlebens. Ich will das Allein-Leben nicht erleiden, sondern selber gestalten. Das Allein-Leben muß liebevoll gelebt werden.

Jetzt in diesem letzten Jahr, nachdem ich meinen Dario habe ziehen lassen, jetzt also genieße ich es, mich schöpferisch zu verteilen. Ich bin wieder mehr verfügbar für all meine Freunde als in den Jahren zuvor. Das beglückt mich auch. Du wirst heute meistens so erzogen zu denken, die anderen machen es. Du mußt schon irgendwann merken – je früher desto besser –, du bist der Schöpfer deines Universums. Jeder ist sein eigenes, einmaliges Experiment seines Lebens. Niemand anders macht das für dich. Niemand sagt dir, wie du dein Leben gestalten sollst. Das kannst nur du entdecken. Kierkegaard sagt: Jeder von uns ist mit einer versiegelten Botschaft auf die Welt gekommen, um herauszufinden, was unsere Aufgabe ist. Mein letzter Standpunkt: Jedem sein Reich, aber man kann sich in seinen Reichen besuchen und Botschaften austauschen. Freiheiten teilen, aber nicht grundsätzlich alles zusammen haben. Jeder kann sein Reich durchaus auch in einer gemeinsamen Wohnung haben. Wenn's nur ein kleines Zimmerchen ist. Also wenn Allein-Leben, dann immer als Zusammenleben auf irgendeine Weise. Liebe, Freundschaft und Arbeit, in diesen drei Bereichen muß es immer fluten. Das sind die drei Säulen des Lebens. Und ich sehe das bei den Menschen, die sich ihr Universum schaffen: Wenn es nicht in allen drei Bereichen flutet, dann haben sie eine Tendenz, sich irgendwo verkrampft draufzustürzen. Das sind dann die Menschen mit Besitzansprüchen gegenüber anderen. Da wird viel zerstört. Das hängt mit der Deformation des Außenseiters zusammen. In einem Sinne bin ich auch ein Außenseiter. Aber bei mir habe ich aus der Not eine Tugend gemacht; die Sache aus eigener Kraft umzuwandeln, das geht mit der Fähigkeit zu lieben. Aber bei den besitzgierigen Menschen, bei denen ist in der Liebe wieder dieser Geiz im Spiel. Sokrates sagte immer: Willst du geliebt werden, dann liebe. Das ist es. Ich glaube, Einsamkeit ist ein seelisches Gebrechen. Das läßt sich nicht nur aus dem Außenseitertum erklären. Außenseitertum kann auch etwas sehr Positives sein. Aber man darf sich auf dem Außenseitertum nicht ausruhen. Deshalb weiß ich wirklich nicht, was Einsamkeit ist, im schrecklichen Sinne des Wortes. Ich glaube, Einsamkeit ist Nicht-lieben-Können. Darum ist das Allein-Leben nur dialektisch zu verstehen mit dem Zusammenleben. Es ist nicht gut, daß der Mensch allein ist. Das sage ich als eine, die niemals den festen Rahmen eines Mannes beansprucht hat. Ich habe immer meinen eigenen Rahmen geschaffen. Sicher, auch ich könnte eine Ehefrau sein; war ich sogar mit Dario und habe das sehr genossen. Drei Tage in der Woche war ich seine Frau. Aber ich mußte auch immer das andere haben. Das ist ein Ganzes und braucht lebendige Elemente. Ich bin gar nicht für oder gegen die Ehe. Das Wichtigste ist, die widersprüchlichen Elemente lebendig zu erhalten. Ich habe in den Jahren mit Dario in zwei Ländern gelebt. In einem mit ihm, in einem ohne ihn. Der lebendige Widerspruch muß herein, aber nicht als »Gegenleben«. Ich möchte die Dinge schon immer positiv sehen, nicht »gegen«. Im Spaß sage ich: Ich lebe in einer Kommune quer über die Welt. Das ist nur leicht übertrieben. In meinem engeren Freundeskreis sind es vielleicht sieben Leute, bei denen könnte ich morgens um drei kommen und weinen. Ich müßte kein Wort sagen, würde ein Bett kriegen und weinen können. Das ist es, was ich unter Familie verstehe. Da braucht es keine Ehe. Die eine Familie kriegt man vom Schicksal, und die andere schafft man sich selber. Man muß sich das Paradies schon selber zusammensetzen. Mit Poesie und Phantasie.

Ich muß noch mal ganz früh beginnen, mit den Verlusten. Als ich mir sagte, ich schaffe mir meine Familie durch alle Rassen und Klassen. Damals habe ich das nur halb bewußt gesagt. Aber in den letzten 20 Jahren ist es mir gelungen. Manchmal sage ich es halb belustigt: Bei all meinen verheirateten Freunden bin ich eigentlich die einzige, die eine lebendige Familie hat. Mein Allein-Leben ist somit eigentlich ein Zusammenleben in einer recht gutgehenden Familie.

Aus einem Brief von Ivana:

»Liebe Marianne, gelt, Du faßt das nicht als Eingriff auf, wenn ich meine ständigen Wiederholungen etwas ausgeebnet habe. Ich bin ja leicht erschrocken über das, was ich gesagt habe. Ich glaube, beim gesprochenen Wort klingt vieles nicht so arrogant und abgeklärt, wie wenn's dann Schwarz auf Weiß steht. Ich finde mich da zum Teil recht überheblich, als hätte ich die Weisheit mit Löffeln... Verstehst Du, daß ich da meinem wahren – nicht so sakrosankten – Stand näher kommen wollte durch Lockerung von gewissen, so brutal hingeworfenen Thesen. Ich versuche schon, mich täglich in Frage zu stellen. Und hier im Text sieht es manchmal aus, als meinte ich, ich sei die einzige auf der Welt, die selbständig sein wolle. So ist es nicht gemeint, obwohl dieses meine Ansprüche sind. Ich finde nun auch immer mehr wahlverwandte Männer und Frauen.
Das Lesen dieser Aufzeichnungen brachte eine Art Selbstbegegnung über den Text. Wo ich mich allen Ernstes gefragt habe, ob das nicht alles etwas ›großkotzig‹ tönt. Man kann die Wahrheit nicht so rausschreien. Das ist vor allem eine Dosierungsfrage.
Wir haben – als Du hier warst – hauptsächlich über ›Beziehungen‹ gesprochen. Das ist ja Dein Thema. Aber jetzt tönt es so, als würde ich nichts anderes betreiben, als nur darüber nachzusinnen. Um einer inneren Wahrheit willen sei noch erwähnt: Es sind immer mehrere Bereiche, zwischen denen ein Austausch stattfindet, bei mir vor allem: die Kunst – die Freundschaft/ Liebe – die Arbeit – und soziales Engagement.
Deine Ivana.«

Einsamkeit – ein seelisches Gebrechen?

Dieser Satz von Ivana hat mich nicht losgelassen: »Einsamkeit ist ein seelisches Gebrechen«, hatte sie gesagt. Nicht das aktive Sich-Zurückziehen, das erfüllte Allein-Leben ist gemeint, sondern Einsamkeit als Verlassenheit, Allein-Leben wider Willen. Obwohl sich dieser Satz, so wie Ivana ihn versteht, mit unseren Vorstellungen von Selbstverantwortlichkeit deckt, scheue ich mich, diesen Satz Menschen entgegenzuwerfen, denen ihre Einsamkeit ausweglos ist. Was sage ich denen Neues, wenn ich sie als »Kranke« beschimpfe, als unfähig zum Lieben, als untätig Abwartende? Und was hilft es denen, die in abgestorbenen Beziehungen ausharren. Ist deren Angst vor Einsamkeit eine Fiktion, die ihre eigene Lebensuntüchtigkeit verschleiern soll?

Die Fachkollegen aus der Psychologie scheinen Ivanas Satz zu bestätigen. Über die »Singles« ist mir gesagt worden:

»Das ist bei denen ein Problem: Der Wunsch nach einem anderen ist so vehement vorhanden, daß dieser andere zuviel auf einmal abdecken muß. Das macht dem anderen berechtigte Angst. Da baut man dann schon gegenseitig Sicherheitsstützen ein. Jeder behält seine eigene Wohnung. Da zeigt sich die Berührungsangst. Das ist ein Ahnen, wie unerfüllbar diese Wünsche sind. Die haben Freunde und Partnerschaften und leiden an dem Hin- und Hergerissen-Sein. Sie gestehen sich ein, sie möchten eng und herzlich mit einem anderen zusammenleben. Aber sie trauen es sich nicht zu oder sie fühlen sich nicht mehr flexibel genug. Es geht nicht mehr. Darum haben die Singles auch voreinander solche Angst. Die finden sich ja nicht, obwohl sie die gleichen Probleme teilen. Die schleichen nur umeinander herum, weil sie im tiefsten voneinander wissen. Der Wunsch ist da, aber sie kommen nicht zusammen.

Und dann gibt es noch diejenigen, die darüber klagen, überhaupt keinen Partner zu finden, weil keiner zu ihnen kommt. Die haben ungeheuer große Glückserwartungen, bleiben aber passiv und hoffen, daß das Geliebt-Werden ihnen von einer anderen Person gebracht werden muß. Daß der Wunschpartner plötzlich erscheint. Das deckt sich mit den Phantasien von 16jährigen. Bei diesen Menschen steckt meistens auch die

Frage dahinter: Habe ich vor mir selbst Bestand? Das sind schleichende Ablehnungsgefühle sich selbst gegenüber. Das erfordert Arbeit am eigenen Selbst und hat mit dem Vorhandensein oder Fehlen eines Partners eigentlich weniger zu tun. Diese Arbeit kann mir auch kein Partner abnehmen, der mich kurzfristig toll findet.«[8]

Kindliche Abhängigkeiten[9], Bindungsängste, Selbstverachtung, lauter »Unfähigkeiten« als Hintergrund dieser Einsamkeit. Aber wie entstehen diese Unfähigkeiten? Was nützt es dem Einsamen zu wissen: Ich bin ein Versager? Dieses Wissen wird außer Selbstmitleid nichts bewirken, schon gar nicht fruchtbare Liebe zu sich selbst. Irgendwann in seinem Leben muß der »Einsame« die Gelegenheit verpaßt haben, diese Fähigkeiten zu erlernen. Oder fehlte es an Gelegenheiten? Die Lebensumstände vergangener Jahrzehnte bescherten nicht allen Menschen gleichermaßen Anregungen, dies zu lernen. Da wohnen zum Beispiel in Berliner Sanierungsvierteln alte Frauen, die zeitlebens allein waren. Sie sind als junge Mädchen vom Land in die Stadt gekommen, »in Stellung gegangen«, haben eine Familie bedient, die ihnen mehr »Herrschaft« als eigene »Familie« war. Und irgendwann gibt es keine »Familie« mehr. Jetzt ruft sie niemand mehr; jahrzehntelang wurden sie durch die Rufe und Befehle der anderen in Bewegung gesetzt. Sie selbst haben das Rufen verlernt. Was sich am Ende als »Gebrechen« darstellt, ist manchmal Ergebnis eines lang währenden »Gebrochen-Werdens«. Gilt das heute auch noch?

Ich habe über Ivanas Satz mit vier betroffenen Menschen gesprochen:

Henry, 37, allein lebend, fragt zurück:
Was verstehst du unter Einsamkeit?
M: Ich meine damit Allein-Leben und an diesem Allein-Leben leiden.
H: Es könnte sein, daß ich leide, und ich lebe allein. Aber ich weiß nicht, wie das zusammenhängt. »Leiden« ist ein schweres Wort. Unter Leiden stelle ich mir etwas Bewegendes vor, etwas, das mich ausfüllt, nicht nur Schmerz, sondern auch Anreiz. Aber ich bin nicht ausgefüllt. Ich fühle mich mehr wie ein leeres Haus ohne Fenster.
M: Und du hast die Fenster zugemacht? Oder haben andere die Fenster zugeschlagen?
H: Was soll so ein Bild? Als mir vor sechs Jahren mein

Selbstmord »mißglückte« – wie man so sagt –, da habe ich mir vorgenommen: Ich stehe es durch. Das hält mich am Leben, auch wenn es furchtbar anstrengend ist. Ich weiß schon, worauf du hinauswillst, daß ich es bin, der die Fenster öffnen könnte. Aber so kann ich das nicht sagen: ich oder die anderen. Es ist so, wie es ist, ohne daß ich etwas dafür oder dagegen mache.

Eleonore, 49, Bibliotheksangestellte, seit 15 Jahren geschieden, eine erwachsene Tochter, sagte mir:
Ich habe da ganz komische Erfahrungen, daß diese Einsamkeit, dieses Traurigsein nicht von Menschen abhängt. Sondern es hängt davon ab, in welchem körperlichen Zustand ich bin. Wenn ich irgendwelche Unklarheiten in meinem Körper fühle, wenn ich überarbeitet oder erschöpft bin, dann bin ich auch deprimiert. Das ist dann dieses Gebrechen. Das hat nichts mit Menschen zu tun, auch wenig mit der Seele, das ist ein Zustand des Körpers, Energiezusammenbrüche. Man begibt sich dann in eine Kinderposition und ruft: Ich kann doch gar nicht mehr, wenn doch nur jemand käme. Das habe ich auch bei anderen Leuten beobachtet, die sich einsam fühlen, dieses kindliche Warten auf Gestreichelt- und Gefüttertwerden. Das kann man ruhig mal zulassen. Aber wenn das ein Dauerzustand wird und man sich selber nicht mehr streicheln kann, dann ist es wirklich ein Gebrechen.

Nina, 42, Programmiererin, lebte bisher immer allein:
Wenn jemand allein ist, total allein, das ist ein himmelweiter Unterschied zu Nur-ab-und-zu-allein-Sein. Wenn du mit jemandem zusammenlebst, egal wie, dann wirst du gefordert, dann mußt du dich auseinandersetzen, egal, ob das gut oder schlecht ausgeht, du wirst gefordert. Aber wenn du immer allein lebst, wirst du nicht gefordert. Da verlernst du diese Auseinandersetzungen. Ab einer gewissen Vereinsamung verliert man die Fähigkeit zum Kontakt; das ist absolut ausweglos. Vor diesem Satz, da muß man sich hüten. Der entspricht nicht der Wahrheit, jedenfalls nicht immer, den muß man relativieren. Was ist, wenn du mit anderen zusammensein willst, und die wollen nicht, die wollen nie. Da hilft keine Schulter-Klopf-Ideologie: Es wird schon werden, kratz mal deine Kräfte zusammen. – Die anderen, mit denen du zusammensein willst, haben ganz enge Vorstellungen davon, wie ihre Freunde aussehen sollen. Und dann paßt du nicht ins Bild und bleibst

draußen. Ist das nun dein Gebrechen oder das der anderen oder alles zusammen? –

Diese Frage stellen sich jene Menschen, die wegen äußerer Merkmale oder »unüblicher« Lebensweisen als »Minderheiten« oder »Randgruppen« diskriminiert werden: Behinderte, Alte, Alleinstehende, Ausländer, in Asylen Lebende, Kinderreiche, Kranke – manch einer zählt sogar die Frauen dazu. Und spätestens da scheint der Ausdruck »Minderheit« in die Irre zu führen, handelt es sich hierbei doch um zahlenmäßig große Bevölkerungsgruppen. »Minderheit« im Sinne von »minderwertig«, nicht als Kennzeichen einer Elite. Hier nistet sich die Brutalität der ausstoßenden »Mehrheit« als Selbstverachtung in den Herzen und Köpfen der abgetrennten Minderheiten ein. Woran soll sich der Ausgeschlossene orientieren, wenn ihm die herrschenden Bilder nur die eigene Minderwertigkeit entgegenschleudern?

Einsam macht mich die Ratlosigkeit, sagt Gerd, 34, seit fünf Jahren verheiratet. Vor zwei Jahren begann er zögernd, seine homosexuellen Neigungen zu bejahen und zu leben:
»Das hat mich das ganze erste Jahr ungeheuer beschäftigt. Das füllte mein ganzes Denken aus. Ich bin so erzogen worden, das nicht wahrhaben zu wollen, und ich bin in Panik geraten, anfangs. Und die Männergruppen, in die ich gegangen bin, und was ich so gemacht habe, da habe ich jetzt doch herausgefunden: Diese sexuellen Kontakte, das sind nur ganz kurze Begegnungen. Das ist ganz schnell vorbei. Das ganze Drum und Dran gefällt mir nicht. Warum soll ich mich verkleiden. Ich arbeite bei einer Behörde und nicht beim Film. Aber es geht viel tiefer. Ich weiß jetzt: Auf Sexualität allein kannst du keine Identität aufbauen. Das ist kein Grund, das ganze Leben umzukrempeln. Sexualität hilft nicht gegen die Einsamkeit. Ich bin noch im Niemandsland. Ich möchte wieder mit meiner Frau zusammenleben. Ich weiß aber noch nicht richtig, wie das laufen kann. Das ist mein Gebrechen, wenn du so willst.«

Gefühle von Einsamkeit können auch entstehen, wenn wir uns der Beschränkung herrschender Wertvorstellungen unterwerfen:

Felicitas, 34, ist seit zehn Jahren verheiratet und Mutter eines achtjährigen Sohnes; seit einem Autounfall vor sechs Jahren kann sie sich nur noch mühsam auf Krücken fortbewegen:

Ich habe meinem Mann vor zwei Jahren den Vorschlag gemacht, daß wir uns trennen. Ich wollte nicht, daß er seine gesunde Erscheinung an eine kaputte Person wie mich anschließt; seine Zukunft damit beeinträchtigt. »Was wird dann mit dem Kind«, fragte er.

Ich sagte: »Wenn du eine neue Frau findest, wenn du eine Frau liebgewinnst, dann wird diese Frau es wert sein. Dann wird sie dich lieben, dann wird sie auch das Kind lieben. Ich bestehe nicht darauf, das Kind zu behalten. Das wäre Egoismus, nichts weiter.«

Er sagte dazu: »Wenn dir nichts Besseres einfällt. Für mich ist das dummes Geschwätz.«

Ich wollte damit zeigen, daß ich die Bereitschaft habe, ihn laufen zu lassen, ohne dazu getrieben zu sein, ganz freiwillig. Er sagte: »Ich kann es nicht mehr, selbst wenn ich wollte. Es wäre, wie wenn man eine Hälfte aus mir herausschneiden würde. Ich bin mit dir verwachsen, mit deiner Situation.«

Es ist müßig, darüber zu diskutieren, ob Felicitas das, was sie sagt, wirklich so meint oder ob sie sich anderes erhofft. Beides dürfte zutreffen. Felicitas bietet sich als Opfer an. Sie entwertet sich, weil sie die Trennung verinnerlicht hat, die unser ganzes Leben durchzieht: die Trennung zwischen dem angeblich gesunden Schönen und dem häßlichen Kranken. Wir schieben das Störende ab ins Ghetto. Dadurch schmälern wir unsere Erfahrungs- und Lebensbereiche. Indem wir die dunklen Seiten aus unserem Leben verbannen, ziehen wir Gräben zwischen uns und den anderen. Wir verschließen die Augen vor den dunklen Seiten unseres eigenen Lebens und bauen die Trennung in uns ein.

16
Alles oder nichts ist immer zu wenig

Für »nur wenig ungewöhnlich« hält Ilona (38) die Form ihres
Großfamilienlebens. Seit dreieinhalb Jahren lebt sie mit ihrer
Tochter Anja (12) bei ihrem Freund Detlev (49)... und dessen
Frau Jasmin (45) und deren Kindern Corinna (12) und Niklas
(10). Dann wohnt da noch Marie-Luise (71), Jasmins Stief-
mutter.
»So etwas gibt es millionenfach in unserem Land«, meint Ilona,
»nur: wir wissen ein bißchen mehr voneinander; wir leben etwas
intensiver zusammen, und wir haben weniger Angst voreinander.« Dies sei der entscheidende Unterschied.
Ungewöhnlich auch, daß solche Familienverbände Staunen und
Mißtrauen hervorrufen, bei Außenstehenden, nicht bei Freunden. (Deshalb bittet Ilona darum, alle Spuren zu verwischen, die
ihre Anonymität aufdecken könnten.) »Wir wollen unser selbstverständliches Miteinander nicht gefährden durch zerstörerische
Fragen. In jeder Lebensform gibt es wunde Punkte, Tabus,
Zerbrechlichkeiten. Wir möchten uns unsere Fragen selbst stellen, und das zum richtigen Zeitpunkt.«
Das Miteinander beginnt beim Wohnen. Überall in Deutschland
gibt es sie noch, die große Altbauwohnung, die irgendwann nach
dem Krieg in separate Wohneinheiten unterteilt wurde: ein
idealer Wohnbereich für intensives Zusammenleben und notwendige Zurückgezogenheit.
Die praktischen Vorteile dieser Lebensform überzeugen zunächst auch Skeptiker: Um nur einige Auslöser für alltägliche
Schwierigkeiten zwischen Jasmin und Detlev zu nennen, die mit
Ilonas Einzug beseitigt wurden: Jasmin hat sich zeitlebens
geweigert, die Begrenztheit finanzieller Mittel anzuerkennen.
Seitdem Ilona nicht nur einen Teil ihres Lehrergehalts zum
gemeinsamen Haushalt beisteuert, sondern auch fürs Einkaufen
zuständig ist, entfällt dieser Reibungspunkt. Dafür ist Ilona vom
Kochen befreit. Jasmins traumatische Kindheitserfahrungen mit
Schulen und Lehrern wurden durch die Einschulung ihrer
eigenen Kinder neu belebt. Jede Forderung ihrer Kinder nach
Schularbeitshilfe versuchte sie, ängstlich und schimpfend abzu-
wehren. Jetzt begleitet Ilona die Schularbeiten der Kinder, und
zumindest die Schulängste der Mutter sind damit vorerst beho-

ben. Ilona ihrerseits, vormittags Lehrerin, nachmittags Schular-
beitshilfe – beides gern und freiwillig –, sammelt Erfahrungen
über die Unzulänglichkeiten unseres Schulsystems. Eine kühl
durchdachte Vernunftgemeinschaft? »Auch beim Denken
kannst du dich verbrennen, wenn du weiterfragst, weiterdenkst«,
meint Ilona. Die unterschiedlichen Erlebnisweisen der drei
Frauen schaffen ein Klima für fruchtbare Auseinandersetzun-
gen. »Wie kann ich die beiden anderen beschreiben, ohne sie auf
Klischees festzulegen«, fragt sich Ilona, »etwa die verschiedenen
Ansichten über Frauenfragen.«

Meine Selbstverwirklichung ruht in der Faulheit, sei einer von
Jasmins Lieblingssprüchen. Obgleich sie nicht faul ist; ihre
Beschäftigungen fallen nur etwas aus dem engen Rahmen allge-
mein anerkannter Tätigkeiten: die Kunst des Lang-Schlafens;
durch Kochen die Sinne wachsen lassen; Marionetten beleben,
Puppentheater spielen.

Marie-Luise kennt kaum Langweiligeres, als sich selbst suchen
und womöglich noch finden zu müssen. »Es gibt so viele
aufregende und spannende Menschen, die würde ich dann glatt
übersehen«, befürchtet sie.

Die berufstätige Ilona scheint nach herkömmlichen Vorstellun-
gen die am weitesten »Emanzipierte« unter den dreien zu sein.
»Du meinst, ich sei konventionell«, gibt sie zurück. »Wenn als
Preis für Emanzipation eine Art Männerleben gefordert wird,
verzichte ich dankend. Ich würde mich nie an meiner Schule um
den Posten des Rektors bewerben. Weil ich dann aus dem
Kontakt mit den Kindern und Kollegen rutschen würde.« Dies
sei – wenn ich so wolle – eine emanzipierte Entscheidung, weil
frei von Bevormundung gefaßt. Wozu gäbe es überhaupt Rek-
toren?

Früher habe sie allerdings Zeiten erlebt, in denen sie die Männer
um deren beschränktes Leben beneidet habe. Ilona erzählt von
den Anfängen:

Gespräch mit Ilona:

Kein Recht auf Glück

Wie es dazu gekommen ist, wie es angefangen hat, da muß ich
zurückgehen in die Zeit meiner Ehe. Anders kann ich mir das
nicht erklären. Mein verstorbener Mann Karl-Heinz war vier
Jahre jünger als ich. Er war noch Student, als wir heirateten; ich

hatte die Lehrerprüfungen hinter mir und arbeitete in einer Grundschule. Damals habe ich mich nicht getraut zu fragen, ob er mich nicht nur wegen meiner Schwangerschaft geheiratet habe. Und auch heute bin ich mir da nicht sicher, ob er wirklich heiraten wollte. Ich selbst war besessen von dem Gedanken zu heiraten. Um nicht als alte Jungfer zu enden, wie das meine Mutter einmal scherzhaft gesagt hatte.

Mit 26 schon Torschlußpanik. Ich habe das richtig verbissen angepackt, mir eine Sicherheit auf das Glück zu schaffen. Natürlich liebte ich Karl-Heinz und hatte eine Wahnsinnsangst, ihn zu verlieren. Wenn wir erst verheiratet sind, seien alle Probleme gelöst, die Ängste verflogen, dachte ich.

Es fing gleich mit Schwierigkeiten an, bei den Voraussetzungen. Ich arbeitete nach Anjas Geburt auf halber Stundenzahl; das heißt, wir hatten nie genug Geld in den ersten Jahren. Wenn ich in der Schule war, hat Karl-Heinz unsere Tochter versorgt; da hat er sich rührend um sie gekümmert. Aber sobald ich zu Hause war, überließ er alles weitere mir. Sein Einsatz fürs Familienleben war mit der Baby-Pflege abgegolten; danach hatte er sein Recht auf Junggesellenleben. Das klingt jetzt bitter; ich habe das gar nicht so erlebt; er war wirklich guten Glaubens, ungewöhnlich viel »Frauenarbeit« zu übernehmen. Und mir kam überhaupt nicht der Gedanke, mehr zu fordern. Ich konnte Forderungen damals nur sehr indirekt ausdrücken, ich war gereizt, nervös, ständig müde und hoffte, er würde schon etwas merken. Hat er natürlich nicht. Und ich war sauer deswegen. Das Übliche also.

Irgendwie habe ich diese Anfangsphase schon so häufig durchdacht, darüber gegrübelt, nach Erklärungen gesucht, und trotzdem passen die einzelnen Stücke nicht zusammen. Wir hatten auch wunderschöne Zeiten, die ersten Sommerferien – Anja blieb bei meinen Eltern –, das war unbeschwert, ungeplant. Karl-Heinz hat mich wegen meiner Ernsthaftigkeit aufgezogen, »schwertümlich« nannte er mich. Ich liebte seine leichtsinnige Art, aber einer mußte ja auch für die alltäglichen Dinge zuständig sein.

Je länger ich über diese Zeiten nachdenke, desto mehr verliere ich davon. Und manchmal habe ich längst vergessene Bilder vor Augen. Wahrscheinlich messe ich dem zuviel Bedeutung bei. Ich möchte mich jetzt lieber an eine gute Zeit erinnern können. Es soll eine gute Zeit gewesen sein. Karl-Heinz belebte das Haus mit seinen Freunden; er war ein Meister für flüchtige

Begegnungen, und durch mich wurden manchmal Dauerfreund-schaften daraus. Ich will nicht, daß ein Schwarz-Weiß-Bild entsteht: ich, die arbeitende, Geld verdienende, müde Ernsthaftigkeit und er der leichtsinnige Nutznießer. Obwohl ich das manchmal so erlebt habe, aber auch das Gegenteil davon. In der Liebe zu unserer Tochter fühlten wir uns sehr gleich.

Der richtige Einbruch kam nach drei Ehejahren; ich arbeitete ganztags und fühlte mich richtig ausgelutscht mit meinen 29 Jahren, älter als heute mit 38. Karl-Heinz hatte sich in ein junges Mädchen verliebt, und ich wußte nicht, wie es weiter-gehen konnte. Ich dachte, er habe ein Recht, das an Jugend und Unbeschwertheit nachzuholen, was ich ihm genommen hatte. Als hätte ich ihn zur Ehe gezwungen, ihm das eingebrockt. Als wäre das nicht auch sein Entschluß gewesen. Er hat ein Recht auf Glück, dachte ich. Als gäbe es so etwas: Recht auf Glück. Das ist eine absurde Vorstellung zu fordern: Gib mir Glück. Oder zu klagen: Du nimmst mir Glück. Das stimmt niemals. Ich nahm mir vor, vernünftig zu sein, ihm Vorwürfe zu ersparen. Ich schrie und brüllte, wenn ich allein war. Ich machte mich ganz klein und stumm, wenn er zu Hause war.

Einmal habe ich seiner Freundin aufgelauert, habe auswendig gelernt, was ich der sagen wollte, habe sie angefleht: »Bitte, gib ihn mir zurück.« Die hat mich nur verständnislos angesehen und gesagt: »Was habe ich damit zu tun.« Damals war ich sprachlos, fiel richtig in mich zusammen. Heute weiß ich, sie hatte vielleicht recht. Er ist ja derjenige, der fort will oder nicht mal weiß, ob er fortwill, nur etwas ändern möchte oder etwas dazugewinnen, der ist es. Der macht sich auf die Suche, längst bevor er die gefunden hat, der man dann die Schuld gibt; das Drama spielt sich dann zwischen den dreien ab, weil alle nach vorgegebenem Schema handeln: Entweder-Oder, Alles oder Nichts, als könne nicht viel mehr daraus entstehen. Aus lauter Angst läßt man keine anderen Wünsche hochkommen. Ich hatte damals sicher auch den Wunsch, öfter mal allein zu sein, früh ins Bett zu gehen, zu lesen, mich auszuruhen. Aber an so etwas konnte ich gar nicht denken, weil über allem die Bedro-hung stand: Ich verliere ihn. Wahrscheinlich muß man erst diese Hölle des »Entweder-Oder« durchlitten haben, um nach anderem zu suchen. Ich will das gar nicht ausschließen: Für viele Paare mag eine Trennung unvermeidbar sein. Aber dieser Trennungskrieg spielt sich auch wieder nach den Gesetzen des »Entweder-Oder« ab. Auf Kosten aller.

Festhalten bis in den Tod

Damals wünschte ich mir Karl-Heinz zurück, wahnsinnig zurück. Was immer geschehen würde, ich wäre glücklich, wenn ich ihn nur behalten könnte. Ich stellte mir vor, wie er durch einen Autounfall verletzt würde, entstellt, gelähmt. Ich würde ihn pflegen, bis in den Tod. Das war ein ganz festes Bild. Ich wünschte ihn mir im Rollstuhl sitzend, festgebunden. Heute ist das so durchschaubar, was ich mir damals wünschte. Eine ganz weit verbreitete Phantasie, übrigens. Damals hielt ich das für Liebe.

Es wurde dann auch alles wahr, im schrecklichsten Sinne. Karl-Heinz klagte über Kopfschmerzen, wurde gereizt, mürrisch. Die Beziehung zu dem Mädchen lockerte sich. Ich führte das auf seine Prüfungen zurück. Mein 30. Geburtstag fiel auf einen Sonntag. Wir feierten ihn ganz allein, eine friedliche Sonntagsfamilie. So stelle ich mir Glück vor, so still wie ein See vor dem Gewitter. Ein halbes Jahr später starb Karl-Heinz an einem Gehirntumor.

Daß ich die beiden folgenden Jahre überlebt habe, verdanke ich meiner Tochter. Sie wachte morgens früh auf und legte sich dann immer zu mir ins Bett. Und dieses Gefühl morgens war der Grund, mich nicht fallen zu lassen. Sie holte mich jeden Morgen zurück ins Leben. Ich wäre sonst nicht aufgestanden, hätte weder gearbeitet noch gegessen noch sonst was getan. Trotzdem wurde es immer schlimmer. Weißt du, wieviel Beerdigungsinstitute es in dieser Stadt gibt? Immer wenn ich an einem solchen Schaufenster vorbeifuhr, bekam ich Angst, Herzklopfen, Schweißausbrüche. Ich fuhr immer größere Umwege, zu meiner Schule, zu Anjas Kindergarten, nur um nicht in ein Beerdigungsschaufenster sehen zu müssen. Dann weitete sich diese Angst aus. Ich suchte mir Fahrtwege, wo ich jederzeit anhalten konnte, weil ich befürchtete, ohnmächtig zu werden. Schließlich traute ich mich überhaupt nicht mehr, Auto zu fahren.

Mein Kind zwang mich, eine äußere Ordnung aufrechtzuerhalten. Und auch mein Beruf. Die Kollegen in der Schule und auch meine Freunde. Ein Vierteljahr lang hat mich eine Kollegin jeden Morgen in ihrem Auto von zu Hause abgeholt. Du brauchst Menschen, die dir eine Zeitlang gestatten, kindisch zu sein, unvernünftig, krank, neurotisch. Und die dich dann wieder fordern. So eine Forderung war das Jahr Therapie, das ich mehr gezwungenermaßen durchmachte. Ich bin da immer noch etwas skeptisch, obwohl es mir geholfen hat. Kennst du das Märchen vom Froschkönig? Da heißt es in einem Spruch: »Das Band von meinem Herzen bricht.« So war das in der Therapie. Das Band, das mich würgte, an dem ich zu ersticken glaubte, das waren diese wahnsinnigen Schuldgefühle. Ich fühlte mich schuldig am Tod meines Mannes. Obwohl das objektiv absurd ist. Aber all die unterdrückte Wut auf ihn, die unterdrückte Wut auf mich selbst, die konnte jetzt herausbrechen, ohne daß ich daran zerbrach. Es hat zwei Jahre gedauert, bis ich sicher war, mich morgens beim Aufwachen auf den Tag freuen zu können.

Die ideale Geliebte

Ich lernte Detlev über die Kinder kennen. Anja und Corinna haben sich beim Schwimmunterricht angefreundet. Und deshalb kannte ich auch Jasmin flüchtig. Dadurch war der Rahmen für später schon abgesteckt. Im Vergleich zu all den flippigen Typen, mit denen ich mich vorher kurzfristig abgegeben hatte, ist Detlev ein Mann, bei dem ich zur Ruhe kommen kann. Das war der erste Eindruck, und so ist es auch geblieben. Es hat sich recht schnell nach unserer ersten intensiven Begegnung eine Regelmäßigkeit ergeben, eine feste Ordnung für unsere Treffen. Ein- bis zweimal in der Woche, nicht mehr, immer erst abends, wenn Anja schon schlief, Geheimhaltung ohne eigentliche Absprache. Die Beziehung lag außerhalb meines sonstigen Lebenszusammenhanges, wie solche Verhältnisse üblicherweise. Aber das kam meinen Wünschen sehr entgegen. Ich wollte Detlev gar nicht in mein übriges Leben einbauen. Insofern war ich eine ideale Geliebte. Ich stellte keine Forderungen nach mehr Zeit, kämpfte nicht um Sonntagnachmittage und war diskret. Das war keinesfalls Bescheidenheit auf meiner Seite. Wenn ich ehrlich bin, wollte ich gar nicht mehr. Ich hatte mir mein Leben so eingerichtet, Anja, meine Freunde, Kollegen, die Arbeit in der Gewerkschaft. Für mehr war gar kein Platz. Wenn ich mein Leben verändern wollte, dann schwebte mir schon mehr so etwas wie eine Wohngemeinschaft vor. In den Ferien waren wir auch meistens mit mehreren Erwachsenen und Kindern unterwegs. Ich wünschte mir mehr Kinder um mich. Doch das ist nicht leicht, alles unter einen Hut zu kriegen. Entweder mögen sich die Eltern, dann vertragen sich die

Kinder nicht, oder umgekehrt. Es muß schon noch etwas Irrationales dazukommen, wie bei uns jetzt. An eine Ehe habe ich tatsächlich nie gedacht. Dieser Gedanke war für mich immer mit Belastungen verbunden, mehr Arbeit, Unordnung in der Wohnung, unabgewaschenes Geschirr, kalte Zigarettenasche am Morgen.

So ideal, wie sich das anhört, war unser Verhältnis eben doch nicht. Weil mich immer wieder Schuldgefühle quälten. Weil sich die beiden Kinder immer mehr miteinander befreundeten. Ich versuchte, nicht daran zu denken. Und war dann ungeheuer erleichtert, als Jasmin eines Tages alles herausgefunden hatte und etwas unternahm. Eines Nachmittags tauchte sie bei mir auf. Ich wußte sofort, was los war. Sie fing an zu weinen; was sie redete, weiß ich nicht genau. Ich hörte auch gar nicht richtig hin. Ich sehe noch immer die Szene vor mir, als ich in der gleichen Situation die Freundin meines Mannes angesprochen hatte, hilflos und verzweifelt. Und alles, was dann später gefolgt war, das hatte ich zwar irgendwie bewältigt, halbwegs im Griff, aber nicht so weit, um es wieder aufleben zu lassen. Es war gut, daß ich weinen konnte. Dadurch lockerte sich etwas, und ich konnte Jasmin erzählen, wie es mir damals ergangen war, wie ich nicht wußte, was ich sagen sollte. Ich glaube, diese gemeinsame Erfahrung schaffte ein Zusammengehörigkeitsgefühl zwischen uns, bevor wir überhaupt Feindinnen werden konnten. Jasmin sagte, sie habe aufgeschrieben, was sie sagen wollte, habe aber den Zettel vergessen. Dafür hätte ich sie umarmen können. Hab' ich auch.

Wir saßen da und teilten uns Detlev zu, wie eine Sache. Wir wußten, daß unsere guten Absichten keine Gefühle schaffen. Jasmin sagte es als erste: »Es hat ja keinen Zweck. Er hat den Kontakt zu mir abgebrochen, lange, bevor er dich kennenlernte.« Sie erzählte mir von ihren Streitereien mit Detlev, von ihrem Versagen, von all den Dingen, von denen ich nichts wußte. Welcher verheiratete Mann spricht mit seiner Freundin schon über seine Frau? Die Frau ist irgendwie nicht existent, wird von beiden ausgeklammert, verdrängt. »Es muß eine Lösung geben«, sagten wir, aber wir wußten nicht, welche. Ich hatte wahnsinnige Angst, Rivalin zu sein. Das habe ich mir verboten. Ich glaube nicht, daß unsere Lösung für alle ähnlichen Fälle gilt. Besonders, wenn die Geliebte noch jünger und ohne Erfahrungen ist. Aber man muß von den Beteiligten verlangen können, hart zu arbeiten, an einer Lösung, die die unbeteiligten Betroffenen, also die Kinder, nicht zerstört. Eine Art Eheberatung zu dritt. Wo der Berater streng zu jedem ist, der sich da rauswinden will.

Uns lebten die Kinder die Lösung vor. Das eine Mal hatte ich alle drei Kinder, das andere Mal sorgte Jasmin für die Kinder. Ich glaube, wir waren für die Kinder die Eltern ihrer Freunde, die sich eben auch befreundet haben. Und so erleben sie uns heute noch. Ich weiß nicht, warum ich so schnell eine so tiefe Zuneigung zu Jasmin fühlte. Weil ich mich an meine alte Zeit erinnert sah. Oder weil ich glaubte, solange ich sie liebte, träfe mich keine Schuld in meiner Liebe zu Detlev. Ich konnte keine Schuld ertragen, deshalb mußte ich nach einem Ausweg suchen. Diese Therapie damals hat mir sicher kein total aufgeräumtes Innenleben beschert. Vielleicht ist das eine Macke von mir, diese panische Angst, schuldig zu werden. Aber ich kann mich dieser Macke irgendwie stellen; das habe ich mir erkämpft.

Wir beide, Jasmin und ich, versuchten, uns gegenseitig Gutes zu tun, weil jeder sich irgendwie schuldig fühlte. Jasmin rief mich verzweifelt an, wenn die Kinder mit den Schulaufgaben nicht klarkamen. Ich war erleichtert, helfen zu können. So fuhren Anja und ich nachmittags zum Schularbeitenmachen zu Jasmin und den Kindern. Jasmin suchte nach Möglichkeiten, mir zu danken. Das war ein Grund für Anja, dort Mittag zu essen. Diese Annäherungen verschwiegen wir, ohne uns abgesprochen zu haben, Detlev. Detlev war ein Meister im Nicht-sehen-Wollen. Vielleicht war er auch etwas ratlos, aber er sagte auch nichts dagegen. Jedenfalls wird er registriert haben: Ich konnte ohne Schuldgefühle mit ihm zusammensein. Und zu Hause verbesserte sich das Klima. Wir hatten alle Angst, am Status quo zu rühren.

Das hört sich alles sehr harmonisch an. Es war sehr intensiv, längst nicht immer glücklich. Jeder vermied es, Fragen nach dem Morgen zu stellen. Obwohl Jasmin einmal sagte: »Hoffentlich bleibt er uns erhalten.« Mit »uns« meinte sie sich selbst und mich. Da wußte sie, was sie hatte, die Familie war nicht gefährdet. Mich persönlich hat so ein Gedanke nie beunruhigt. Ich hatte Detlev von Anfang an nicht als mir allein gehörend erlebt. Für mich ist diese Beziehung – wie immer sie sich verändern wird – eigentlich unauflöslich. Detlev erfuhr wohl als letzter von meinen Umzugsplänen. Er war weder irritiert noch besonders erfreut. Obwohl er es doch war, um den es ging. Oder ging es um etwas ganz anderes?

Der Mann – nur ein Störenfried?

Ist es Zufall, daß Detlev gerade zur Zeit meines Umzugs ins Ausland reisen mußte? Vielleicht wollte er unsere Beziehung vor Alltäglichkeiten bewahren. Obwohl jedes Dreiecksverhältnis irgendwann einmal alltäglich wird. Ob die Beteiligten voneinander wissen oder nicht. Oder er fürchtete eine Übermacht der Frauen. Darin könnte eine Gefahr liegen.

Wie stellen sich die Leute das Sexualleben in unserer Beziehung vor? Als säßen die beiden Frauen beim Abendessen allein von dem Gedanken besessen, heute als Siegerin aus dem Kampf um den Mann hervorzugehen. Rivalinnen um den Mann, um die Kinder, um was weiß ich. So etwas geht nicht. Wer Rivalin sein will, kann das auch zu zweit; etwa rivalisieren um die Kinder, die Schwiegermutter, die Freunde, Verwandten. – Ich erinnere mich noch an das Abendessen am Tage unseres Umzuges. Wir saßen alle um den Küchentisch. Jasmin hatte Spaghetti gekocht; die Kinder hatten den ganzen Tag über geholfen und waren ein bißchen feierlich gestimmt, glaube ich. Marie-Luise erzählte von einer Begebenheit, die sie auf einer Eisenbahnfahrt erlebt hatte oder erlebt haben wollte. Und bei diesem Abendessen wußte ich: Das ist es, was ich mir immer gewünscht habe. So muß Familie sein. Das war Erfüllung einer tiefen Sehnsucht. Ich habe als Kind kein besonders schönes Familienleben kennengelernt. Und in meiner Ehe habe ich darunter gelitten, weil ich so etwas nicht herstellen konnte. Plötzlich hier dieses neue Gefühl von Geborgenheit, das hört sich kitschig an; aber dieses Gefühl wollte ich erhalten, um keinen Preis gefährden, schon gar nicht durch einen Mann. Ob ich den Abend in gleicher Weise erlebt hätte, wenn Detlev da gewesen wäre? Weiß ich nicht. Ich kenne einige wunderbare Frauenfamilien, die ihre Situation ziemlich unterbewerten, weil sie sich unvollständig fühlen ohne den Mann. Jasmin ist überzeugt davon, je weniger der Familienvater in Erscheinung tritt, desto besser. Man braucht ihn als Stütze im Hintergrund, als Beweis, nicht ungeschützt zu sein, für den Notfall, der niemals eintreten wird. Jasmin sagt, am erholsamsten seien Ferien ohne den Mann, nur wir und die Kinder. Männer bringen Spannungen, etwas Unaufrichtiges zwischen alle.

Für Jasmin mag das zutreffen; sie hat noch so ein altes Männerbild: der Mann, ein Herrscher und Feind zugleich; der Mann, bei dem die Frau nur mit List und Tücke zu ihrem Recht kommt. Sicher glaubt sie auch anderes; aber dieses Alte hält sich ebenfalls. Bei mir ist es anders. Ich habe unter den Kollegen Männer als gute Freunde, wobei es keine Rolle spielt, ob das ein Mann ist oder eine Frau. Spätestens in dem Moment, wo du die gleiche Arbeit tust, kannst du in Männern auch Menschen sehen, nicht nur Sexualobjekte. Da bin ich ganz sicher. Unter meinen Kollegen sind auch »Familienmänner«. Aber wenn ich an meine Kindheit zurückdenke, da war der Vater auch mehr einer, der stört, der schimpft, der in Ruhe gelassen wird. Schrecklich für einen Mann, so sein zu müssen. Detlev hat sich mal darüber beklagt, Jasmin habe ihm die Kinder vorenthalten. Aber das habe ihm auch gut in den Kram gepaßt, damals. Heute wird Detlev von den Kindern beansprucht, wenn er da ist. Es gibt bestimmte Dinge, die machen sie am liebsten mit ihm. Alle Arten sportlicher Betätigungen, da ist er ein ernstzunehmender Partner. – Diese meine Familie, ob mit oder ohne Detlev, das muß ich so sagen, diese Familie ist für mich das Entscheidende von Anfang an, seit ich da wohne. Deshalb hatte ich auch anfangs Hemmungen, in diesem Familienrahmen die sexuelle Beziehung zu Detlev fortzusetzen. Er auch etwas. Die ersten acht Wochen ereignete sich nicht viel auf diesem Gebiet. Es wurde nicht darüber gesprochen, aber es belastete auch nicht unsere Lebensgemeinschaft. Dann fuhr Detlev wieder für drei Wochen ins Ausland. Und in dieser Zeit verliebte sich Jasmin in einen 20jährigen Studenten. Der wohnte sogar zehn Tage bei uns; nein, bei ihr oder doch bei uns, das läßt sich nicht trennen. Danach habe ich den nicht wiedergesehen, aber die Beziehung besteht zu Jasmin auf merkwürdige Art fort. Jedenfalls war dadurch für mich das Eis gebrochen. Wir führen nicht Buch über unser Sexualleben. Ich liebe Detlev, nicht nur, weil er mir den Einstieg in diese wunderbare Familie verschaffte, sondern weil ich in ihm einen großen Bruder und Geliebten gleichzeitig gefunden habe. Wenn es hart auf hart kommt, könnte ich auf den Geliebten verzichten, auf den Bruder nicht. Wie das mit den sexuellen Bedürfnissen ist, im allgemeinen und auch sonst, weiß ich nicht. Bevor ich Detlev kennenlernte, habe ich erfahren, wie leicht es ist, schnell mal jemanden »fürs Bett« zu finden, aber wie einmalig und was für ein Glücksfall es ist, in solch einer Familie leben zu können. Die Kinder sind jetzt in einem Alter, wo sie wahnsinnig viele Fragen über Sexualität stellen. Immer wieder, obwohl sie mit den »biologischen Gegebenheiten« vertraut sein dürften. Der ganze

Bereich ist für sie beunruhigend und faszinierend zugleich, wie eh und je. Trotzdem findet für unsere Kinder unser eigenes Sexualleben nicht statt, wie für die meisten Kinder, die ich kenne. Für viele Kinder ist das Sexualleben der eigenen Eltern offenbar mit Zeugung der eigenen Kinder beendet. Ich weiß nicht, ob ich das gut oder schlecht finden soll. Oder ob das wirklich das Besondere zwischen Eltern und Kindern ist.

Großfamilie – Lebensform für die Zukunft?

Man sollte dafür keine Propaganda machen. Das hieße wieder ein Bild vorgeben. So etwas kann nicht künstlich hergestellt werden. Die Wohngemeinschaften der Studenten oder Kommunen, wie sie vor zehn, zwölf Jahren hießen, die sollten auf einen Schlag alles erfüllen, was ihnen das Leben bis dahin vorenthalten hatte. Sie wünschten sich ein buntes Sexualleben und verkündeten das Recht auf sexuelle Freiheit. Ganz schön und gut, aber keine Basis für eine stabile Großfamilie. Ich glaube, die Bedürfnisse der Jugendlichen im Studentenalter sind ganz andere, als eine »Großfamilie« zu gründen. Die wollen mit Gleichaltrigen zusammenleben, sich erst einmal von den Eltern, von den Älteren ablösen, das Leben in Eigenregie probieren. Daraus läßt sich kein Modell für die Gemeinschaftserziehung von Kindern ableiten. Denn die haben ja meistens keine Kinder, höchstens mal eins aus Versehen. Es ist bekannt, wie häufig in diesem Alter der Wohnort gewechselt wird. Dies ist ein Stadium des Suchens und Findens und Wieder-Verwerfens. Die Wohngemeinschaften heute sichern zunächst nur das Wohnen. Das ist der Hauptgrund. Vielleicht schützen sie ein bißchen vor Verlassenheit. Und die jungen Leute klammern sich ansonsten sehr schnell in Zweierbeziehungen fest. Das muß wohl so sein. Meine Erfahrung ist: Man muß erst die Hölle oder den Himmel einer Zweierbeziehung durchlebt haben, um wirklich ernsthaft danach zu fragen: Wie geht es weiter? Was kommt danach? Erst dann weißt du, was du ablehnst, was du wählst. Großfamilie, das ist so ein belastetes Wort. Ich könnte mir das gar nicht mit meiner Mutter vorstellen, aber mit Marie-Luise und ihren Freundinnen recht gut. Bei uns ist die Großfamilie ein Rahmen für uns. Ich bezweifle, ob unsere Lebensform ohne die Kinder möglich wäre. Das ist für uns drei Frauen bei aller Verschiedenheit eine große Gemeinsamkeit: Kinder sind für uns etwas Lebensnotwendiges, egal, ob die eigenen oder fremde. Wie das später sein wird, wissen wir nicht. Nur weil wir dieses eine Problem gepackt haben, sind wir nicht gegen alles weitere gefeit. Es wird immer gesagt, die heutigen Wohnformen, »Leben in Beton«, verhindern Großfamilien. Ich weiß nicht, ob das der Hauptgrund ist. Großfamilien lassen sich auch in mehreren Kleinwohnungen aufbauen. Man darf nicht zuviel Nähe auf einmal erzwingen. Wir haben uns ja auch zwei Jahre Zeit zur »Annäherung« gelassen. Bei alleinstehenden Frauen mit Kindern klappt so etwas manchmal ganz gut; das weiß ich von Kolleginnen und von Schülermüttern. Ich frage mich allerdings, wo die ganzen Männer geblieben sind? Wirklich merkwürdig. Sind die schon gestorben, oder vergammeln die alleine in selbst verschuldeter Einsamkeit? Oder versuchen die sich mit der nächst jüngeren Frauengeneration erneut als Familienvater? Von strahlenden Ausnahmen abgesehen »führen« alleinstehende Männer »kein Haus«. Ich meine damit, sie laden nicht zum gemeinsamen Essen ein. Dies wäre so ein Boden, auf dem Freundschaften wachsen könnten für weitere Versuche. Dazu brauchst du kein Haus; da reicht eine Einzimmerwohnung und eine Kartoffelsuppe, um »ein Haus zu führen«.

Männliches und weibliches Erleben

Das Reden über Trennungserfahrungen und über das, was daraus entstanden ist, schmerzt. Auch wenn fruchtbare Wege und Ziele gefunden wurden, scheut man sich, die alten Wunden bloßzulegen. Die neugewonnene Zuversicht bleibt zerbrechlich. Zuviel Erinnerung gefährdet die eben erreichte Stabilität. Und weil »Stabilität« als ein unverzichtbares Merkmal männlichen Selbstbewußtseins gilt, schreckten einige Männer vor einem Gespräch über sich selbst zurück. Sie gaben uns lieber die Anschriften ihrer ehemaligen Freundinnen und Frauen oder zogen es vor, über die »Sache an sich« und »im allgemeinen« zu diskutieren.

Einer unserer männlichen Gesprächspartner[10] sagte dazu:
»Männer brauchen eindeutige, überschaubare Verhältnisse. Und der Gefühlsbereich ist ja alles andere als eindeutig. Schwebezustände wie mehrdeutige Gefühle und ungeklärte Beziehungen können nur schwer ertragen werden. Männer haben viel weniger Übung im Nachdenken über sich selbst, ihre Gefühle und Beziehungen zu Frauen. Frauen spielen ihre Überlegenheit auf diesem Gebiet gegen dich aus.«

Über ähnliche Beobachtungen berichtet ein Eheberater[11], der Menschen in Trennungssituationen unterstützt:
»Ein wesentlicher Unterschied zwischen Frauen und Männern liegt darin, daß Frauen die Welt mehr vom Zwischenmenschlichen und vom Gefühlshaften her begreifen, woher diese Unterschiede auch immer herrühren mögen. Bei Männern kommt deutlicher das Abspalten dieser Dinge heraus. Männer beschränken sich auf das Machbare, auf das Beherrschbare. Das sieht oberflächlich auf der Seite der Frauen wie ein Zeichen von Schwäche aus. Ist es aber nicht. Wenn ich Gruppen zusammenstelle, habe ich immer Schwierigkeiten, überhaupt solche Männer zu finden, die von den Frauen nicht über kurz oder lang einfach weggepustet werden. Zunächst sieht es so aus, als seien die Frauen schwach, und sie stellen sich auch so dar. Während die Männer – das kennt man ja – sich erst mal sachlich geben. Und dann spürt man förmlich, wie ihnen das andere Angst macht. Wie sie sich dagegen wehren, weil sie das nicht zulassen dürfen. Das ist auch das letzte, was sie gebrauchen können, in

der Welt, in der sie leben, Schwächen einzugestehen, Unsicherheiten zu ertragen.«

Und ein Therapeut[12] faßt die beobachteten Unterschiede so zusammen:

»Frauen mußten von jeher aus einer ›Unten-Position‹ leben, und das bedeutet, mit Unsicherheiten leben können, Veränderungen wagen, da solche Veränderungen auch Besserungen versprechen. Dagegen sind die Männer von Anfang an durch die kulturellen Gegebenheiten in eine Art ›Oben-Position‹ hineingestellt worden. Und diese Position wollen sie natürlich halten, das wollen sie absichern. Mit dem Selbstbild der Frau läßt es sich vereinbaren, auch mal an dritter oder vierter Stelle zu stehen und sich in dieser Unten-Position sogar noch einzurichten oder sich wohl zu fühlen oder sich von dort aus hervorzuwagen, während sich die Männer gegen jede Veränderung zur Wehr setzen, weil sie etwas zu verlieren fürchten. Und das haben die Frauen den Männern voraus: Nicht, daß sie unten sind und unten bleiben sollen, sondern die größere Anzahl von lebbaren Möglichkeiten. Deshalb können Frauen auch leichter Gefühle zulassen, Unsicherheiten ertragen. – Ich erlebe es z. B. in Therapien, daß Frauen kurz weinen und dann wieder recht sachlich über ihre Probleme sprechen. Aber wenn ein Mann einmal weint, das ist ein dramatischer Höhepunkt. Der kann dann nicht sagen: ›Okay, jetzt ist es vorbei, das war mal ein Gefühl, und jetzt gehen wir weiter.‹ Das ist eine unheimliche Erschütterung. Das liegt an seinem Bedürfnis, sein Selbstwertgefühl auf diesem hohen Niveau zu halten. Er organisiert seine Familie auch so, daß dieses Selbstwertgefühl nicht gestört werden soll.«

Sind Frauen deshalb auf die Situation des Verlassenwerdens besser vorbereitet?

»Die Frauen haben eine normale Angst. Diese kann manchmal sehr intensiv sein. Wer wird schon gern verlassen? Es ist aber nicht so fest mit ihrem Selbstwertgefühl verbunden, so daß ihr Ich letztlich auch in solchen Situationen stabil bleiben kann. Aber bei dem Mann bricht die ganze innere Erlebniswelt zusammen, wenn ihn eine Frau verläßt. Gleiches gilt übrigens auch für sein Berufsleben. Seine Stabilität bricht radikaler zusammen. Insofern können Frauen auch leichter über Fehler sprechen, die sie gemacht haben. Das ist eine Voraussetzung für den Wunsch nach Veränderung. Bei Männern ist es außerordentlich schwierig, sie in eine Position zu bekommen, wo sie bereit werden, mal zu sehen, was schiefgelaufen sein kann. Die wehren das schnell ab. Und wenn sie sich einmal kurz den Zustand von Schwäche erlaubt haben, leugnen sie es gern hinterher: ›Das ist schon vorbei; jetzt ist alles anders.‹ Sie kommen schnell in ein Fahrwasser, daß sie alles so lassen wollen, wie es ist.«

Ist denn in diesem Bereich die Entwicklung der Frau eine gesündere?

»Ja schon, wenn es nicht so stark ausgebaut wird, daß die Frau nur noch dieses übernimmt und sich nur noch über diesen Bereich versteht und denkt: ›Nur wenn ich unten bin, bin ich Frau. Nur als Unterlegene werde ich geliebt: Wenn ich nach oben gehe oder irgendwoandershin, dann werde ich nicht mehr geliebt.‹«

Andererseits darf nicht übersehen werden: Männer haben zur Zeit sehr viele Möglichkeiten, ihre Neurosen zu leben, in ihrem starren System zu bleiben. Sie funktionieren gut, selbst wenn sie wenig veränderungsbereit und lernfähig sind. Die Berufswelt ist in einer Weise organisiert, daß zuviel persönliche Flexibilität eher hinderlich ist. Wer in sich hineinhorcht, wer nachdenkt über sich und seine Beziehungen zu Menschen, nicht nur zu Frauen, sondern zu allen Menschen, der bleibt im Konkurrenzkampf auf der Strecke.«

Natürlich wird es vielen Männern leichtgemacht, am Gewohnten festzuhalten. Der freie Platz wird mit einer anderen gefüllt; eine neue Frau ist schnell gefunden. Ungeduldig wartet der Mann, bis es mit der Neuen so reibungslos läuft wie gewohnt. Es läßt sich behaglich leben ohne Anfechtungen.

Was aber, wenn sich die alte Ordnung nicht wieder herstellen läßt?

»Mein Mann war am Anfang unserer Ehe vollkommen überzeugt von sich. Und am Ende war er es gar nicht mehr. Da war diese selbstverständliche Sicherheit angeknackst. Und das ist bei mir in dieser Weise nie vorhanden gewesen. Ich hab' nie geglaubt, daß alles immer ganz richtig ist. Wenn du dich ganz klein machst, dich wirklich vollkommen beugst, dann kann dir niemand mehr was tun, weil du gar nicht da bist. Dir kann nur etwas getan werden, solange du wer bist. Wenn du niemand mehr bist, kann dir keiner was tun. Es trifft ja nichts mehr. Es trifft immer nur, solange du verfestigt bist, solange du ein Standbild bist. Wenn du siehst, was aus den Standbildern geworden ist, dann strebst du nicht länger danach, selbst ein

Standbild zu werden. Dann suchst du nach etwas Neuem, auch wenn es länger dauert und wenn du noch nicht weißt, wohin das führen soll.« (46jährige Frau, acht Jahre nach der Scheidung.)

Der verlassene Mann verlangt sein Recht; er ruft die gesetzgebenden Autoritäten an, die ihm das Verlorene wieder zuführen sollen. Die verlassene Frau weiß seit Jahrhunderten, wie wenig sie durch Gesetze geschützt wird. Schärft dieses Wissen den Blick für jene Lebensbereiche, die sich gesetzgeberischen Zugriffen entziehen? Ist der Glaube an das Machbare zu erschüttern? Die Frage nach den Unterschieden zwischen Männern und Frauen wird neu zu stellen sein.

Zuverlässige Aussagen über *die* Unterschiede zwischen Männlichem und Weiblichem haben zu oft dazu dienen müssen, den Herrschaftsanspruch des einen über das andere Geschlecht zu rechtfertigen. »Wer die strikte Trennung der Geschlechter will, die eindeutige Grenzziehung zwischen den beiden Seiten und ihren Vorrechten, der möchte sich die Möglichkeit erhalten zu bestimmen, was richtig und falsch ist, der möchte in seinem militärischen Drang nach Unterscheidung und Klassifizierung die guten und schlechten Abbilder auseinanderhalten können.«[13] Die lebbaren Möglichkeiten bleiben beschränkt, wenn angebliche Unterschiede festgeschrieben werden. Ebenso erwartet uns uniformierte Langeweile, wenn sich Frauen den herrschenden »Männerbildern« anzugleichen versuchen. (Obwohl ich bisher keine Frau getroffen habe, die etwa das wortreiche Nicht-Denken männlicher Politiker für nachahmenswert hält.) Die Erweiterung vielfältiger Lebensmöglichkeiten kann beginnen, wenn Frauen und Männer damit aufhören, die mehr weiblichen Erlebensformen zu entwerten. Es geht nicht länger darum zu beweisen, daß Frauen genauso gut schwimmen und denken, führen und zerstören können wie Männer. Das »Genauso-Wie« hat seinen Reiz verloren. Jenseits des Gegensatzes von »Oben und Unten« tauchen neue Lebensmuster auf. Lebbar für Männer und Frauen.

17
Wer macht mich lebendig –
Wie kann ich spüren, daß ich lebe?

»Meine Mutter findet die Krimis im Fernsehen langweilig. Meine Mutter wirft mir vor, sie habe in meinem Alter ganz andere Dinge leisten müssen. Sie erzählt von den schlimmen Zeiten damals im Krieg und danach. Wie sie sich und ihren kleinen Bruder aus einem verschütteten Kellerloch freigebuddelt habe. Und daß sie sich auf ihrer abenteuerlichen Flucht vor den Russen versteckte. Einen ganzen Sommer lang hätten sie sich von Sauerampfer und Pilzen ernährt, eine Grube gegraben, um herumstreunende Füchse zu fangen. Manchmal seien sie bei Sonnenaufgang auf die abgeernteten Getreidefelder gegangen, um nach liegengebliebenen Ähren zu suchen. Und wie sich alle gefreut hätten, als sie für fünf Stunden Schmierestehen beim Schwarzschlachten Wurstsuppe und Bauchspeck bekamen.
Aber was soll ich mit diesen Geschichten aus dem Märchenleben meiner Mutter? Woher soll ich wissen, ob ich das kann, oder wissen, ob ich das nicht kann? Warum soll ich mich verstecken, mich sucht ja keiner? Abenteuer find' ich auf dem Abenteuerspielplatz nicht. Füchse gibt's im Zoo, Körner im Reformhaus. Essen kann ich in der Schul-Mensa. Fünf Stunden Zeit habe ich nie; mein Tag ist in 80-Minuten-Päckchen geteilt.
(Ines, 15 Jahre alt)

Ines beschreibt das Lebensgefühl vieler allseitig abgesicherter und beschützter Menschen. Eine umfassende Fürsorge hat sie vor Notsituationen bewahrt, in denen ihre Kräfte hätten wachsen können. Die Befreiung von Schmerzen wird mit Leblosigkeit bezahlt. Wer sich nicht damit begnügen will, Individualität aus der Zigarettenschachtel zu ziehen, Leidenschaft in der Sektflasche und Abenteuer im Rasierwasser zu finden, der begibt sich auf die Suche nach Lebendigem. Doch auch dabei wird er angeleitet von dem sanften Zwang unzähliger sozialer Helfer. Immer ist schon einer vor ihm dort gewesen; hat Hinweisschilder aufgestellt; die Wege geebnet für die Ängstlichen und Hindernisse eingebaut für die Mutigen. Lebendiges Leben scheint nur noch im Zustand der Verliebtheit erfahrbar zu sein:
»Jede neue Liebe erweckt mich zum Leben, verwandelt mich,

hebt mich über mich selbst hinaus. Ich brauche keinen Schlaf und bin doch hellwach. Farben und Töne und Gerüche, alles erlebe ich intensiver. Ich spüre ein Gefühl, dem ich mich schutzlos ausliefern muß. Darin liegt der besondere Reiz ...«
(42jähriger Mehrfach-Verliebter)
Wenn das Gefühl nachläßt, der Reiz verblaßt, hofft er der drohenden Leblosigkeit durch neues Lieben zu entkommen. Dieser Versuch wird sich als Täuschung erweisen:
»Dauernder Produktwechsel beim Verlieben, das nutzt sich ganz schnell ab«, so faßt Dr. Struck, Mitarbeiter einer Ehe- und Lebensberatungsstelle, seine Erfahrungen zusammen. »Wir leben in einer Gesellschaft, die den raschen Produktwechsel anheizt und die Erwartung nährt, jedes Objekt könne beliebig ausgewechselt werden. Und wir dürfen uns nicht der Illusion hingeben, als würde dieses nicht auch in unsere persönlichsten Einstellungen zum Partner einfließen. Der ›Thrill‹, wie man englisch sagt, dieser Nervenkitzel, diese Spannungen beim Verlieben, das sind die gleichen Spannungen wie bei neuen Autos, beim Reisen, beim Kaufen. Das nutzt sich immer rascher ab. Es werden zur Steigerung dieses Gefühls bestimmte Rauschzustände gesucht und zugelassen. Und der Drang, sich dauernd neu zu verlieben, sich dauernd neue Produkte zu beschaffen, ist ein Suchtphänomen. Der Zustand des Verliebtseins ist sehr verführerisch, weil er an frühkindliche Erfahrungen anknüpft, an Phantasien von Rausch und Verwöhnung. Der Wunsch nach Verschmelzung mit einem anderen, mit Himmel und Erde scheint erfüllbar. Kein Wunder, wenn mancher Häufig-Verliebte meint: ›Am schönsten sind die Anfänge.‹ Eine andere Möglichkeit, diesen Zustand zu erreichen, sind Drogen. Oder massiver Nervenkitzel, der heute nicht mehr leicht zu beschaffen ist. Die Polarregionen sind mittlerweile erforscht, die hohen Berge bestiegen. Und selbst auf schweren Motorrädern muß man viele Verkehrsregeln beachten. Ich kann nicht mehr erfahren, daß ich lebe. Das ist das Problem. Und das Leben erfährt man am stärksten im Anblick des Todes. Die ganze Gesellschaft ist außerordentlich verführt, einen destruktiven Akt zu begehen, um Leben zu spüren. In der Arbeit bemerke ich, wenn Pogrome sind wie Mogadischu oder wenn es am Golf knallt, dann sind auf einmal die Depressiven wieder lebendig. Das ist ein kolossaler Reiz, der von destruktiven Elementen ausgeht.«
Wohin führen uns die Konsequenzen aus diesen Beobachtun-

gen? Sicher nicht zu einer Befürwortung von Kriegen und Notsituationen oder zur Abschaffung sozialer Sicherungen. Auch die Suche nach wirksameren, weniger zerstörerischen Reizquellen führt in Sackgassen. Denn Leben kann nur durch Leben selbst lebendig werden.

Dazu Dr. Struck: »Ich frage mich, ob diese Art von Leben, das in unserem kulturellen Zusammenhang geführt wird, überhaupt fruchtbare Liebe und Partnerschaft zuläßt. Da fühlt jeder seine Aufgeregtheiten und Abnutzung, seine Müdigkeit und Flachheit. Es kommen Äußerungen wie: ›Ich habe zu nichts mehr Lust.‹ Und mit dem Wunsch nach Scheidung entstehen Hoffnungen und Phantasien: ›Es muß doch noch ein erfüllteres Leben geben.‹ Hinter dem Wunsch nach einem anderen Partner steht eigentlich der Wunsch nach einem anderen Leben. Und dieser Wunsch kann natürlich nicht mit einem neuen Partner erfüllt werden. Hier müßte wirklich ein Nachdenken beginnen, ob man an dieser vorgegebenen Lebensform weiter in der gewohnten Weise teilnehmen will.«

Ein fruchtbares Ergebnis entsteht aus einer langen Auseinandersetzung mit der Schwierigkeit

Was aber soll das Nachdenken über neue Lebensformen erbringen? Nicht jedem ist es gegeben, sein Glück bei naturbelassenen Kräutern zu finden oder durch Töpfern in Berliner Hinterhöfen. Und wer garantiert, daß sich nicht auch Kräuter und Töpferofen als flüchtige Stationen auf der Suche nach neuen Reizen erweisen. Wir drängen auf schnelle Lösungen und gehen der Schwierigkeit aus dem Weg. Darum werden unsere »alternativen« Vorhaben ebenso schnell scheitern wie die Beziehungen zwischen »mir« und »dir«. Auf der Suche nach dem greifbaren, lohnenden Ergebnis ist vergessen worden: Ein fruchtbares Ergebnis entsteht nur aus einer langen Auseinandersetzung mit der Schwierigkeit.

(Hieran anschließend hatte ich noch ein paar Sätze vom »Lob der Schwierigkeit« geschrieben, die meine lieben Kritiker zu heftigen Protesten veranlaßten.)

Kr: So eine Behauptung – nur langwierige und schwierige Arbeit bringe fruchtbare Ergebnisse – ist nicht gerade populär. Sie widerspricht unserer heutigen Lebensform. Außerdem fehlen mir die Beweise.

M: Ja. Unsere Bemühungen sind nicht von Dauer: Selbstverwirklichung soll sofort ausgelebt werden; das reicht für heute, für morgen, für einen Sommer. Zufällige Ablenkungen und flache Wunschbilder, dazwischen noch schnell ein paar Investitionen in Gefühl, damit die tägliche Selbstbestätigung nicht ausbleibt. Unsere Wünsche werden erfüllt, bevor sie ausgesprochen sind. Wir lassen die Wünsche nicht wachsen.

Kr: Jetzt schimpfst du selbst sehr oberflächlich. Das mag einen Teil unserer Wirklichkeit beleuchten, aber nie das Ganze. Das Ganze ist komplizierter.[14]

M: Du kannst nicht übersehen, daß heute der Anspruch vertreten wird: Menschliches Leben habe leicht zu sein. Immer leichter, immer weniger, immer gleichförmiger. Und alles, was da nicht hineinpaßt, wird nicht zugelassen, wird abgewehrt. Konflikte, Krankheit, Tod – die dunklen Seiten des Lebens –, die hält man mehr für einen Betriebsunfall, der grundsätzlich zu reparieren sei. Die dunklen Seiten lassen sich nicht werbewirksam anbieten.

Kr: Ich fürchte, wenn du dieses Thema so pauschal abhandelst, dann verkommen gute Gedanken zu Schlagwörtern – wie beim »Wort zum Tage«. Du entfernst dich dabei vom Thema eures Buches.

M: Das stimmt. Je länger ich mich mit »Trennung« oder »Nicht-Trennung« befasse, desto mehr verliere ich das Interesse daran zu fragen: »Finden sich die beiden wieder zusammen. Trennen sie sich endgültig?« Statt dessen möchte ich fragen: »Wie nehmt ihr am Leben teil? Als einzelne und im Zusammenhang mit anderen?« Ich glaube, »Trennungen« sind ein Abbild unseres Lebens. Deshalb betrifft »das Leben« – so pauschal es klingen mag – unser Thema. Und eng damit verbunden bleibt die Frage: »Wieweit kann ein einzelner bereit und fähig werden, sich auf dieses Leben einzulassen?«

Kr: Mir fallen dazu bestimmte Modetrends ein, wo sich einzelne damit begnügen, um sich selbst zu kreisen. Wenn sich der einzelne zum Mittelpunkt macht, findet er auch im anderen nur wieder sich selbst gespiegelt. Dann verarmt die Welt in seiner Vorstellung. Das Leben wird ihm langweilig. Vielleicht fragt er sich: »Warum soll ich heute aufstehen? Entscheidendes wird sich nicht ereignen.« So einer wird nicht sehr intensiv an dem teilnehmen, was du »Leben« nennst. Aber wenn einer zu wenig Interesse an sich selbst hat, wird er dir kaum etwas für euer Buch erzählen. Entschuldige die Ironie, aber vielleicht wird er auch keine Zeit für »Trennungen« haben.

M: Es gibt vielerlei Arten, Interesse an sich selbst zu zeigen. Das ist nicht gleichbedeutend mit »Reden über sich« oder »Psychologisieren«. »Mit Interesse an sich selbst zu leben« – das ist keine besondere Mode unserer Zeit. Das ist in früheren Jahrhunderten genauso vorhanden gewesen. Darüber wurde auch gesprochen, allerdings in anderen Formen und Bildern. Geändert hat sich heute die Art, wie man von sich spricht. Deswegen halte ich die Einteilung in »Menschen, die nur um sich selbst kreisen«, und solche, »die Interesse an der Welt haben«, nicht für sinnvoll. Für mich läßt sich das nicht trennen. Es geht für mich in jedem Fall um die Frage: »Wieweit läßt sich ein einzelner auf das Leben ein?« Ob er dabei mehr die Auseinandersetzung mit sich selbst betont oder mit der Natur oder der Arbeit oder der Kunst, das spielt für meine Frage keine Rolle.

Kr: Aber präzise beschreiben kannst du das nicht, wie das ist: »sich auf das Leben einlassen«. Du sprachst ja vorhin von der »Schwierigkeit«.

M: Die Überzeugungen und Gewohnheiten, die heute unser Leben bestimmen, verschwinden ja nicht automatisch aus unseren Herzen und Köpfen. Es geht weder darum, Unbekanntes zu enthüllen noch Neues aufzubauen. Sondern bereit zu sein, das voll zu erfahren, was immer schon da ist; und das ist das abgetrennte Wissen um die dunklen Seiten des Lebens.

Kr: Mit »dunklen Seiten« meinst du demnach nicht nur Ausnahmezustände wie Krankheit und Tod, sondern das ganz Normale, was überall vorhanden ist, das was andere die »Schattenseite des Lebens« nennen, obwohl auch dieses Wort hart am Klischee vorbeihaut. Jeder Lebensbereich – sei er noch so glückverheißend – enthält in sich auch Bedrohliches, Gefahrenmomente.

M: Ich habe das konkret in den Gesprächen erfahren: Wer dem anderen jeden Wunsch von den Augen abliest, kann ihn auch beherrschen. Oder: Das Kraftvolle birgt Gewalttätiges in sich. Der Selbständige bleibt ungeschützt; der Versorgte ermüdet. Wer Hilfe beansprucht, wird sich unterwerfen. Wissen erschreckt. Auch hierbei immer: Wer sich auf das Leben einläßt, wer sich dem Leben öffnet, wird verwundbar bleiben.[15] Und wenn ich mich vor Verwundungen scheue, werde ich mein Erleben beschneiden bis hin zu Leblosigkeit.

Kr: Deine Beispiele berühren das »Dunkel« nur sehr am Rande. Du kannst sagen: Vergänglichkeit, Angst und Trauer sind untrennbar mit dem Leben verbunden. Aber läßt sich dieses Wissen um die »dunklen Seiten« wirklich beleben, ohne daß wir der Täuschung erliegen, diese jemals zu beherrschen? Das kann keiner ertragen, ohne abzustumpfen oder aufzugeben.

M: Ich weigere mich, diese Fragen mit dem Hinweis auf Religionen zu glätten. Obwohl ich »religiöse« Menschen kenne, die sich in diesen Fragen am weitesten vorwagen. Ich scheue mich auch, irgend jemanden zu ermutigen, in dieser Richtung weiterzusuchen. Aber ich wage es, Trennungskrisen zum Anlaß zu nehmen, mich mit diesen dunklen Seiten auseinanderzusetzen. Das, was dabei entsteht, sichert mir nicht den Geliebten, noch schützt es mich vor Verlassenheit. Aber es hilft mir, die innere Trennung zu überwinden, etwas von den abgetrennten dunklen Seiten meines eigenen Lebens zurückzugewinnen. Daß ich Trauer spüren kann – nicht als einen Angriff des bösen anderen –, sondern als etwas Lebendiges in mir. Ich beginne bei mir selbst, um nicht bei mir stehenbleiben zu müssen.

Die Unschuld verlieren

Bei mir selbst beginnen, das ist: der Welt nicht länger die Schuld dafür geben, wie mein Leben gelaufen ist. »Wer aufhört, anderen die Schuld zuzuschieben, der hat die Unschuld verloren.« So hat es Ernst in unserem Gespräch über »das Leben zu dritt« formuliert. »Die Unschuld verlieren« heißt, Verantwortung für das eigene Leben zu übernehmen. Das ist die entscheidende Voraussetzung für Veränderungen, ein Mittel, um nicht in Ausweglosigkeit gefangen zu bleiben.
Jeder lacht über das Kind, das sich beklagt: »Meine Mutter ist schuld daran, wenn ich hungere, warum kocht sie diesen gräßlichen Spinat.« Dabei spielen erwachsene Menschen das gleiche Spiel täglich tausendfach nach: »Mein Freund ist schuld daran, wenn ich mich hier im Regen erkälte, warum läßt er mich solange warten?« – »Mein Mann ist schuld, wenn ich nur mit Schlaftabletten einschlafen kann, warum kommt er nicht aus der Kneipe zurück?« – »Meine Frau ist schuld, wenn ich vereinsame. Warum hat sie mich verlassen?«
Schuld abschieben entlastet und verstärkt die eigene Untätigkeit.
Ich bin es, der mein Leben gestaltet. Bin ich es wirklich? Ist es nicht mehr ein Zusammenwirken von mir und den anderen?

»Die Vorwurfshaltungen abbauen«, das wurde mir auch von den Experten als Therapieziel genannt. Aber gibt es nicht auch berechtigte Vorwürfe? Und kann nicht auch vorwurfsvolles Schimpfen auf andere ein erster Schritt hin zu befreiender Eigenaktivität sein? Allerdings nur ein erster Schritt. Die Kraft des Schimpfens erschöpft sich schnell. Der Schimpfende bleibt ein Opfer. Mit seiner Schwäche erpreßt er die anderen. Selbstverantwortung kommt aus der Erkenntnis: Änderbar ist zunächst nur das, was *ich* ändern kann.

Mit der Bereitschaft, Verantwortung für sich selbst zu übernehmen, entstehen nicht gleichzeitig bequeme Problemlösungen.

Eva G. (38), 3 Kinder:

»In meinen beiden Ehen bin ich immer so herausgekommen, daß ich das arme Würstchen war. Und alle haben mich getröstet. Bestimmte Situationen rufen eben Mitleid hervor, gerade wenn man eine Frau ist. Und dann suchst du dir wieder die gleiche Situation. Und findest auch einen Sündenbock. Nun habe ich aber jetzt einen Partner gefunden, der ist die Fürsorglichkeit und Rücksichtnahme in Person. Der macht es mir absolut unmöglich, ihm die Schuld zu geben.

Das ist grausam, weil keine Auseinandersetzung möglich ist. Ich kann keine Schuld mehr abschieben. Da gibt es kein Zurück hinter diese Erkenntnis. Ich habe nun einmal die Erfahrung gemacht, daß *ich* die Situationen herstelle. Aber ich weiß nicht, wie ich da weiterkomme. Die Erfahrung allein ist kalt und bodenlos. Ich liege da, wie ohne Haut. Ich habe körperliche Schmerzen davon. Wenn das alles einen Sinn haben soll, alles das, was ich durchgemacht habe, dann doch nur den, dieses nicht alles zu wiederholen. Und dabei bin ich schon wieder mittendrin in den Vorwürfen. Jetzt werfe ich meinem neuen Freund seine Rücksichtnahme vor.«

Hoffentlich kann sie ihn sich erhalten, diesen rücksichtsvollen Freund, wenn sie fühlt, wie sehr sie beides braucht, Rücksichtnahme und kämpferische Auseinandersetzungen. Aber diese Eigenschaften vereinen sich selten in ein und derselben Person. Wenn sie den Gedanken aufgegeben hat, daß ein einzelner anderer alles für sie lösen kann, wird sie sich vielen anderen zuwenden können, ohne das als Verrat an dem *einen* zu erleben.

Der Weg zu selbstverantwortlichem Leben darf nicht durch Vereinfachungen verbaut werden. Selbstverantwortung rechtfertigt weder die Brutalität von anderen noch quälerische Selbstzerfleischung. Die Erfahrung: »Ich kann die Dinge steuern«, befreit mich von Ängsten und inneren Zwängen... und entzieht mir gewohnte Sicherheiten.[16] Die eigenen »inneren« Grenzen verschärfen den Druck, der von »äußeren« Zwängen herrührt. Selbstverantwortliches Leben schärft den Blick für die inneren Grenzen, ohne die äußeren Beschränkungen zu verharmlosen. Selbstmitleid ermüdet und lähmt. Gleichgültigkeit gegenüber der Welt macht arm. Sich aufmachen, um das innere Terrain zu erweitern: in der Auseinandersetzung mit sich selbst, mit der Welt und dem anderen.

Nachtrag

Dieses Buch ist aus Gesprächen entstanden. Ich danke allen Frauen und Männern, die mit mir über ihre Erfahrungen bei »Trennung« und »Nicht-Trennung« gesprochen haben. Und ich hoffe, daß sie etwas dabei gewinnen konnten. Das, was besprochen und niedergeschrieben wurde, habe ich den Betroffenen zur Berichtigung vorgelegt: Sie sollten zunächst überprüfen können, ob ihre Anonymität – wie verabredet – gewahrt bleibt.

Das geschriebene Wort löste weitere Gespräche aus:

– Die Betroffenen fragten sich, ob es dem nicht befragten Lebensgefährten zuzumuten sei zu erfahren, was sie oder er in der Vergangenheit über ihn oder sie gedacht habe. Flüchtige Gefühle zu Papier gebracht erhalten etwas Endgültiges. Manchmal wurde ich dann um Streichung einiger Sätze gebeten.

– Durch die Gespräche belebten die Befragten schon vergessen geglaubte Gefühle. Einige fühlten sich angeregt, das Besprochene neu zu durchdenken. Neue Wertungen entstanden. Plötzlich schien das geschriebene Wort dem gegenwärtigen Zustand nicht mehr gerecht zu werden. Zweifel tauchten auf; vorübergehende Sicherheiten wurden aufgegeben. Dies ist kein Beweis für die »Unrichtigkeit« des Besprochenen. Sondern nur ein weiteres Zeichen dafür, wie wenig Gefühle dauerhaft zu sichern sind.

– Manchmal ging es auch nur um Wörter. Schon die Benennung des anderen bereitete Schwierigkeiten. Ich, z.B., denke bei dem Wort »Partner« an meine Sparkasse. Trotzdem habe ich mich darum bemüht, dieses Wort in der Bedeutung meiner Gesprächspartner zu verwenden. Einige der Befragten wollten die gesprochene Sprache glätten. Manchmal haben wir uns geeinigt.

– Das besprochene Einzelbeispiel ist nicht zu verallgemeinern. Der Leser, der sich in dem einen oder anderen Ausspruch wiedererkennt, gewinnt dabei vielleicht weiterführende Fragen. In diesem Sinne wurden die »Ergänzungen« zu einigen Kapiteln geschrieben. Auch diese »Ergänzungen« sind Ergebnisse aus Gesprächen mit Freunden, Kritikern und Experten, von denen ich einige nennen möchte:

Eve Elkin, Ginette Milgram, Kurt und Christine Hemmer, Walter Hollstein, Margaret Raspé, Galli, Ilse Tägert, Holger Stephan, Jean-Louis Peytavin, Elmar Struck u. a. Die bestimmenden Fragestellungen sind in der Vorbereitungsphase durch Gespräche mit Elke Calliess (†) geprägt worden. Dafür danke ich. (M. M.)

Quellennachweis

1 Siehe Nachtrag.
2 Vgl. Willi Jürg: Treue heißt auch sich selbst treu zu bleiben. Psychologie Heute 8 (1) 1981, S. 23 ff.
3 Bach, R. G./Deutsch, R. M.: Pairing – Intimität und Offenheit in der Partnerschaft. Reinbek (rororo Sachbuch) 1979, S. 243 ff.
4 Borneman, Ernest: Zur Genealogie der Eifersucht. In: Körner, Heinz (Hg.): Eifersucht. Fellbach (amp-Verlag) 1979, S. 22.
5 Ebenda.
6 Bruckner, Pascal/Finkielkraut, Alain: Die neue Liebesunordnung. München 1979 (Hanser), S. 261.
7 Vgl. Weiss, Robert: Trennung vom Ehepartner. Stuttgart (Klett-Cotta) 1980.
8 Dr. Elmar Struck/Bonn.
9 Riemann, Fritz: Flucht vor der Einsamkeit. In: Schulz, H. J. (Hg.): Einsamkeit. Stuttgart (Kreuz-Verlag) 1980.
10 »Rainer« im Kapitel 2.
11 Dr. E. Struck.
12 Kurt Hemmer/Bonn.
13 Bruckner/Finkielkraut, S. 254.
14 Sölle, Dorothee: Leiden. Stuttgart (Kreuz-Verlag) 1978 (4).
15 Fromm, Erich: Haben oder Sein. Stuttgart (dtv) 1980 (7). Gegen dieses Buch hatten meine Kritiker einzuwenden: Es gehe nicht an, »Haben« und »Sein« als zwei gleichwertige Existenzweisen darzustellen. Das »Sein« beziehe seine Notwendigkeit aus sich selbst und dürfe nicht zum Gegenbild gegen die Existenzweise des »Habens« herabgewürdigt werden.
16 Hierbei beziehe ich mich auf meine Kommentare zu: Meinhold, Marianne/Kunsemüller, Andrea: Von der Lust am Älterwerden. Frankfurt a. M. (Fischer Taschenbuch, Bd. 3702) 1978.

Die Frau in der Gesellschaft

Fischer Taschenbuch Verlag

Die Frau in der Gesellschaft

Fischer Taschenbuch Verlag

Die Frau in der Gesellschaft

Sabine Richebächer
**Uns fehlt nur
eine Kleinigkeit**
Deutsche proletarische
Frauenbewegung 1890–1914
Band 3724

Irmhild Richter-Dridi
**Frauenbefreiung in
einem islamischen Land –
ein Widerspruch?**
Das Beispiel Tunesien
Band 3717

Ursula Scheu
**Wir werden nicht
als Mädchen geboren –
wir werden dazu gemacht**
Zur frühkindlichen
Erziehung in unserer
Gesellschaft
Band 1857

Alice Schwarzer
**Der »kleine« Unterschied
und seine großen Folgen**
Frauen über sich –
Beginn einer Befreiung
Erweiterte und
aktualisierte Ausgabe
Band 1805

Penelope Shuttle/
Peter Redgrove
**Die weise Wunde
Menstruation**
Band 3728

Jutta Strippel
**Kreide trocknet
die Haut aus.** Roman
Band 3733

Senta Trömel-Plötz
**Frauensprache –
Sprache der Veränderung**
Band 3725

Eva Weissweiler
**Komponistinnen
aus 500 Jahren**
Eine Kultur- und
Wirkungsgeschichte
mit Biographien und
Werkbeispielen
Mit vielen Fotos
und Faksimiles
Band 3714

Hedy Wyss
**Das rosarote
Mädchenbuch**
Ermutigung zu einem
neuen Bewußtsein
Band 1763

Keine Hand frei
Roman. Band 3732

Fischer Taschenbuch Verlag

3

Ann Cornelisen
Frauen im Schatten

Leben in einem
süditalienischen Dorf

Mit Fotos der Autorin. *Band 3401*

Die Amerikanerin Ann Cornelisen, geboren 1926 in Cleveland/Ohio, kam 1954 nach Italien, um in Florenz Archäologie zu studieren. Statt dessen ging sie nach Süditalien, wo sie über zehn Jahre lang im sozialen Bereich tätig war.

Frauen in Süditalien – südlich von Neapel in der grellen Sonne und den harten Schatten leben sie ein sorgenvolles, entbehrungsreiches Leben.
Ann Cornelisen hat in einem süditalienischen Ort gelebt, hat das Vertrauen der Frauen des Dorfes gewonnen, ihre Sorgen geteilt. Sie schildert den Alltag dieser Frauen lebendig und einfühlsam und läßt sie auch selbst zu Wort kommen. Wir erleben die ausweglose Situation, in die überkommene gesellschaftliche Strukturen sie gedrängt haben.
Materielle Not, Rechtlosigkeit, schwere körperliche Arbeit und der Konflikt zwischen Kirche, Staat und Familie kennzeichnen ihr Leben. Auch wenn sie nicht viel Worte über sich und ihre alltägliche Not verlieren, helfen sie einander und sorgen mit äußerster Kraft und Anstrengung für den Fortgang des Lebens, um gemeinsam vielleicht doch – zumindest für ihre Kinder – eine bessere Gesellschaft zu schaffen.
Die Autorin beobachtet und analysiert klar, schreibt ohne jede Sentimentalität und vermittelt uns ein eindrucksvolles Bild der süditalienischen Gesellschaft, die hier stellvertretend steht für unterentwickelte Gesellschaften überhaupt.

Fischer Taschenbuch Verlag

Die Frau in der Gesellschaft
Texte und Lebensgeschichten
Herausgegeben von Gisela Brinker-Gabler

Die Reihe »Texte und Lebensgeschichten« veröffentlicht Materialien und Erfahrungsberichte zum Thema Frauenalltag und Frauenbewegung im 19. und 20. Jahrhundert. Sie stellt diese Aussagen über weibliches Leben, Arbeiten und Denken in den Zusammenhang mit den aktuellen Diskussionen in der Frauenbewegung heute.

Fischer Taschenbuch Verlag